法治精神的理论脉动与实践面向

THE THEORETICAL CHANGE AND
PRACTICAL ORIENTATION OF THE RULE OF LAW

郭人菡 著

ZHEJIANG UNIVERSITY PRESS
浙江大学出版社

图书在版编目(CIP)数据

法治精神的理论脉动与实践面向 / 郭人菡著. —杭
州:浙江大学出版社,2020.3
ISBN 978-7-308-20065-3

Ⅰ.①法⋯ Ⅱ.①郭⋯ Ⅲ.①社会主义法治－建设－
研究－中国 Ⅳ.①D920.0

中国版本图书馆 CIP 数据核字(2020)第 036809 号

法治精神的理论脉动与实践面向

郭人菡 著

责任编辑	樊晓燕
责任校对	杨利军　黄梦瑶
封面设计	雷建军
出版发行	浙江大学出版社
	(杭州市天目山路 148 号　邮政编码 310007)
	(网址:http://www.zjupress.com)
排　　版	浙江时代出版服务有限公司
印　　刷	杭州良诸印刷有限公司
开　　本	710mm×1000mm　1/16
印　　张	15
字　　数	246 千
版 印 次	2020 年 3 月第 1 版　2020 年 3 月第 1 次印刷
书　　号	ISBN 978-7-308-20065-3
定　　价	59.00 元

前　言

　　法治精神具有国际性，也具有本土性，还具有变迁性。亚里士多德曾言："法治应包含两重意义：已成立的法律获得普遍的服从，而大家所服从的法律又应该本身是制定得良好的法律。"①这种法治应体现良法善治精神的认识，在世界上得到普遍认同。法治在一定程度上也是一种本土性知识，它离不开其植根的土壤。法治精神需要结合具体环境条件生根发芽、茁壮成长。根据费孝通先生所见，变迁是一个交替和发展的过程，是从一种状态变成另一种状态。②法治精神具有这种变迁性。本书主要考察的就是法治精神的变迁性，即考察中国法治精神如何从法制时代迈入法治时代（全面依法治国时代）。

　　中国法治精神的变迁性是一个庞大的主题，本书不可能进行从古至今、面面俱到的研究。因此，首先，研究被限定于改革开放后的法制时代到法治时代，尤其是法治初时代到全面依法治国时代的法治精神变迁问题。其次，研究被限定于从依法执政、科学立法、依法行政、公正司法、法治经济、全民守法六个主要方面去探讨全面依法治国前后中国法治精神的变迁。另外，从现有文献看，正面探讨全面依法治国前后中国法治精神变迁的文献较多，侧面的视角还比较缺乏。本研究一反通常的考察方法，尝试采用"横切苹果"的方法，并没有对新时代法治精神的本体论、客体论和方法论进行系统论述，而是从一些侧面维度，即从个人历时领悟和即时领悟的维度，去分析

---

① 亚里士多德.政治学[M].吴寿彭,译.北京:商务印书馆,1965:199.陈虹秀的新译本与此不一致,鉴于该翻译已是经典,故此仍采用吴寿彭译的旧版本。

② 费孝通.乡土中国 生育制度 乡土重建[M].北京:商务印书馆,2011:340.

当代中国法治精神的若干方面,以期从全新的维度去体会新时代法治精神的变迁升华。这种侧面研究多为由历时性研究成果汇编而成,是"历时研究"而不是"事后证成"。这类研究有助于从一个尽量客观理性的角度去品味当代中国法治精神的变迁,感知其潜移默化地不断提升的演进过程。

前述研究成果主要划分为三类,在本书中呈现:第一类是在已公开发表或出版的内容的基础上修改而成的;第二类是在当时写就但未公开发表或出版的内容的基础上修改而成的,包括课题研究成果或各类研讨会参选论文、首次公开于网络但未发表于期刊的文章以及本人博士论文节选;第三类是本书全新撰写的内容。全书以法治精神的时代变迁为主线融贯为一体。

改革开放以来,我国法治精神的变迁经过了三个重大阶段:一是从"文革"法制荒废时期到改革开放开启重建法制时期(1976—1982);二是从重建法制时期到 1997 年提出向法治转变时期(1983—1997);三是从向法治转变时期到 2014 年党的十八届四中全会提出全面依法治国时期(1998—2014)。我们现在正在经历全面依法治国时期(2014 年以后)。这里涉及一个中国特色社会主义法治新时代与前述几个阶段的关系理解问题。中国特色社会主义法治新时代是同向跃升的时代,这不同于那种转折的时代。在转折性的时代,总能找到一些乃至一个关键的时间与事件结合而成的转折点,而在同向跃升的时代,阶段性和连续性是统一的,往往是量变与质变交织并交替前进的过程,有一系列渐进的节点。中国特色社会主义法治新时代,是承前启后,继往开来,在新的历史条件下继续夺取中国特色社会主义伟大胜利的时代。[①] 在这个时代,法治精神的国际性与本土性都有更鲜明的印记。从法治的国际性看,我们比历史上任何时候都更渴望法治,更依赖法治,同时,由于作为法治精神主要起源地的西方社会目前出现了意识形态博弈理念的复辟和开放合作交流理念的扭曲,我们对法治的国际性有着更谨慎的反思。从法治的本土性看,如何为独具中国特色的法治模式"说理",如何通过"说理"让中国的法治模式能为其他国家尤其是西方国家所理解、认同和接受,甚至最终实现中国特色法治模式输出,就成为一个重大的时代命题。总之,中国特色社会主义法治新时代并不存在从哪一年开始的问题,当然,也不是可以无限向历史延伸的概念,法治新时代是法治时代之后才有的时代,即先有法治时代后有法治新时代,这是毋庸置疑的。本书是理论与实践的交融

---

① 陶文昭.论中国特色社会主义新时代[J].教学与研究,2017(12):5—11.

性成果。相信本书能够从侧面维度反映中国法治精神的理论脉动与实践面向。希望本书能成为增进法治精神共识、弘扬本土法治精神的一块七彩铺路石。

郭人菡

2020 年 1 月于杭州

目　录

第一章 依法执政

第一节 依宪执政的五种关联[①]

依法治国,首先是依宪治国;依法执政,关键是依宪执政。[②] 社会主义中国在施行依宪执政的实践过程中,迫切需要创造性地解决执政权与立法权、行政权、司法权、参政权的关联问题。解决这五种权力的相互关联问题,涉及许多社会主义法治理念的创新。在人类历史的长河中,还没有任何一个社会主义国家建设成了依宪执政的法治国家,如果我国率先建成依宪执政的社会主义法治国家,不仅将从根本上保证自身社会主义社会的长治久安,引领中华民族伟大复兴,也将对人类社会的未来发展发挥示范作用,做出杰出贡献。

一、党的领导与宪法(依宪执政)的关联

治国理政的核心问题是执政问题,包括四个关键性问题,即谁能执政、为谁执政、执什么政、如何执政,也可以说就是政党解决如何治理国家的问题,而国家治理问题"不是一个新问题、小问题,而是国家产生以来就始终存

---

① 本节在《依宪执政的法理问题研究》一文的基础上修改而成,原载于《南都学坛(人文社会科学学报)》2015 年第 1 期。

② 习近平. 关于《中共中央关于全面推进依法治国若干重大问题的决定》的说明[N]. 人民日报,2014-10-29(002).

在的老问题、重大问题,是马克思主义国家学说需要回答的基本问题,是政治学和法学需要研究解决的核心问题"①。但学界对执政问题和政党政治的研究一直较弱,甚至影响了上层建筑的发展完善。我们的依宪执政不属于西方意义上的"宪制民主",我们的依宪执政有自己的特色,它是中西文化结合的产物,是党的领导、人民当家做主和依法治国的有机结合。②

而依宪执政的核心和关键是要解决党的领导和宪法的关系。要回答这个问题,首先要回答党和法治的关系问题,因为"党和法治的关系是法治建设的核心问题"③。《中共中央关于全面推进依法治国若干重大问题的决定》(本节以下简称《决定》)明确指出:"党的领导和社会主义法治是一致的,社会主义法治必须坚持党的领导,党的领导必须依靠社会主义法治。"在此基础上,我们来分析党的领导与宪法(依宪执政)的关系。

第一,宪法是现代政治发展的结果,是政党政治兴起后的产物。在封建社会,信奉"君权神授",执政权、行政权和司法权三权合一,"圣旨是最高的法条",没有必要也没有可能再出台宪法。新兴资产阶级执政后,为了限制王权,巩固资产阶级革命成果,保障人民权利,合理设计国家政党政治运行机制,于是制定了宪法。社会主义国家建立后,为了确认革命成果,保障人民民主专政,合理设计国家民主政治运行机制,一般也制定了宪法。

第二,宪法至上。宪法是国家的根本法,具有最高的法律效力。包括执政党在内的全国各族人民、一切国家机关和武装力量、各政党和各社会团体、各企业事业组织,都必须以宪法为根本的活动准则,并且负有维护宪法尊严、保证宪法实施的职责。也就是说,执政党不仅领导制定宪法,还要带头遵守宪法,如果违宪,也必须纠正。

第三,依宪执政是中国共产党从革命党转为执政党后长期探索的理性选择。新中国成立以来,中国共产党努力探索三大规律:共产党执政规律、社会主义建设规律、人类社会发展规律。政治文明与依宪执政在许多方面都有极为密切的联系。革命党的目标是夺取政权,它必然会采用暴力等极不稳定的颠覆性手段。而执政党的目标是巩固和发展政权,它必然会采取

---

① 李林.依法治国与推进国家治理现代化[J].法学研究,2014,36(5):3—17.
② 社会主义依宪执政并不排斥人民民主专政,相反,它正是为加强人民民主专政服务的。
③ 习近平.关于《中共中央关于全面推进依法治国若干重大问题的决定》的说明[N].人民日报,2014-10-29(002).

法治等有助稳定的建设性手段,而法治是所有现代国家治国理政的基本方式。正如习近平所说,"市场经济必然是法治经济"①。如果仍然采用革命时期的思维和手段来治理国家,就会与生产力发展和人民要求背道而驰,从而产生一系列社会危机,最终危及自身政权的巩固。共产党人在对正反两方面的经验总结中对这个问题的认识不断深化。依法执政以及依宪执政的提出,标志着共产党人对作为三大规律中最具关键性的执政规律有了新的认识,可以说这是执政党的认识不断深化的结果。②

第四,依宪执政是解决党的执政(党的领导)的合法性、合理性的必然选择。"任何一种统治都试图唤醒和培养人们对其合法性的信念,一切权力都要求为自身辩护。"③这种辩护就是对统治的合法性、合理性的辩护,在政党政治语境下就是对执政合法性、合理性的辩护。执政合法性既可被称为执政权威性、执政合理性,又可被称为执政认同感,它是现代政党政治存在与运转的核心和基石。西方国家政党执政的合法性都是通过赢取宪法规定的选举来实现的,其合理性则一般通过政党轮换实现。我们社会主义国家虽然不搞西方的多党制和轮流上台执政这一套,但也同样需要不断强化执政的合法性和合理性。2008年9月,时任中共中央政治局常委、中央书记处书记、中央党校校长习近平在中央党校2008年秋季学期开学典礼上做了题为《改革开放30年党的建设回顾与思考》的重要讲话。他明确指出,"世界上从来没有哪一个政党的先进性是一蹴而就的,也从来没有哪一个政党的先进性是靠吃老本就能够长期保持的","党的执政地位不是与生俱来的,也不是一劳永逸的,过去拥有不等于现在拥有,现在拥有不等于永远拥有"。④他告诫全党,执政权的保有绝不能单纯地依赖、继承过去的"功劳簿"。因此,我们要以依宪执政巩固党的执政(党的领导)的合法性,以持续优越的执政能力获取党的执政(党的领导)的合理性。

二、执政权与立法权的关联

要将执政权与立法权相关联,最核心的是要解决党对立法工作的领导

---

① 习近平.之江新语[M].杭州:浙江人民出版社,2013:203.
② 周叶中,伍华军.依宪执政:全面落实依法治国基本方略的战略举措[J].政法论丛,2009(1):3—11.
③ 尤尔根·哈贝马斯.重建历史唯物主义[M].郭官义,译.北京:社会科学出版社,2000:262.
④ 习近平.改革开放30年党的建设回顾与思考[N].学习时报,2008-09-08.

与有立法权的人大对立法的主导的关系问题。

一方面,在体制机制设计上,要尊重人大的立法权。在这方面至少应当进一步思考三个问题:一是应进一步思考为什么要把党的政策与宪法的内容相互衔接;二是应该进一步思考党的政策与宪法怎么相互衔接;三是应该进一步思考衔接什么和往哪里衔接。① 除此以外,党的其他一切活动也都应该纳入法律衡量范畴,在宪法和法律的规定内行使。

另一方面,也要防止在依法治国语境里党对立法权失控。这里的失控有四种情况。第一种情况:党的意志不能通过法律程序转化为国家意志。比如,党代会提出的需上升为法律的方针政策,在人大得不到通过。第二种情况:人民的意志不能通过法律程序转化为党的意志。比如,一些本该获得法律保障的弱势群体的正当诉求,如果缺乏立法支撑,而党要依法办事又必须借助立法渠道,就有暂时无法满足弱势群体的正当诉求的可能性。第三种情况:党的意志和人民的意志出现细节性分歧。虽然从根本上说,二者是一致的,但并不能说在细节上也毫无冲突的可能。如果发生细节性分歧,由谁来裁决? 抑或是通过一个什么样的法定的磋商机制来解决? 这种解决的法定标准和法定程序是什么? 第四种情况:党的意志和人民的意志以外的意志上升为法律,或者党的意志和人民的意志迟迟不能上升为法律。比如,由于委托立法被利用,被国外利益集团所斡旋或者说施加不法影响,使只代表国外某些不当利益的法律或法条得以上升为法律,或者个别人钻法律空子通过暗箱操作"依法"当选,或者使体现党的意志和人民意志的立法久拖不决。

因此,首先,要建立和完善党领导立法工作的相关程序,使党领导立法"有法可依"。《决定》规定:"凡立法涉及重大体制和重大政策调整的,必须报党中央讨论决定。"但没有提及谁来报告,是由全国人大、全国人大常委会、全国人大常委会党组还是参与起草立法的国务院部门来报告尚有待明确。还有如何定义"重大"也有待细则进一步阐释。其次,党要尊重和支持人大依法行使立法权等职权。各级党组织都要尊重和保障人大及其常委会以及人大代表依法履行职责,发挥应有作用。再次,要建立和完善人民参与立法的相关程序。要认真贯彻《决定》,建立基层立法联系点制度,健全法律法规规章起草征求人大代表意见制度,增加人大代表列席人大常委会会议

---

① 蒋伟平.依法执政首先是依宪执政理论浅论[J].法制与社会,2017(1):598.

的人数,完善立法项目征集和论证制度。一切法律法规规章草案都应公开征求公众意见并反馈采纳情况。最后,还要在最大限度地激发人民的民主热情与规范立法之间找到一个平衡点,建立相应的机制,以避免利益集团操控立法程序。

三、执政权与司法权的关联

司法的基本功能是裁决纠纷,定分止争,因此,公平、公正乃是其生命线。英国哲学家培根说过:"一次不公正的判决比多次不平的举动为祸尤烈。因为这些不平的举动不过弄脏了河流,而不公的判决则把水源也败坏了。"①这句名言深刻揭示了司法公正的重要性。司法公正是社会公正的最后一道防线。司法一旦失去公正,也就失去了人们的信任,其价值也就不复存在,社会必将陷入"以暴制暴"的恶性循环。当前,司法领域存在法官职业保障不完善、司法公信力不高等突出问题,其深层次原因在于司法体制不完善、司法职权配置和权力运行机制不科学、人权司法保障制度不健全。从执政权与司法权的关联看,如何平衡党的领导与司法机关行使职权之间的关系,是执政权与司法权互动中最具考验性的问题。

《决定》强调,各级党政机关和领导干部要支持法院、检察院依法独立公正地行使职权,同时规定,政法委员会是党委领导政法工作的组织形式,必须长期坚持,政法机关党组织要建立重大事项向党委报告制度。由此可见,我国司法权讲的"独立",不是指法院像一些西方国家那样在体系上独立,而主要是指法官等在办案上"独立",即"让审理者裁判,让裁判者负责"。这里需要探讨的是,作为党委领导政法工作组织形式的政法委员会与公、检、法、司的关系。这种关系首要的问题是政法委书记是否能由公安部门首长兼任或者说政法委书记能否兼任公安部门首长。从学理的角度来看,这种兼任不利于将执法权与司法权适度分离,也不利于在依宪执政框架下将加强党对司法工作的领导与加强公平公正司法机制设计相结合,因此,应该摒弃这种兼任的做法,以确保政法委员会能以一种相对超然的姿态和立场对公、检、法、司进行组织与协调。

---

① 培根.培根论说文集[M].水天同,译.北京:商务印书馆,1983:193-200.也有翻译为"一次不公正的裁判,其恶果甚至超过十次犯罪。因为犯罪虽然触犯了法律——好比污染了水流;不公正的裁判则毁坏法律——好比污染了水源。"

依宪执政架构下将执政权与司法权关联还需解决的一个重要问题是法官、检察官的产生。《决定》提出要"建立从符合条件的律师、法学专家中招录立法工作者、法官、检察官制度,畅通具备条件的军队转业干部进入法治专门队伍的通道,健全从政法专业毕业生中招录人才的规范便捷机制"。同时规定:"建立法官、检察官逐级遴选制度。初任法官、检察官由高级人民法院、省级人民检察院统一招录,一律在基层法院、检察院任职。"后面这个"一律"是否包含前面的"特定人才"? 这当中党委如何发挥作用? 还需要实践的观察。

四、执政权与行政权的关联

党的执政权归根结底是一种应然性权力,[①]其实现有赖于与国家政权的结合,而行政权是实现执政权最主要的依靠。从理论上讲,二者在大小上是正相关关系,即如果存在有限政府,则行政权就是有限的,而当行政权受宪法和法律限制时,执政权也会相应受限,[②]比如,"权力清单"主要是服务于建立有限政府,同时也构成对整个法治权力参与方的限制。[③] 但执政权与行政权的实际互动,又是最为复杂的。不仅社会主义国家面临着如何关联执政权与行政权的难题,资本主义国家也存在执政权与行政权关联的纠结。比如在美国,民主党或共和党赢得了总统选举,就等于赢得了一个任期的行政权,如果在参众两院席位都过半数,按理就相当于赢得了整个国家的执政权。但是,由于美国特殊的体制,党的执政权并不当然能关联到行政权,也就是说,虽然总统在候选阶段是由一个党派推选出的,但其一旦当选,

---

① 我党的执政权比较特殊的地方是实际上还包括军权。"党指挥枪"是否表明执政权中的军权是实然权力呢? 这里要区分政党军权与执政权中的军权两个概念。从本质上说,"党指挥枪"是无关执政权的一个政党军权概念,无论是否执政,党都是应当坚持指挥枪的(如在新中国成立前)。新中国成立后,军权在形式上有两个系统,一个是中共中央军委系统,一个是国家军委系统,在实际上可以理解为"两块牌子,一副班子,一套人马"。执政权概念中的军权需通过国家权力机构中的军权来实现("党指挥枪"即政党军权不受此限制,仍属无介质行使,也是必须坚持的一个基本体制;混淆或将执政权中的军权理解为实然性权力则容易导致军队国家化结论,是必须反对的一种倾向),所以执政权从整体上讲仍然是应然的,仍必须通过行政权等介质成为现实性权力。

② 也就是说,执政权也有边界,这边界就是宪法和法律规定。

③ 郭人菡.基于"权力清单"、"权利清单"和"负面清单"的简政放权模式分析[J].行政与法,2014(7):23－28.

就不再仅仅代表某一党派,而是代表整个国家,从而其领导的行政权与所属党的执政权发生了某些脱节。那么我们的社会主义国家是否存在这种脱节或其他脱节？又能否允许这种脱节或其他脱节呢？如何设计和掌控执政权与行政权之间正当、合理且有效的关联呢？

社会主义国家也存在执政权与行政权的脱节现象。其原因首先在于执政权与行政权并不是全口径对接的。党的十九大报告指出,党政军民学,东西南北中,党是领导一切的。[①]执政权是一个涵盖立法、行政、司法、参政、国防、外交等多领域的广域概念、整体概念,而行政权仅仅是执政权实现的主要依靠,并非全部依靠。执政权的某一项意图,只通过行政权有可能无法实现,需要集合各种国家权力共同作用。这时,如果将希望全部寄托于行政权,就可能造成行政权的行使困境。如党关于行政事务的重大决策,若不通过人大,就直接让政府施行,政府就有可能"骑虎难下",陷于"进退维谷"的境地。第二个原因就是行政权除了主要承担执政诉求外,还有自身独立的诉求。这种诉求有可能源自自身,如部门利益,也有可能源自外部,如民众或国际机构行为(如联合国安理会决议)。第三个原因是,从动态角度看,执政权有执政权的运作规律和节奏,行政权有行政权的运作规律和节奏,二者不可能时时刻刻都合拍。

对于这种脱节现象,不能简单地肯定或者否定。政府要接受党的领导。依照宪法和法律,我国是一元政体,政府还要对人大负责。但同时,政府又必须确保行政权始终保持在党的领导之下。我国实行的是中国共产党领导的多党合作和政治协商制度,这就决定了行政权的领导权只能掌握在党的手中,这是坚持社会主义制度和社会主义道路的根本保证。

因此,探索执政权与行政权之间正当、合理且有效的关联机制就显得尤为重要。这个问题的核心就在于执政权与行政权之间是通过"人治"关联还是通过"法治"关联。必须随着法制健全和法治推进,逐步摒弃执政权通过"人治"关联行政权的体制机制,强化现有的通过法治关联的新体制、新机制,让法律成为执政权和行政权之间的"连心桥""防火墙"。

[①]　习近平.决胜全面建成小康社会　夺取新时代中国特色社会主义伟大胜利[EB/OL].[2019-10-01].人民网http://cpc.people.com.cn/19th/n1/2017/1027/c414395-29613458.html? from=gropumessage&isappinstalled=0.

五、执政权与参政权的关联

参政权包括人民的参政权和民主党派的参政权,本书在此特指民主党派的参政权。正如前文所说,我国实行的是中国共产党领导的多党合作和政治协商制度,中国共产党是执政党,各民主党派是参政党,共产党和各民主党派是通力合作、共同致力于社会主义事业的亲密友党。

作为一个持续执政的执政党,要做到永不犯错、永不变色是很难的。这就需要党内监督与党外监督并行。民主党派的监督是党外监督的重要形式。毛泽东说:"为什么要让民主党派监督共产党呢?这是因为一个党同一个人一样,耳边很需要听到不同的声音。"①还曾指出:"究竟是一个党好,还是几个党好?现在看来,恐怕是几个党好。不但过去如此,而且将来也可以如此,就是长期共存,互相监督。"②1956年9月,邓小平代表中共中央在中国共产党第八次全国代表大会上作的《关于修改党的章程的报告》指出:"我们党同民主党派和无党派民主人士的合作是长期的,这一个方针是早已确定了的。从抗日战争时期开始,我们党就实行了同党外民主人士合作的方针。在中华人民共和国成立以后,我们同各个民主党派和无党派的民主人士的合作,得到了进一步的发展。十多年的经验证明,这种合作对于我们党的事业,是有益而无害的。"③中国共产党历届党的领导都坚持了这一思想并不断发扬光大。总结起来,参政党民主监督有以下作用:有利于社会主义政治文明建设,有利于社会主义和谐社会的构建,有利于推进执政党能力建设,也有利于推进参政党自身参政能力建设。

特别是从新时期实践情况看,各民主党派作为社会和阶级、阶层矛盾的润滑剂,其建设和谐社会的黏合剂的作用尤为突出。一方面,由于中国共产党是执政党,自然成为阶级、阶层矛盾指向的集中点。尤其是在目前复杂多变的国际国内大环境下,中国共产党要处理前所未有的、不可计数的、范围极为广泛又极为深刻的矛盾,其难度之大可想而知,犯一些错误也是无法避免的。作为矛盾的受害者、受害群体,自然会把矛头指向执政党。在这种情

① 毛泽东.关于正确处理人民内部矛盾的问题[M]//毛泽东文集:第七卷.北京:人民出版社,1999:235.
② 毛泽东.论十大关系[M]//毛泽东文集:第七卷.北京:人民出版社,1999:34.
③ 邓小平.关于修改党的章程的报告[M]//邓小平文选:第一卷.2版.北京:人民出版社,1994:224.

况下,如果只有中国共产党的自我辩解,有时很难收到好的效果,而作为民主党派,由于其地位特殊,如果能出来讲话,哪怕是同一个意思,效果却有可能大不一样。另一方面,在这个利益分化、诉求多元的时代,新兴阶层不断涌现,而中国共产党因为纲领的限制,却不可能将所有人都吸纳为组织成员。在这种情况下,民主党派就承担起了将新兴阶层中的代表人士组织化的重任,这对于凝聚全社会力量共同建设法治国家、推进社会主义事业,发挥着不可替代的作用。

因此,我们必须大力发展包括参政党在内的社会主义统一战线。发展统一战线,必须依法进行。我国有必要出台一部统一战线促进法,将中国共产党领导的多党合作和政治协商制度纳入更加系统的法治化轨道。

最后,需要指出的是,我国执政权、立法权、行政权、司法权、参政权这"五权"关系不像西方行政、立法、司法"三权"关系,它们之间不是分立与制衡的泾渭关系,而是"你中有我,我中有你"的统合关系,相互间只是"分工"的不同,都有着共同的价值取向即全心全意为人民服务。就"五权"相互关联来说,不仅包含执政权与其他四权的关联,实际上还包括立法权、行政权、司法权、参政权四者的关系与互动,限于篇幅与主题聚焦需要,本书对此不再展开讨论。还需说明的是,以上分析仅限于从"五权"角度着眼的依法治国基本法理架构的粗浅探讨,在全面推进依法治国的进程中,还有许多有待解决或即将产生的重大问题,有待给出答案。而这将有赖于根植在包括基层治理法治化在内的全国上下全面推进依法治国伟大实践基础上的社会主义法治理论的大发展、大繁荣。总之,在人类历史的长河中,还没有任何一个社会主义国家建设成为依宪执政的法治国家,如果我国率先建成依宪执政的社会主义法治国家,不仅将从根本上保证自身社会主义社会的长治久安,引领中华民族的伟大复兴,也将对人类社会未来发展发挥示范作用,做出杰出贡献。

第二节　执政合法性的科学判准①

　　任何一种复杂的政治文明形态都面临着合法性追问。执政的合法性议题实际上是对这一追问的具体涵盖。执政的合法性议题内涵丰富，其理论争鸣的焦点是关于合法性的判准（判断标准）。以合法律性或被统治者认可等"一要素论"、"二要素论"或"三要素论"为判断标准的西方传统合法性理论存在一定局限。从马克思主义法哲学视角看，应以合法律性、合民意性、合价值性、合规律性四个构成要件作为执政合法性的科学判准。

一、问题的提出

　　法治是现代国家政治文明的根基与灵魂②，而依法治国和依法执政的理论前提又都是要完成执政合法性的学理证成，因为在政治文明语境里，"任何一种人类社会的复杂形态都面临着一个合法性的问题，即该秩序是否和为什么应该获得其成员的忠诚的问题。而在现代社会，这个问题变得更为突出也更为普遍了"③。执政合法性议题，实际上是对这一追问的具体涵盖。如果我们对合法性议题进行追本溯源，就会发现合法性命题是近代以来政治文明的思想主题。"布丹的君主主权说，霍布斯的利维坦、洛克的契约论、孟德斯鸠的论法的精神、菲尔默的君权神授说、卢梭的公意说等实际上都是对合法性问题的哲学探讨。"④R. M. 迈尔曼认为，在国家治理中，执政者应当让人民学会识别什么是正当的与不正当的，而人民只有在经过反复训练与体悟后，才有可能懂得并赋予某统治以合法性。这种政治学习过程不是一蹴而就的⑤。也就是说，合法性不仅具有建构性，还具有习得性。

---

①　本节在《中国共产党执政合法性的判断标准与实践向度》一文基础上修改而成，原载于《宁夏社会科学》2016 年第 5 期（郭人菡、龚廷泰合著）。

②　何勤华. 现代国家政治文明的根基与灵魂——论建设社会主义法治国家的根本战略意义[J].人民论坛，2014(22)：6－14.

③　戴维·米勒，韦农·波格丹诺. 布莱克威尔政治学百科全书[M]. 邓正来，译. 北京：中国政法大学出版社，2002：440.

④　白钢，林广华. 论政治的合法性原理[J]. 天津社会科学，2002(4)：42－51.

⑤　Merelman R M. Learning and legitimacy[J]. American Science Review，1996 (3)：548－552.

因此,从法哲学上对其进行探究、论辩和宣教,确立中国范式而非简单的"拿来主义",对于建设中国特色社会主义法治体系、推进国家治理体系和治理能力现代化,具有十分重要的意义。

中国共产党建党 90 多年来,尤其是执政 70 多年来,对于执政合法性问题的认识经历了一个复杂的变迁历程。由于在马克思、恩格斯、列宁的经典著作中对此鲜有直接述及和正面肯定,"执政合法性"等概念被视为与竞选执政、轮流执政密切相关的西方话语,因而我们在相当长的一段时间内对此持抵触、漠视或回避的态度。国内理论界公开、系统地对合法性议题的探讨开始于 20 世纪 90 年代或 21 世纪初。[①] 在"2015 中国共产党与世界对话会"上,王岐山向全世界正面回应了中国共产党的合法性问题,[②]已经意识到执政合法性理论与实践建构是实现党长期执政的前提与基础。这个不断深化与转变的过程,表明了中国共产党在探索中国特色社会主义执政规律上持续增强的道路自信、理论自信、制度自信,影响极其深远。

二、执政合法性:一个重要的复合型概念

执政合法性是个复合型概念,它包括合法性、执政合法性等子概念及其组合,其中最核心的是合法性概念。合法性不是与非法性简单地相对应的一个概念。这个词首先出现在中世纪的文件中,原指国王基于他们的"合法"出身而有权即位,因而也符合法律的规定性。[③] 有学者认为,中世纪以后,现代政治日趋成熟,合法性被赋予新含义,它不仅指"统治的合法权力",也包括"统治的心理权力",也即人们内心对统治权的合法律性和正当性(正统性)的认可态度。于是,合法性衍生出两种含义:合乎法律的或法治的,合乎正义的或被证明有正当性的。[④]

---

① 《读书》期刊 1998 年第 10 期刊载了中央编译出版社 1998 年出版的戴维·赫尔德《民主的模式》中论述"现代国家的合法性危机"的内容,这是国内可见的较早介绍西方政治合法性议题的文献。之后,国内学者开始从理论上探讨政治合法性议题,例如:马宝成.试论政治权力的合法性基础[J].天津社会科学,2001(1):49—52;王淑荣,于延晓.中国共产党执政的合法性基础——以马克思主义利益观为视角的分析[J].马克思主义研究,2010(11):131—137.

② 王岐山首次论述中国共产党的合法性是人民的选择[EB/OL].[2016-03-03].http://www.zzdjw.eom/n/2015/0914/e153945-27580809.html 中直党建网.

③ 龚廷泰.中国共产党执政合法性的法哲学思考[J].中国法学,2005(3):35—43.

④ 傅永军."Legitimacy"之诠证——兼论哈贝马斯重建的合法性理论的意义(中国诠释学第三辑)[M].济南:山东人民出版社,2006:171—181.

　　合法性是现代社会科学诸多学科的重要概念之一,不同学科的学者们从多个角度对这一重要概念的内涵进行了各自不同的解读①。在现代社会学奠基人马克斯·韦伯看来,只要一个社会活动系统由"命令—服从"构成,那么其存在的正当性则取决于对其存在意义的信念能否被普遍地建立和培养;合法性就是引发民众服从某种命令的动机,所以该系统的合法性程度就是任何群体服从统治者命令的主要依据。② 法国政治学者让-马克·思古德(又译让-马克·夸克)则率先发现不同学科理解的合法性都与统治权力密切相关,"合法性事实上与治权有关。合法性就是对治权的认可"③。其意即统治权是合法性探讨的核心意蕴,具有合法性基础的统治权才能被人们自愿服从并持久存在,反之,统治就会出现危机。故而任何有效统治和政治稳定均以合法性为基石。这恰如李普塞特所言:"任何一种特定民主的稳定,不仅有赖于经济发展,而且有赖于政体的有效性和合法性。"④同时,合法性也是法学研究的重要领域。关于法治是良法之治还是一切法律之治的追问,实际上是关于法治自身合法性的追问。

　　合法性理论可以有多种区分,除了政治合法性、统治合法性和政权合法性等提法,还有执政合法性、战争合法性、干预合法性等类别,本节主要探讨执政合法性问题。执政合法性是指政党执政的合法律性、合理性与正当性,是政党政治出现后统治合法性的主要形式。从合法性的阶段性看,执政合法性分为执政权来源的合法性与执政权保有的合法性;从理想与事实的关联看,执政合法性分为执政权应然合法性与实然合法性,应然合法性就是政党执政按人类的理想期待所呈现的合法性,实然合法性就是政党执政按客观状况呈现的合法性;从认识论看,执政合法性又分为理论合法性与实践合法性,理论合法性是一种逻辑自洽的执政合法性,实践合法性是经实践检验所呈现的执政合法性状态。根据让-马克·思古德的合法性理论,执政合法性的核心追问是执政权的合法与否。执政权是指执政党在一个国家或地区拥有的统治权力,这是一种政治权能。执政权和公权力是两个既有关联又

①　肖纯柏.执政合法性的一般理论及其启示[J].理论探讨,2010(1):128—132.

②　胡伟.在经验与规范之间:合法性理论的二元取向及其意义[J].学术月刊,1999(12):77—88,8.

③　让-马克·思古德.什么是政治的合法性?[J].王雪梅,译.潘世强,校.外国法译评,1997(2):12—19.

④　西摩·马丁·李普塞特.政治人:政治的社会基础[M].郭为桂,林娜,译.南京:江苏人民出版社,2013:51.

有区别的概念。政党政治的关键就是在执政权与公权力、私权利之间建立合法性关联。

　　总之,执政合法性命题就是指执政的合法律性、正当性与合理性的有机统一,它是从合法性、执政合法性、执政权合法性到公权力与私权利关联层层递进的逻辑推演,而各家争鸣的焦点实质上集中于执政合法性的判断标准方面。

三、执政合法性:构成要件与判断标准

　　概念、标准与判定是三个不同的范畴。通常判定建立在将概念要素化、标准化的基础之上。那么,以什么标准来判定一个政党执政的合法性?这就涉及执政合法性的要素问题,也即构成要件问题。执政合法性的构成要件直接取决于合法性的构成要件。关于合法性的构成要件,有多种学说,大致包括"一要素说""二要素说""三要素说"等。韦伯持"一要素说",认为"一切经验表明,任何一种统治自愿地满足于仅仅以物质的动机或者仅仅以情绪的动机,或者仅仅以价值合乎理性的动机,作为其继续存在的机会。毋宁说,任何统治都企图唤起并维持对它的'合法性'的信仰"①,即将民众认可视为合法性的终极要素。凯尔森也明确坚持"一要素说",不过他还认为,"合法性的原则就是法律秩序的原则。简单来说,就是所有的国家行为都要符合法律的要求"②。这个论断具有明显的分析法学色彩,与其说是对合法性所下的定义,不如说是对合法律性所给出的定义更为准确。法国政治学家 M. 杜沃热(M. Duverger)持"两要素说",认为合法性原则有两重意思:其一,政府遵循的价值观念应与本国体制相融洽;其二,一切政权应唯其人民普遍意志是从,且国家或政府不是基于血缘宗法关系、强权或神意的缘故天然地获得自身的权威,其必须证明自己拥有合法的权威。③ 也就是说,合法性包含了价值与民意双重要素。哈贝马斯则在修正韦伯法律合理性概念的基础上,提出一种"基于合法律性的合法性"④。"合法性来自合法律性这种

① 马克斯·韦伯.经济与社会[M].上卷.林荣远,译.北京:商务印书馆,1997:238-239.
② 大卫·戴岑豪斯.合法性与正当性:魏玛时代的施米特、凯尔森和海勒[M].刘毅,译.北京:商务印书馆,2013:117.
③ 傅永军.哈贝马斯"合法性危机论"评析[J].马克思主义研究,1999(4):64-71.
④ 哈贝马斯.在事实与规范之间:关于法律和民主法治国的商谈理论[M].童世骏,译.北京:生活·读书·新知三联书店,2014:555-584.

悖论性现象,必须通过确保公民对其政治自主性之运用的权利而得到说明"①。可见实际上他持法律性与民众政治自主权"二要素说"。让-马克·思古德则主张"三要素说",他认为承诺、法律和规范这三个概念是合法性的基本组成部分,②规范的核心是价值。因此,这三个要求可大致视为认可(民意)、法律、价值三要素。洛文索(Lowenthal)持另一种"三要素说",他认为,每一个不同的社会和文化均有自己的一套界定合法性的方法与标准,殊难统一,但在现代政治文明语境下,一个长期存在的统治秩序的合法性需满足以下三个条件:其一,一套明确统一的运作规则在政治体系内已被建立;其二,统治者与民众已就一套核心价值达成广泛共识;其三,广大群众高度信任既定的运作程序,从而确保共同的价值共识得以践行。洛文索的三个条件实际上包含了法定规则、价值共识、民众认可三要素。戴维·伊斯顿也主张"三要素说",不过他在《政治生活的系统分析》中将合法性的来源归结为与价值共识有关的意识形态、与法律有关的政治结构和与民意有关的个人三者,认为它们是构成合法性基础的关键要素。③ 由此可见,西方各种合法性理论关于合法性判准的争鸣从未停息,可谓见仁见智。

我们认为,合法性判准应当从主观和客观、内容和形式、动态和静态辩证统一的视角去探寻。合法性应包含合法律性、合民意性、合价值性和合规律性四大要件,它们共同构成判定合法性不可或缺的基本要素。

1.合法律性要件

合法律性要件主要解决执政的法律正当性和程序正义问题。合法律性首先是指合宪性,"执政之要在于依宪"④,"坚持依法治国首先要坚持依宪治国,坚持依法执政首先要坚持依宪执政"⑤。在中国国情及法学语境下,依宪执政的基本含义是指中国共产党依照宪法精神、原则与规范执掌国家政权,领导国家政权和运用国家政权,按照宪法的逻辑思考和解决各种社会

---

① 哈贝马斯.在事实与规范之间:关于法律和民主法治国的商谈理论[M].童世骏,译.北京:生活·读书·新知三联书店,2014:105.

② 让-马克·思古德.什么是政治的合法性?[J].王雪梅,译,潘世强,校.外国法译评,1997(2):12-19.

③ 戴维·伊斯顿.政治生活的系统分析[M].王浦劬,主译.北京:人民出版社,2012:348-370.

④ 汪习根.法治之首在于宪治 执政之要在于依宪[J].法制与社会发展,2015,21(2):2.

⑤ 中共中央关于全面推进依法治国若干重大问题的决定[J].中国法学,2014(6):5-19.

问题,其核心是树立宪法的至上权威,依据宪法治国理政。① 从当下中国民主政治建设看,依宪执政的内涵主要包括执政目标合宪性、执政理念合宪性、执政方略合宪性、执政地位合宪性、执政行为合宪性、执政过程合宪性,还有权力运行合宪性等方面②。从法律要件看,依宪执政包括三个条件。第一,依据条件。依宪执政意味着宪法具有可依据性,即宪法走入政治生活,可以规范和保障执政活动,具有实施上的法律有效性。同时,依宪执政意味着宪法具有最高的权威性,执政党必须依据宪法来执政。第二,宪法条件。宪法应是国家的根本大法,是治国安邦的总章程,是人民权利的保障书,还必须是良法,并因而构成执政者的一种信仰。依宪执政的核心词语及设计理念应在宪法中有直观表述,构成宪法的鲜明特色。第三,关联条件。需要处理好法治条件下执政权和人民主权、立法权、行政权、司法权和民主党派参政权的几对关系及运行③。第四,程序条件。执政权必须通过一定的宪治仪式、流程确定。从发生学意义上看,资本主义国家和社会主义国家一般都是通过革命方式实现统治阶级的更替来获得执政权来源合法性的,但在执政权保有模式上,资本主义国家一般通过"宪政"架构下的差额制普选和政党轮换等方式来实现执政"合法性",社会主义国家一般采取共产党的领导、多党合作、政治协商等方式保有自己的执政地位。

合法律性虽然是执政合法性的判准之一,但不能把它作为唯一标准,因为"合法律性是不问法律承受者的态度和动机的"④。如果凡是法定的就都是合法的,那么任何在法律上有依据的政权也都自动获得永续存在的法理依据,民众在权力面前就会处于绝对被动的地位。因此,执政合法性的判准还必须具备实质要件。

2. 合民意性要件

执政合法性的合民意性要件是指政党执政必须获得真实而广泛的民意

---

① 韩大元. 中国共产党依宪执政论析[J]. 中共中央党校学报,2014,18(6):5—9.
② 殷啸虎. 论依宪执政的内涵及其完善[J]. 东方法学,2008(5):15—24.
③ 关于这几对相互关系的详细论述见:郭人菡. 依宪执政的法理问题研究[J]. 南都学坛,2015,35(1):87—91.
④ 哈马贝斯. 在事实与规范之间:关于法律和民主法治国的商谈理论[M]. 童世骏,译. 北京:生活·读书·新知三联书店,2014:40.

认可。① 亚里士多德指出，"适用于一切政体的公理（是）：一邦之内，愿意维持其政体的部分必须强于反对这一政体的部分"②，也就是政体存废的根本标准由民意多数决定。卢梭进一步指出，"既然任何一个人对他的同胞都不拥有天然的权威，既然任何强力都不可能产生权利，于是，人与人之间就只有用约定来做一切合法权威的基础了"③。显然，他是从公意的角度来论证合法性问题的。西耶斯的"双合法"理论则精辟阐明了政权合法性与民意合法性的区别与联系，"政府只有合于宪法，才能行使实际的权力；只有忠实于它必须实施的宪法，它才是合法的。国民意志则相反，仅凭其实际存在便永远合法，它是一切合法性的本源"④。前述已提及的各要素论也大都包括民意认可。因此，民意要件在合法性中的核心地位可以说得到了多数人的认同。

我们注意到，各方不仅对合民意性要件的内涵尚无共识，对合民意性要件本身是否属于一个构成要件也有质疑的声音。塞缪尔·亨廷顿就认为政治利益要素也可替代民意要素证成合法性，"也可以从政府行为是否反映政府机构本身的利益来寻索政府行为的合法性……政府机构的合法性和权威并非视其在多大程度上代表人民的利益或是其他什么集团的利益，而是视其在多大程度上具有区别于其他所有组织的自身利益"⑤。我们认为，这种观点实质上是用政府的利益超然性去追求尽可能广泛的民意认可性，不构成对民意要件的否定。换言之，它只是获取民意认可的一种方法，因而政府的利益超然性不能作为判断一个政党执政合法与否的标准。但塞缪尔·亨廷顿的观点值得我们思考的是，多数民意是否就真能达成合民意性要件？如何认定一种民意就是多数人的民意？多数民意难道一定是正确的吗？正如西塞罗所说，民众并不总能遵循正确理性的指引，也有"堕落"的可能。⑥因为民意在至少四种情况下容易失真：一是被精英政治（民粹政治）所蒙蔽

① 认可，即认同并许可，表征合民意性要件；认同与服从均不适合表征合民意性要件，因为前者缺乏对权力来源的证成（缺乏权力许可），后者则完全可能是基于强权而被迫同意。
② 亚里士多德.政治学[M].北京：商务印书馆，1983：210.
③ 卢梭.社会契约论[M].李平沤，译.北京：商务印书馆，2014：10.
④ 西耶斯.论特权；第三等级是什么？[M].冯棠，译.张芝联，校.北京：商务印书馆，2004：60.
⑤ 塞缪尔·P.亨廷顿.变化社会中的政治秩序[M].王冠华，等译.上海：上海人民出版社，2015：21－22.
⑥ 西塞罗.国家篇　法律篇[M].沈叔平，苏力，译.北京：商务印书馆，1999：251.

和"代表",或被愚民政策所欺骗;①二是处于威权统治之下,真实民意或不能萌生、表达,或扭曲生成;三是以偏概全,如以局部"全民公决"来证成区域独立建国合法性的民意要件,这也是现代分裂主义分子常信奉和使用的"歪理";四是技术性失误,导致民意的获取及评价标准不科学。因此,对于"民意认可",仅仅按照西方合法性理论依据该群体内部视角的认同是不够的,还必须参考整体视角和外部视角的观感,防止被"虚假民意"所左右,在全球化发展进程中,在世界秩序格局重构条件下,处于主导地位的政治共同体所操纵的民意更是如此。另外,民意也会具有"失真"的可能性,不论群体意志还是个人意志,都有可能受到其短期利益的引诱,从而失去把握长远利益的定力,这就需要执政党不为这种"民意"所困扰。

3. 合价值性要件

美国的 T. 帕森斯认为韦伯以民众服从为核心的合法性"一要素"论存有缺陷,"一些人之所以服从另一些人的指令是因为这些指令是以社会最高价值观②为依据的"③。在帕森斯看来,价值也是合法性判断必须考虑的要素之一。我们认为,这种观点值得推崇,不问价值的服从并不是基于正当的服从。从哲学角度讲,价值是关于人存在意义和生活目的的一种抽象概念,属于价值观范畴。在马克思主义价值观看来,价值本身是多种多样的,不同历史阶段的人们有不同的价值观念,不同民族、不同宗教、不同文化背景、不同社会地位的人也会有不同的价值观。所以,合价值,就其主体需要而言,不是指合乎社会中所有人需求的价值,而是合乎社会多数主体共同需求的价值和社会核心价值。执政党的执政价值观契合社会价值共识是证明其执政合法性的必要条件。

从执政合法性评价标准的价值要件来说,应将追求基于"合理分歧"的"重叠共识"作为执政理念。其一,实行良法善治是执政合法性的价值底线。

---

① 格哈德·迪尔歇尔.关于希特勒一九三三年取得政权的合法性问题[J].李后霖,译.中山大学学报(哲学社会科学版),1986(1):10—17.

② 这里的最高价值观即社会关于核心价值的一种共识,价值规范系统是人们在长期的生产实践和交往实践中形成和发展的关于价值的约定俗成的规定和程序的有机整体。帕森斯这两句话揭示出合法性与民意、价值与规范三者皆有关。

③ 帕森斯.现代社会的结构与过程[M].梁向阳,译.北京:光明日报出版社,1998:112.

如尊重和保护人权、尊重合宪言论自由,并"实现宪法未列举权利的保障"①。其二,控制权力是执政合法性的价值高地。个人权利、人民主权、执政权、公权力之间以及执政权和公权力配置要按照一定逻辑构成一个相互关联、分歧可控的循环结构。人民群众是一个由众多单个的、相对而言非常弱小的个体组成的集合概念,不是独立的实体,在人口众多的广袤大国,人们一般无法直接享有和行使国家权力,基层社会与政治国家之间难以进行对等有效的理性交互,但他们又必须周期性甚至一次性地将权力托付出去。那么如何进行制约以便在托付与受托之间取得信任共识呢?现代民主有两种思路或路径。一是以公民权利制约公权力,通过"全民公决"等方式直接制约或通过选举等方式间接制约,这并非完美无缺。二是引入第三方制约公权力,包括组织政党、组织社团对国家权力进行制约,这又存在"代理欺诈"和传导失误的风险,仍然需要在政党与人民之间以及政党内部各组织之间和公权力内部各机构之间构筑通约、制约关系。同时,不同群体可达成各种价值的"重叠共识",又是社会整合的前提与基础。对这些问题如何把握,这的确是一个世界性难题。

4.合规律性要件

规律指事物发展过程中的本质联系和必然趋势。执政合法性判断标准的合规律性要件仅指执政合乎执政规律。执政规律与社会发展规律既有联系又有区别。执政规律是社会规律系统的一个构成要素,它以执政党遵循社会规律为前提和基础。执政规律是任何政党在争取、控制和行使统治权力过程中都必须遵循的、具有必然性的法则和客观要求。② 执政规律不同于执政现象,前者属于本质范畴,后者属于表象范畴。把握执政规律也不同于总结执政经验,前者属于理性认识范畴,后者属于尚未上升到理性认识的感性认识范畴。③ 按照作用范围的不同,执政规律可分为适用于所有政党执政的一般规律和适用于某一类政党执政的特殊规律,以及适用于某一国家或特定阶段的某个政党执政的个别规律。三类规律相辅相成,一定条件

---

① 张薇薇.无过去的怀念与无基础的想象——就《我国宪法人权条款之实施》一文与夏泽祥博士商榷[J].厦门大学法律评论,2013(2):389-425.

② 习近平.关于建设马克思主义学习型政党的几点学习体会和认识——在中央党校 2009 年秋季学期第二批进修班开学典礼上的讲话[J].今日中国论坛,2009(Z3):6-13.

③ 肖光荣.中国共产党执政合法性:研究现状及其评价[J].当代世界与社会主义,2004(5):75-79.

下又可相互转化。按照内部层次,执政规律还可划分为基本规律和次要规律。让-马克·思古德认为,合法性"是政治权力和其遵从者证明自身合法性的过程"。① 也就是说,合法性是一个动态的可把握的证明过程,而对合法性的证明过程不能缺少规律的印证。将合规律性要件纳入合法性要件的诠释学的疑问是,合规律性源自合法性定义的合法律性还是正当性?② 我们首先排除将合规律作为合法律的理解,合规律不同于合法律是显而易见的。规律是表征客观的范畴,正当性是表征主观的范畴,因而合规律也不属于正当性(民意和价值)范畴。我们必须重新回到合法性概念的界定当中去。实际上,合法性包含合法律性、正当性(正统性)与合理性三种含义,我们不能忽略其合理性内涵。③ 而合理作为一种表象,其背后其实是合乎理性和逻辑,主观和客观相吻合,即合规律之意蕴。哈贝马斯曾指出,"仔细的观察会表明,资产阶级形式法的合法性并非产生于那些所谓'合理'特征,而至多产生于借助于有关经济秩序之结构和功能的进一步经验假设而可以从那些特征中引出的道德含义"。④ 就是说,表面的"合理"特征不是合法性来源,但从其中可引申出的道德含义是合法性的真正来源,这种来源又由经济基础所决定。归根结底,"合理"的背后其实有客观规律吻合性隐藏其中。因此,我们将隐藏在合法性深处的合规律性揭示出来,作为合法性判断标准的一个构成要件,不仅是适当的,也是不可或缺的。⑤ 揭示合法性判断标准的合规律性要件在法哲学上具有十分重要的意义。如果没有合规律性要件,执政合法性判断标准就很可能被世界上所谓"主流"的合法性理论所误导和迷惑。执政合法性判准的合规律性要件要求我们对执政合法性的判断,必须吻合政党执政的客观规律,区分不同类别规律在适用上的差异。执政党在依法执政中只有深刻把握、充分尊重和自觉运用执政合法性建设的相关规律,才能达到长期执政的目标。而且,既然执政合法性有规律可循,

---

① 让-马克·夸克.合法性与政治[M].佟心平,等译.北京:中央编译出版社,2002:序言.

② 一般理论通常都将合法性仅理解为合法律性与正当性。见:傅永军."Legitimacy"之诠证——兼论哈贝马斯重建的合法性理论的意义[M].中国诠释学(第三辑).济南:山东人民出版社,2006:171－181;胡伟.在经验与规范之间:合法性理论的二元取向及意义[J].学术月刊,1999(12):77－88.

③ 霍恩比.牛津高阶英汉双解词典[M].李北达,编译.北京:商务印书馆,1997:849.

④ 哈贝马斯.在事实与规范之间:关于法律和民主法治国的商谈理论[M].童世骏,译.北京:生活·读书·新知三联书店,2014:562.

⑤ 其实也有西方学者认同,合法性不是一个单纯的主观范畴的概念。

那么,寻求并掌握其规律,对于合法性的政党建构和民众习得,就都具有深刻意义。

以上四个要件是一个有机整体。第一,是缺一不可的关系。合民意性是核心要件,是判断执政合法性的主要标准;合法律性、合价值性与合规律性要件对民意都起到必要的补充作用,确保民意正常体现,在民意"堕落"时起纠偏作用。第二,不是相互独立的关系,而是从不同维度对合法性的解构结果,是存在一定交叉的耦合关系。民意对合法性作出判断时,往往基于某种价值观,并依据一定的法律,而主流民意、核心价值观和具备有效性的法治体系的形成,又与执政吻合执政规律密不可分。另外,合法律性是形式要件,其他三个是实质要件;合民意性和合价值性也可合称为主观要件或正当性要件,合法律性和合规律性则可合称为客观要件;四个要件都既有静态性,也有动态性。①

四、执政合法性:中国实践的四个维度

中国共产党必须从合法律、合民意、合价值、合规律四个维度,不断夯实执政合法性基础,探索出有利于巩固党长期执政的中国范式。

1. 健全中国特色的宪治体系

执政合法律性的核心和关键是依宪执政,这是提供执政合法性程序正义的命脉所在。执政的合宪性原则"是稳定性和长久性价值的保证,而长治久安则是法律秩序的意义所在"。为此,要围绕党依宪执政,构建中国特色的社会主义宪治体系,即建立和完善党领导立法、保证执法、支持司法、带头守法的体制机制。

习近平指出:"宪法的生命在于实施,宪法的权威也在于实施。"②当今法治建设的一个重点是要实现涉宪问题的可裁决性。从执政角度来说,要实现前述目标,关键是要处理好以下两个关系。

其一,处理好党的执政、党的领导与宪法至上的关系,建立中国特色的

---

① 静态性是指当我们判断一个政党执政是否具备合法性时,我们可以也必须截取四个面向的某个时间节点或时间段,做静态分析,从而得出结论;动态性是指民意、法律和价值从内涵到外延都在随时代不断变迁,而规律则随外部条件变化而在作用形式上发生改变,相应地合法性判准也会有所变化。

② 习近平.在首都各界纪念现行宪法公布施行 30 周年大会上的讲话[J].中国人大,2012(23):8—11.

违宪审查制。活动伴生规则,有行为就有可能违规。当领导活动或者执政活动有逾越宪法和法律之嫌时,如何判断和处理? 政党行为要不要纳入人大监督范围或者司法裁决范围? 构建中国特色的违宪审查制,的确已是依宪执政不能回避的问题。[①] 然而,如果将解决机构放在国家机关,让其来审查政党行为是否合宪,或者允许党员可就党内问题诉诸司法,则容易背离法律调整的有限性[②];如果解决机构放在党内,让党自查合宪合法,并处理党员涉宪诉请,也不十分妥当。这貌似是一个二律背反的难题。解决此类问题的办法有两点。首先,建立党内执政活动合宪性、合法律性自查与纠正机制,让自查自纠机制在党内规范化、制度化、常态化、组织化。[③] 其次,建立全国人大违宪审查专门委员会,[④]并将现有框架下的人大议案机制和人大建议、司法建议机制向党内深化、拓展。[⑤] 再次,处理好党规和宪法关系,参考立法程序,建立党内法规制定机制。依宪执政处于依法执政的最高层级,但是,这并不能确保宪法与一般法律、党章或党规绝不会出现紧张关系。而且,执政党制定的党内法规,不仅对整个政党及其全体党员有很强的效力,最终对国家、对全民也都有极大的影响,地方党组织出台的政策在各自地域内也有相应的效力。因此,可以在拥有立法权的行政层级的对应党组织,由党委政法委员会负责拟定党内法规草案和政策草案,提交各级党代会通过后经由同级党组织主要负责人签署生效,从而确保党内政策法规制定的科

① 程洁.中国的准违宪审查制度初探[J].政法论坛,2018,36(03):3-13;马岭.我国违宪审查机构的模式选择[J].河南财经政法大学学报,2014,29(06):27-31;奚金才.建立违宪审查制度的必要性[J].人民论坛,2011(23):112-113.
② 周叶中、李炳辉."依法执政"考辨[J].法学杂志,2013,34(7):18-26.
③ 在组织化方面,鉴于违宪自查归根结底是一种监督权属性,因而党内违宪自查职责建议由中央纪委负责.
④ 司法模式需要另起炉灶,也与一元政体不是十分契合;比较而言,在全国人大建立违宪审查专门委员会,并由全国人大或其常委会做出最终决定,比较符合现行宪法规定与中国国情。见:胡云腾.关于建设法治中国的几点思考[J].法学研究,2013(2):10-13.
⑤ 具体设计:第一,党内涉法问题先自查自纠,若需立法突破,则以提案方式递交人大党组,再由相关专门委员会提出立法修正案;第二,人大(法院)在发现同级党组织政策法规、决定有违法嫌疑时,先行停止受理或中止审理,并通过人大建议或司法建议方式呈交党组织进行决断,由后者提前自纠或提出修正案;第三,将这种安排宪法化,也可理解为将政治性审查和法律性审查融贯起来。见:殷啸虎.当代中国宪法实施的政治路径[J].法学,2014(11):72-78.

学化、民主化、专业化、规范化、合法律化。①

　　2.完善科学有效的民意反映机制

　　从执政合法性角度看,在中国这个人口众多、幅员辽阔的大国,代表制和政党政治是一种经实践证明的可行选择。但缘于此,民意基础常被以下可能性削弱:一是执政党不能获取全面、真实的民意信息;二是执政党不能将主流民意全面、彻底地贯彻到执政活动中去。西方国家主要靠"大选"制度获取民意,通过政党轮换确保民意贯彻,但这并不能"包治百病"。在西方,被统治者感觉自己"选举时是上帝,选举后是奴隶"的现象越来越普遍。选举制度和政党轮换通常沦落为"精英游戏"、利益集团之争,而选民感觉与政治的距离越来越远,参选意愿和参选率越来越低。正如哈贝马斯所说,投票制度不能简单视为民意反馈,恰恰相反,真正能反映民意的"公共讨论被大众投票所取代。公共意见被归结为一种个体、主观、偏好的单纯累加,而不是一种共同立场的公开的商议和讨论。选举只不过是对两个或更多政治党派各自纲领的公民投票。真正的问题被压制并呈现在投票者简单选择的后面"②。在西方"民主"制度下,选民成为某些政党争取和利用的一张张"选票"。在统治者眼里,公民不再是一个"人",而是被计量的"一张选票",真实的人的意愿被简单的加减乘除所取代。这样,选举不过是资本对权力的收购程序,本该提供给公众的"公共产品"实质上沦为争取"民意"而推销的"私利品"。在这种情势下,民意的投票不是完全依据公民"最优抉择"而做出的理性选择。如大卫·休谟所言,统治合法性未必基于合理的设计,而完全可能来自可持续权力行使这一事实本身,来自默认和约定俗成的事后追认,来自全民公认的程式和习惯,来自演进的自生的制度进化过程,来自传统。③ 因此,我们在引入西方理论探讨中国执政合法性时,不能忽略中国的历史与现实,不能完全照搬照抄西方的模式和做法,这并不意味着社会主义国家不搞民主、不行选举、不要民意,"没有民主就没有社会主义"④。虽然中国的政党制度和选举制度不是西方那种政党更替式的,但是我们必须

①　有学者建议出台政党法来处理宪法、法律和党规关系问题,本书以为值得商榷。从世界发达国家看,多数国家并未出台政党法,通常为少数欠发达国家有政党法,其中原因值得深究。

②　傅永军.公共领域与合法性——兼论哈贝马斯合法性理论的主题[J].山东社会科学,2008(3):7-13.

③　大卫·休谟.休谟政治论文选[M].张若衡,译.北京:商务印书馆,2010:126-127.

④　邓小平.坚持四项基本原则[A].邓小平文选(第2卷)[M].2版.北京:人民出版社,1994:168.

明白,人民的根本利益是一切统治合法性的根本基础。① 民心向背,在任何一种制度下都决定执政事业成败和政党兴衰,必须始终警醒和重视。中国共产党要谋求长期执政,必须建立一种更能释放强烈民意警示信号的制度和机制。毛泽东说:"我们已经找到新路,我们能跳出这周期率。这条新路,就是民主。只有让人民来监督政府,政府才不敢松懈。只有人人起来负责,才不会人亡政息。"②

在实践中如何让人民人人起来监督执政党及其领导干部呢?社会主义民主要建立的类型显然不同于西方民主。因为运动式的"大民主在一定条件下是好东西,在一定条件下又不是好东西。……大民主是用来对付敌对阶级的"③。大民主伤筋动骨最终吃亏的是人民,所以"大民主不要希望搞,没有什么值得效法的地方"④。那么,我们欲求的民主到底是什么类型的民主呢?邓小平认为,人民内部用小民主好,用小民主解决群众关切的问题更为优越,没有小民主就会导致对大民主的需求⑤。在邓小平看来,在社会主义三大民主制度框架已经建立并运作的基础上,小民主比大民主更能获取和贯彻民意。换句话说,多党竞选、大民主还是一党执政、小民主都不是终极目的,都只是服务于人民的手段,而采用中国共产党领导的多党合作和政治协商制度、协商民主更适合中国这个大国的国情。德沃金也曾指出,民主的精神绝不仅仅表现为投票和选举,它最富有活力的基因是参与,是激发民众自治的潜能,是确保民意实现的根本因素⑥。这为我们破解长期执政的程序难题提供了思路。中国正处在社会转型期的决定性阶段,矛盾与挑战之多前所未有,人民群众内部的分层也越来越明显,利益分化越来越多元,有的甚至相互冲突,这些都需要有能激发民众主人翁精神和潜能的丰富而

① 王淑荣,于延晓.中国共产党执政的合法性基础——以马克思主义利益观为视角的分析[J].马克思主义研究,2010(11):129-135.
② 黄炎培.八十年来[M].北京:文史资料出版社,1982:149.
③ 邓小平.关于民主和专政[M]//邓小平文集(1949—1974):中卷.北京:人民出版社,2014:277.
④ 邓小平.共产党要接受监督[M]//邓小平文选:第一卷.2版.北京:人民出版社,1994:237.
⑤ 这里的大小民主是相对而言的。所言的大民主指称政党大起大落、选民普选或示威游行等运动式民主形式;小民主指称执政党总体稳定、选民通过丰富多样的形式理性地、充分地、切实地表达和解决政治诉求的民主模式,也包括务实的选举制度。见:杨松.毛泽东邓小平民主思想比较分析[J].北京大学学报(哲学社会科学版),1999,36(3).
⑥ 罗纳德·德沃金.民主是可能的吗?新型政治辩论的诸原则[M].鲁楠,王淇,译.北京:北京大学出版社,2014:128-131.

先进的小民主形式,而我们现在的民意机制还很不健全、很不科学。这就要求中国共产党推进政治体制改革,建立和完善有效汇聚并落实最广大民意的民主结构与功能,始终确保执政为民而非相反,始终确保人民当家做主而非相反,始终确保执政获得人民普遍的认可。一是要建立和完善科学的民意获取机制。在制定路线、方针、政策中善于吸纳广大人民群众的意愿,比如,可深化并创造更多类似恳谈制①、基层民主协商议事制和听证制度等"接地气"的小民主形式;加快实现城乡之间、区域之间选举权的实质相同。二是要建立和完善真实民意的辨识机制和科学的民意评价机制。执政党必须认真研判民意,既不能被虚假"民意"所左右,又要避免真实民意被人为忽略。比如,可大力培育发展新型社会组织在内的市民社会,广泛采用第三方评价模式。三是要建立严格而科学的民意贯彻实施机制。当前需要深化的是错误纠偏机制,即当代理人(党组织或国家权力机构等)偏差地执行人民意志时,人民可以怎样采用有效的共同意志形式纠偏,从而确保公共权力不被异化。唯有如此,党的执政才能获得最广泛的民意认可。

3. 理清核心价值的中国共识与世界"合理分歧"的关系

所谓核心价值的中国共识,乃是中国社会不同价值主体之间关于价值的"重叠共识"。党的十八大提出的社会主义核心价值是凝聚整个社会广泛共识的一种主流价值,但在价值多元的社会条件下,各种价值之间不仅可能存在不可公度性,②而且在特定情况下还会发生一定的冲突。处理这些价值之间的冲突不宜用"临时协定"式的共识替代"重叠共识"。③ 基于现代民主社会理性多元化的事实,借助强力以单一的"完备性学说"来统一政治社会思想、建立政治共同体的做法,恐难长期奏效。④ 那么,如何解决多种价值观并存下的社会整合问题?共同体成员对任何价值的内化不是来自意识形态组织以成员为客体基于"为了你好"的强制灌输,而是来自成员以其主

---

① 但仍需强化其决议刚性等。另有学者提出一种基于现有框架的结构性改革思路,如将任命权与罢免权分由上级与选民行使。见:刘哲昕.中国民主政治的制度创新与现实路径[J].法学,2014(10):13-21.

② 西方传统思想认为,所有的善不仅和谐共存,而且相互包容。但英国哲学家以赛亚·伯林认为,不仅"善"与"恶"之间存在不可相容性和不可公度性、不可通约性,"善"与"善"之间也可能存在不可相容性与不可公度性。

③ 约翰·罗尔斯.政治自由主义[M].万俊人,译.南京:译林出版社,2011:134-137.

④ 王长江,彭萍萍.热话题与冷思考(三十一)——关于现代政党执政规律研究的对话[J].当代世界与社会主义,2004(1):4-9.

体性基于"我需要"而形成的自觉认可。因此,应按照尊重"合理分歧"的思路,找出主流意识形态的价值要求与社会广大成员多元价值诉求之间的"重叠共识",①从而解决社会成员之间可能出现的严重的价值分歧乃至价值冲突。宪法是表达统治合法性价值观及建构多样价值观协调机制的最佳载体,②宪法也必须承载表达统治合法性价值观和建构多样价值观协调机制的使命,以在多元价值社会凝聚社会共识,最终实现社会整合。执政党还要善于推动不同价值观之间的交互,相互取长补短,逐渐融合。要从本土文明中寻找全民的信仰根基,寻找执政智慧。因为"在转型期,在新的制度涌现的同时,合法性的一种主要源泉来自传统重要整合制度的连续性"③。同时,又要善用社会主义核心价值观中的积极因素赋予中国本土各种原生价值观以新的生机和活力。

从世界范围看,当今世界价值的"重叠共识"并未达成,"合理分歧"普遍存在。因此,我们要处理好核心价值的中国认同与西方博弈的关系。在这场价值观的博弈过程中,有没有普适于不同国度、整个人类的价值,答案应该是肯定的。否则,这个世界中不同制度的国家不可能和平相处,人与人之间就无法交往。这正如我们不能因为西方崇尚法治,我们就反法治;不能因为西方搞市场经济,我们就坚持搞高度集中的计划经济。从哲学层面看,区分普适价值与"普世价值"二者之间的概念差异尤为必要。普适价值概念本身是一种中性的概念,但某个时代被言说的"普世价值"本质上却是该时代在全球占主导地位的利益集团所积极倡导并推行的核心价值,这种被异化的"普世价值"归根结底是为其提倡者、推行者服务的,背后站立的其实是具有强烈霸权倾向的价值观。因此,我们在与西方发达国家交往的过程中要有处理好核心价值中国共识和"合理分歧"的中国定力,既要尊重"合理分

①　包容性法治相关理念见:袁达松.走向包容性的法治国家建设[J].中国法学,2013(2):5－17;刘小平.法治中国需要一个包容性法治框架——多元现代性与法治中国[J].法制与社会发展,2015,21(5):168－180.

②　核心价值的法律化一般需要体现在宪法中,比如美国、德国和法国宪法都体现了其倡导的自由、民主、人权等核心价值。一般性的法律不是适格载体,因为"社会的整合是靠信念支撑的",而一般的"现代法则用制裁来代替信念,因为它不问遵守规则的动机,而只强迫对规则的遵守"。见:哈贝马斯.在事实与规范之间:关于法律和民主法治国的商谈理论[M].童世骏,译.北京:生活·读书·新知三联书店,2014:43－45.

③　西摩·马丁·李普塞特.政治人:政治的社会基础[M].郭为桂,林娜,译.南京:江苏人民出版社,2013:53.

歧"，在普适价值竞合中不回避，不缺位，求同存异，注重普适价值共鸣；又要坚持马克思主义价值观的引领和社会主义核心价值观的宣导以及中国本土传统价值观的重塑，使其统合融通，不断提升中国共产党执政的价值依归和世界影响力。

4.探索并遵循政党执政的客观规律

执政规律是决定政党兴衰成败的深层次原因。政党政治的复杂性使得用公式化的语言来描述执政规律是有限度的，[①]但总体上我们可以从执政规律的构成要素、内部结构和外部侧面等视角分析把握政党执政的主要规律，这也是中国共产党执政应遵循的基本规律。

从执政的经济基础看，政党执政必须遵循上层建筑要适合生产关系和生产力发展的基本规律，这是判断任何政党执政合法性的首要标准。遵循社会基本规律，以生产力发展为最高标准，夯实执政的物质基础，国强民富，执政基础一定要牢固。诚如毛泽东所说的那样："中国一切政党的政策及其实践在中国人民中所表现的作用的好坏、大小，归根到底，看它对于中国人民的生产力的发展是否有帮助及其帮助之大小，看它是束缚生产力的，还是解放生产力的。"[②]改革开放以来，邓小平把解放和发展生产力、消灭剥削、消除两极分化、最终达到共同富裕，确定为社会主义的本质特征和根本任务，通过改革发展、经济建设的绩效和人民生活的改善来巩固党执政的实质合法性。这就是说，凡是党能够解放和推动生产力发展的路线和政策，就能得到人民群众的拥护和认可，就具有实质的合法性。生产力标准对一切政党是否具有合法性这一点来说都是公正的、一视同仁的。[③]

从执政的社会基础看，政党执政必须遵循人民创造历史并决定执政主体更替的基本规律，这是影响一切政党执政更替的决定性因素。人民群众是社会生产、社会生活和人类历史的主体，是任何政党执政的基本依靠。"同资产阶级政党相反，工人阶级的政党不是把人民群众当作自己的工具，而是自觉地认定自己是人民群众在特定的历史时期为完成特定的历史任务

① 王长江,彭萍萍.热话题与冷思考(三十一)——关于现代政党执政规律研究的对话[J].当代世界与社会主义,2004(1):4—9.
② 毛泽东.论联合政府[M]//毛泽东选集:第3卷.2版.北京:人民出版社,1991:1079.
③ 龚廷泰.中国共产党执政合法性的法哲学思考[J].中国法学,2005(3):33—41.

的一种工具"①,"中国共产党坚持执政为民,人民对美好生活的向往就是我们的奋斗目标"②。这就表明中国共产党是为了帮助人民谋福祉而成立的一个政治组织,其自身不能有任何私利,只能以人民福祉为执政的终极依归。从中国实际看,中国共产党是中国工人阶级的先锋队,同时是中国人民和中华民族的先锋队,离开人民就会成为无源之水、无本之木。因此,中国共产党要始终保持密切联系群众,尤其是广大劳动者,认真、及时地回应和解决人民群众关心的各种问题,逐步拓展人民主体自主活动的空间和深度;始终坚持立党为公,打造风清气正的各级党委和政府,有效遏制贪污腐败,防止政党集团化、党员利己化;构建和完善阶层间、代际经常性流动机制,防止阶层固化和社会固化;打造"橄榄型"和"包容性"社会,逐步消除物质和精神上的贫富差距,最终实现从物质到精神"共同富裕"的社会主义理想和"人的全面解放"的共产主义理想。

　　从执政的政治基础看,政党执政必须遵循民主执政、依法执政的近现代文明发展规律,这是一切政党合理执政、合法执政的基本保障。政党是近代政治文明发展的产物,而民主和法治共同构成近现代政治文明的主体框架。民主制或许不是最好的政治体制,但却是最符合人性的政治体制。民主的核心是民治③,即人民对权力的完全掌控与绝对监督,实现权利与权力的妥适匹配。法治国同样不是理论上第一好的政体,但却是"位居第二的最好的"政体,同时也是相对具有现实可能性的理想政体。④ 法治的核心是保障权利、规范权力,其主要功用在于不"将一个国家的命运建立在一两个人的声望上面"⑤,给予治国理政模式以稳定性。邓小平在思考如何避免或防止再发生诸如"文化大革命"这样的劫难时说:"现在我们要认真建立社会主义的民主制度和社会主义法制。只有这样,才能解决问题。"⑥为此,在民主制中,党不仅要使人民成为一个伦常上的道德的存在,更要成为一个政治上的

---

① 邓小平.关于修改党的章程的报告[M]//邓小平文选:第一卷.2版.北京:人民出版社,1994:217—218.
② 习近平.习近平谈治国理政[M].北京:外文出版社,2014:101.
③ 吕元礼.民本的阐释及其与民主的会通[J].政治学研究,2002(2):63—72.
④ 柏拉图.柏拉图全集[M].第3卷.王晓朝,译.北京:人民出版社,2002:498.
⑤ 邓小平文选:第3卷[M].北京:人民出版社,1993:311.
⑥ 邓小平.答意大利记者奥琳埃娜·法拉奇问[M]//邓小平文选:第二卷.2版.北京:人民出版社,1994:348.

权威性的存在。① 既要摒弃中国传统"虚拟民主"的思路，②也要摒弃西方的代议制民主思路，创造更多能确保人民真正有效参与和有效监督的民主形式，③赋予权力以竞合性。还需要把人民民主和党内民主有机结合起来，扩大党内民主以带动人民民主，发展人民民主以促进党内民主，④并创造与体制相适应的良法之治，核心是依宪执政。而且，党的制度建设要与党领导的法治国家建设同步展开。⑤ 建设法治国家的同时必须坚持和改善党的领导、从严治党，坚持和改善党的领导、从严治党则要以依法治国、依法执政为基本路径。

五、结　论

在推进国家治理体系和治理能力现代化进程中，中国共产党开始直面执政合法性问题。中国共产党执政的合法性问题主要分为执政权来源的合法性问题与执政权保有的合法性问题，其中执政权来源的合法性经由"历史的选择"和"人民的选择"得到了证成。当我们试图借助西方传统合法性理论来解释中国共产党执政权保有的合法性问题时，发现这些理论不仅在解决西方自身政党执政合法性问题上存在争鸣和诸多限度，也不能有效回答"后发"国家，尤其是像中国这样"后发"的社会主义国家如何在合法性执政上保持活力和定力的问题。反思、批判西方执政合法性理论并建构真正科学的执政合法性理论，就成为一个迫切需要解决的重大命题。解决这个命题的关键是判准问题，即"四要件"问题。其中，合法律性要件的关键在于坚持依宪执政和良法之治，构建合法性执政的程序正义机制；合民意性要件的关键在于执政对于真实民意的获取、甄别和贯彻，以及对短视民意带来的执政纷扰的排除；合价值性要件指明执政应追求基于"合理分歧"的核心价值共识，并努力达成关于该类价值的"重叠共识"，以整合各种社会关系和平衡

①　陈翠玉.论牟宗三对自由民主的接纳与批评[J].政法论坛，2016,34(1):135－142.

②　史蒂文·列维茨基,卢肯·威.没有民主的选举:竞争性威权主义的兴起[J].李莉,邓鹏,译.国外理论动态,2013(6):71－79.

③　监督形式可以摒弃普选和三权分立,但必须具备以权利制约权力和借助一种权力制衡另一种权力的有效形式.见:王长江.关于在比较、借鉴中探索执政规律的几个问题[J].当代世界与社会主义,2006(3):105－108.

④　马昌博.胡锦涛党校讲话传递信息强调旗帜和道路问题[EB/OL].[2016-05-07].http://news.cctv.com/china/20070628/103123.

⑤　袁曙宏.党依法执政的重大理论和实践问题[J].法学杂志,2006(2):2－6.

各种利益矛盾;合规律性要件则充分展示了执政党把握客观执政规律对于证成和保持执政合法性的内在必要性。因此,以合法律性、合民意性、合价值性、合规律性四个有机的构成要件作为执政合法性的判准,是一种更为科学的阐释方法。中国共产党执政70余年的实践经验和教训也反复证明,只要能同时坚持好执政合法性的四大判准,就能巩固执政,无可争议地取得执政权保有的合法性;反之,则容易引发问题。因此,中国共产党应充分运用合法性的可建构性和可习得性,从执政合法性判准的四个维度出发,不断夯实执政的合法性基础,从而巩固自身的长期执政地位,确保国家的长治久安。

第三节　党内法规制定的法治逻辑

在全面依法治国语境下,探讨党内法规与法治的关系,首先需要明确党内法规制定的法治逻辑问题。党内法规与国家法律具有内在同一性,都有法的内在品质,相互关系十分密切,但同时也具有异质性,党内法规并不是法律,二者区别同样明显。党内法规的制定走向规范化,是内生与外发共同作用的结果,经历了先内生发展,再模仿国家立法,之后准备引领国家立法的历程。党内法规的制定,需要在遵循法治普遍性准则的前提与基础上,坚持自身的法治特殊性准则。

一、问题的引出

党的十八届四中全会明确党内法规体系为中国特色社会主义法治体系的五大子体系之一。习近平在党的十九大报告中提出成立中央全面依法治国领导小组①,这在加强党对法治中国建设统一领导的同时,也对党自身的制度化、规范化、法治化、程序化提出了更高的要求,预示着未来党内法规体系建设将是我党治国理政工作的重中之重。学界由此对党内法规研究高度聚焦,力图建构中国特色的学术话语体系,这的确令人鼓舞。不过,目前既有研究大多将党内法规置于党史党建学科的惯常视野之中,运用法学分析

---

① 习近平.决胜全面建成小康社会　夺取新时代中国特色社会主义伟大胜利[C]//党的十九大报告辅导读本.北京:人民出版社,2017:38.

范式的学理研究,尤其是将党内法规纳入法治意蕴的融贯性研究较为匮乏,①这与新时代党内法规的实际地位、作用和法治国家建设的核心需求不相适应。②而正如立法是法律体系建设的起点,党内法规的制定也是党内法规体系建设的起点。因此,探讨党内法规与法治的关系,首先需要追本溯源,明确党内法规制定的法治逻辑问题。研究这个问题有多种方法,笔者拟以法治现代化理论为分析工具进行阐释。法治现代化的概念分析工具包括同质与异构、内生与外发、特殊性与普遍性、传统与现代、线性与非线性、依附与自主等。③这里主要采用同质与异构、内生与外发、普遍性与特殊性三组密切相关的概念分析工具,探究党内法规制定的法治逻辑问题。

二、同质与异构:党内法规的内在属性分析

探讨党内法规制定逻辑的前提与基础是需明确党内法规的内在属性。"党内法规"是我党在恩格斯和列宁关于党内的"法律""法规"提法的基础上首创的特定概念。④按照《中国共产党党内法规制定条例》给予的最新定义,"党内法规是党的中央组织以及中央纪律检查委员会、中央各部门和省、自治区、直辖市党委制定的规范党组织的工作、活动和党员行为的党内规章制度的总称"⑤。从法治视角,这个概念必然遭遇法学范式的追问,即党内法规是否属于法律,党内法规是不是一个规范的法学概念?

我们首先来看党内法规是否属于法律。有学者认为党内法规既然叫

---

① 付子堂.法治体系内的党内法规探析[J].中共中央党校学报,2015(3):17-23.自从有正式研究开始,在法学核心期刊发表的党内法规专题论文仅有如下代表性篇章:周叶中.关于中国共产党党内法规建设的思考[J].法学论坛,2011(4):41-47;秦前红,苏绍龙.党内法规与国家法律衔接和协调的基准与路径——兼论备案审查衔接联动机制[J].法律科学(西北政法大学学报),2016,34(5):21-30.专门的著作有:宋功德.党规之治[M].北京:法律出版社,2015;李忠.党内法规建设研究[M].北京:中国社会科学出版社,2015;等。

② 学界认为,党内法规占据法治建设的中心位置,见:王耀海.党内法规的制度定位——马克思主义法学探索之四[J].东方法学,2017(4):121-129.这就意味着党内法规的制度化、规范化、法治化、程序化是法治国家的核心需求。

③ 公丕祥.法制现代化的分析工具[J].中国法学,2002(5):26-48.

④ 操申斌.党内法规概念证成与辨析[J].当代世界与社会主义,2008(3):131-134.

⑤ 中国共产党党内法规制定条例 中国共产党党内法规和规范性文件备案规定[M].北京:中国法制出版社,2013.

"法规",那当然就属"法律"了。① 这种逻辑推理属于望文生义,是站不住脚的。古往今来,对法的定义,主要有三种,即制定法(实证法)、自然法和社会法。对制定法的各种定义都有一个核心要素,那就是制定主体为"国家"、"城邦"或"主权者"。② 党内法规不是以上述名义制定的,因此不属于制定法。而自然法理论认为自然法是人的理性可以认识和发现的,超越实在法(人定法)而永恒存在且绝对适用的正义体系。③ 在自然法看来,人定法只是权宜之计,谈不上真正的法。因此,按此逻辑,党内法规不归属于自然法范畴。社会法学派则注重从法的作用与影响去理解法的概念,认为凡是能够在社会生活中产生实际作用,实现整合与控制社会的目的的规则就是真正的法,反之亦然。从这个定义看,党内法规属于法。这里需要澄清的是,在中国古代汉语中,"法"和"律"二字是分开使用的,具有不同的含义,在近代才合在一起,但法和法律有时仍然有不同含义;④ 在西文中,除英语中的law 既对应汉语的"法"又对应其"法律"外,西方不少民族的语言都把"法"和"法律"用不同词分别加以表达,如拉丁文把"法"和"法律"区分为 jus 和 lex,德文区分为 Recht 和 Gesetz,法文区分为 droit 和 loi,西班牙语区分为 derecho 和 ley,意大利语区分为 diritto 和 legge,等等。而从马克思、恩格斯法学思想看,也是主张将二者分开的。⑤ 因此,社会法学派所称的 law,是指法还是法律,是有很大争议的。这些争议观点各异,但法的外延比法律要广是学界共识。⑥ 多数学者认为,社会法学派之"法"是指外延更宽的法而非外延较窄的法律。新中国的法制是在阶级斗争的摇篮中长大的,"统治阶

---

① 反见:姜明安.论中国共产党党内法规的性质与作用[J].北京大学学报(哲学社会科学版),2012,49(3):109—120.

② 如在分析实证主义法学代表人物奥斯丁看来,法是国家主权者的命令,是一个"封闭的逻辑体系"。见:约翰·奥斯丁.法理学的范围[M].北京:中国法制出版社,2002:278—280.

③ 正如西塞罗所说:"法律是根植于自然的、指挥应然行为并禁止相反行为的最高理性(reason)……这一理性,当它在人类的意识中牢固确定并完全展开后,就是法律。"见:西塞罗.国家篇 法律篇[M].沈叔平,苏力,译.北京:商务印书馆,1999:158.

④ 比如,法学专业和法律专业是两个不同的专业。

⑤ 李肃,潘跃新.法与法律的概念应该严格区分——从马克思、恩格斯法学思想的演变看法与法律概念的内涵[J].法学研究,1987(1):30—36.

⑥ 王振民.党内法规制度体系建设的基本理论问题[J].中国高校社会科学,2013(5):136—153,159.

级意志论"曾是学界定义法学和法制的核心和要旨所在。① 即使按这个传统理解的概念,也很明确是制定法的思路,即以国家名义制定的行为规范才有可能称为法律,以政党名义制定的党内法规不是法律。

　　笔者赞同党内法规属于法但不是法律的观点。实际上党的历次文件也并没有认定党内法规为法律。有学者依据党的十八届四中全会《中共中央关于全面推进依法治国若干重大问题的决定》(本节以下简称《决定》)提出的法律体系概念而将党内法规视为法律,②对此一个简单的逻辑推理就可以驳斥这种观点。党的十八届四中全会《决定》指出,法治体系包括法律体系和党内法规体系等五个相互平行的子体系。如果党内法规属于法律,则党内法规体系就应该从属于法律体系,而不是相互并列。而且,国内外对于"党内法规"公认的英文翻译都为"party regulations"或"party rules",而不是"party law"。因此,前述观点很明显是对党的十八届四中全会《决定》的误读。党内法规与法律有下述主要区别:一是制定主体不同。党内法规制定主体只能是特定党组织(执政党中央及省一级),直接体现党的意志(间接体现人民意志),而立法的主体只能是特定的国家机关,其立法直接体现统治阶级或人民意志。由于所代表对象的侧重性不同(党重点代表先进群体,后者代表各种合法群体),人民意志是与时俱进、不断变化的,以及党内法规制定与国家立法存在时间差,因此二者虽然在根本上是一致的,但很难保证二者在具体节点上代表的意志的内容和形式上都是完全同一的。如果我们僵化理解意志,必然犯教条主义错误。二是拘束力不同。法律具有法定拘束力,以国家强制力为实施的后盾,或者虽然不以国家强制力保证实施,但仍以国家强制力为背景(比如《中小企业促进法》),而党内法规不具有法定拘束力,不能以国家强制力保证实施,也不以国家强制力为背景。三是规范的对象不同。法律规范的对象有且仅限于人的行为,而党内法规不仅规范

---

① 蔡定剑.阶级斗争与新中国法制建设——建国以来法学界重大事件研究(十一)[J].法学,1998(4):3−7.

② 这种认识误区在学界不是少数,比较典型的有:黄建.依法治国视阈下的依规治党问题研究[J].广西社会科学,2016(8):1−6;王春业.论将党内法规纳入国家法律体系[J].天津师范大学学报(社会科学版),2016(3):56−61;刘松山.建议将党规党法上升为国家法律[J].理论与改革,2000(6):96−99.黄建的文章错误引用金国坤观点,将法治体系与法律体系混同理解,并据此认为党内法规使法律具有了"法律依据"。刘松山的文章更是直接将错误认识作为自己的核心观点。

人的行为,也规范人的思想。如果党内法规因其规范属性就可以被称为"法律",那么"企业法规""校内法规""村规民约"甚至"家法"等概念也会出于同样的原因而获得入法合理性,①国家治理就会乱套。因此,必须警惕那种将党内法规纳入法律概念范畴的思维倾向和论证模式,因为其对我们真正推进法治建设具有相当大的、不可逆转的、不可修复的破坏力。

党内法规虽不是法律,但党内法规与法律都具备法的内在品质。② 二者的相同之处:一是都由一定主体根据某种程序制定,具有规范性;二是都适用于广泛的不特定对象;三是都对规范对象的行为有一定的拘束力;四是都具有整合和控制的目的与功能。因此,党内法规与法律在法的范畴具有同质性。而且这种同质性的程度还相当高,相互之间具有价值取向的一致性、规范对象的相融性、功能发挥的互补性、道德倡导的层级性、制度建设的衔接性或者说高频率的联动性等。③ 党内法规作为一种特殊类型的法,也具有法的规范功能,包括指引、预测、评价、教育以及强制功能等。④

那么,党内法规是否属于法概念中的软法呢?软法(soft law)是指那些原则上没有拘束力,但仍能产生拘束实效的一种行为规则。⑤ 软法与硬法(hard law)相对称,后者指那些依赖于国家强制力保证实施的行为规则。有学者将软法规范总结为四大形态:一是国家立法中的指导性、号召性、激励性、宣示性规范,不具有强制性;二是国家机关制定的规范性文件中的法规范,一般不能动用国家强制力保证实施;三是社会共同体制定的各类自治性规范;四是政治性组织订立的各种自律性规范。⑥ 按此分类看,党内法规不属于前三类是很明确的,那是否属于第四类呢?有的观点认为党内法规属于软法中的政治组织创制的各种自律规范。⑦ 但是,软法的核心在于"软",即不具有强制性,那种将所有没有国家强制力做后盾保障的行为规则

---

① 武小川.“党内法规”的权力规限论——兼论“党内法规”软法论的应用局限[J].中共中央党校学报,2016,20(6):14—23.

② 这里的“法”按社会法学概念定义。

③ 付子堂.法治体系内的党内法规探析[J].中共中央党校学报,2015,19(3):17—23.

④ 刘长秋.关于党内法规的几个重要理论问题[J].理论学刊,2016(5):28—33.

⑤ 罗豪才、宋功德.认真对待软法——公域软法的一般理论及其中国实践[J].中国法学,2006 (2):3—24.

⑥ 韩春晖.社会主义法治体系中的软法之治——访著名法学家罗豪才教授[J].国家行政学院学报,2014(6):4—9.这种分类有误解“软法”内涵、扩大“软法”外延的嫌疑,值得商榷。

⑦ 反见:操申斌.党内法规概念证成与辨析[J].当代世界与社会主义,2008(3):131—134.

都纳入"软法"范畴的理解是值得商榷的。^① 而党内法规不仅对本党党员有很强的拘束力,通过与国家立法特有的联动机制,对整个国家也会产生很强的辐射力,虽然不是国家属性的强制力,而且只是对于特定群体和特定领域的,但毕竟是客观具有的。将党内法规归入"软法"范畴,^②这种观点不仅在理论上抹杀了党内法规的强制属性,在实践中也会削弱党内法规的应用效力,并不是正确的认定,也是需要反对的。

笔者认为,不能按照"非黑即白"的理念去理解法的概念和党内法规的内在属性。党内法规在内在属性上既不属于"硬法",也不属于"软法",而是自成一类,是新的法的种类。^③ 在此基础上,加之党内法规能够准确表达规范党组织的工作、活动和党员行为的党内规章制度的抽象内涵,因此党内法规也是一个规范的法学概念。当然,作为新事物的党内法规概念目前还不是一个国际通行的法学概念,这是由党内法规概念缘起的特殊性决定的。与拥有几千年历史的法律概念相比,"党内法规"概念是在中国共产党革命时期才开始产生的,在中国共产党开始长期执政后才得到延续和深化,因此其尤其常见于具备长期执政特征、注重党内规范化建设的政党。^④ 它必将随着中国特色社会主义法学研究话语权的提升、随着社会主义和共产主义实践的成功而在世界通行起来。

从党内法规的内在属性看,党内法规体系是中国特色社会主义法治体系不可或缺的重要组成部分。我国宪法确立了中国共产党的领导地位,因此坚持党的领导就是依宪治国、依法治国的必然内涵。长期执政的政党对国家的影响力,不能用西方传统政党政治思维来理解,其远远超过国家法律

---

① 杨海坤,张开俊.软法国内化的演变及其存在的问题——对"软法亦法"观点的商榷[J].法制与社会发展,2012,18(6):112—120.

② 反见:甘倩.软法视角下的党内法规法理研究初探[J].湘潮(下半月),2012(12):52;夏明智.党内法规的法域属性和完善路径探析[J].广西社会主义学院学报,2015,26(3):98—102;王春业.论将党内法规纳入国家法律体系[J].天津师范大学学报(社会科学版),2016(3):56—61;等.

③ 屠凯认为党内法规具有"法律"与"政策"二重属性,但不属于二者交合产品。不过他并没有明确提出党内法规属于法的独立种类。刘芳、赵月认为党内法规本质上不是法律,而属于纪律范畴,但纪律是否能周延党内法规值得商榷。见:屠凯.党内法规的二重属性:法律与政策[J].中共浙江省委党校学报,2015,31(5):52—58;刘芳,赵月.党内法规法律性质之证成[J].党政干部学刊,2012(11):35—37.

④ 至于参政党内或西方轮流执政的政党制定的规范性文件,不是党内法规。

所能规范的范畴。如果其执政行为不能全部纳入规范化运作,终将侵蚀国家法治基础。这正如邓小平所说:"国要有国法,党要有党规党法。党章是最根本的党规党法。没有党规党法,国法就很难保障。"①反过来,长期执政的政党,如果其执政行为等有党内法规的明确约束,将极大地夯实国家法治基础。

不仅如此,依法治党还吻合法治精神,并丰富了法治内涵。法治的核心是在治理事业中确立法律之治,这就需要将一切国家机关和武装力量、各政党和各社会团体、各企事业组织都纳入宪法和法律规范的范畴之内,禁止任何组织或者个人,包括执政党及其成员超越宪法和法律的特权。

三、内生与外发:党内法规制定法治化的动因分析

根据动因的不同,法治现代化被划分为两大类型,"现代化进程的过程是因内部诸条件的成熟而从传统走向现代,被称为内生型现代化。如果这个过程是因一个较先进的社会或制度对较落后的社会或制度的冲击而导致的进步转型,即被界定为外发型现代化。"②制度的实际进程,比学理的类型化要复杂,往往是内因与外因交织推进的结果。党内法规制定法治化的动因就是如此。下面重点从党内法规制定与国家立法的历史关系视角来分析这个问题。

中华人民共和国成立前,中国共产党党内法规制定独立于当时的国家立法,呈内生型发展态势。1921 年中共一大通过的《中国共产党纲领》,是中国共产党的第一部党内法规。1938 年 10 月,为了强化党内各级机关统一行动的意识与能力,毛泽东在党的六届六中全会所作的政治报告中强调,"还须制定一种较详细的党内法规,以统一各级领导机关的行动"③,首次提出了"党内法规"的概念。在同一次会议上,刘少奇作了《党规党法的报告》,第一次使用"党规党法"的提法。④　而中华人民共和国成立于 1949 年 10 月

---

① 邓小平.解放思想,实事求是,团结一致向前看[M]//邓小平文选:第二卷.2 版.北京:人民出版社,1994:147.

② 公丕祥.法制现代化的分析工具[J].中国法学,2002(5):26—48.

③ 毛泽东.中国共产党在民族战争中的地位[M]//毛泽东选集:第二卷.北京:人民出版社,1991:528.

④ 刘少奇论党的建设[M].北京:中央文献出版社,1991:46.党规是一个规范的法学概念,党法则是一个类比概念,不是规范的法学概念。

1 日,之后始有国家立法。我国的第一部法律是 1950 年 4 月通过的《中华人民共和国婚姻法》。① 由此可见,党内法规的制定早于新中国立法。其背景在于中国共产党先诞生,然后领导全国人民推翻旧政权,建立了新中国,并打破了一切旧法统,由此才开始建设社会主义法制的艰辛历程。这种历史渊源和党在我国社会变革中的功能不仅共同决定了党领导国家立法的主动性,也孕育了党内法规制定的内生型法治化传统。

中华人民共和国成立后,党内法规制定与国家立法呈现从内生型发展为主向外发型发展转化的特征。在相当长一段时间内,二者仍呈现内生型发展态势。改革开放后,国家立法开始飞速发展。党内法规制定一方面按照党的建设的自身节奏进行,另一方面也开始了逐步对接。二者互动的特征有以下两点。

一是在形式上文本分类从不对应到对应。以 1990 年《中国共产党党内法规制定程序暂行条例》的出台为分界。在此之前,党内法规制定的分类意识并不强,党内法规体系松散;在此之后,尤其是正式的《中国共产党党内法规制定程序条例》出台之后,党内法规的分类终于有据可依,开始加速规范化、科学化。按制定内容的不同,党内法规体系主要包括以下类别:党章、准则、条例、规则、规定、办法和细则等。其中,党章对关系全党的重大问题做出根本规定;准则对全党政治生活、组织生活和全体党员行为的标准和要求做出基本规定;条例对党某一侧面的重要问题做出全面规定;规则、规定、办法、细则对党的某一方面重要工作或者事项做出具体规定。从制定主体看,中央纪律检查委员会、中央各部门和省、自治区、直辖市党委不能制定党章、准则和条例。而按审议权限的不同,主要分为以下五大类:由党的全国代表大会审议批准的党内法规,由党的中央委员会全体会议、中央政治局会议或者中央政治局常务委员会会议审议批准的党内法规;根据情况由中央政治局常务委员会会议审议批准,或者按规定程序报送批准的应当由中央发布的其他党内法规;由中央纪律检查委员会、中央各部门审议批准的党内法规;由省、自治区、直辖市党委审议批准的党内法规。而从国家立法层面看,国家法律体系主要包括以下几个大类:宪法、法律、行政法规、部门规章、地方性法规、地方政府规章、民族自治区的自治条例和单行条例、特别行政区

---

① 严格地说,1949 年 9 月 29 日中国人民政治协商会议第一届全体会议通过的中国人民政治协商会议共同纲领,虽然发挥着临时宪法的作用,但并不属于宪法或法律。

的规范性法律文件。前述分类通常也对应不同的审议批准组织,包括全国人大及其常委会、国务院及其部门、省级和设区的市级人大及其常委会、省级和设区的市级人民政府、自治区自治州自治县人大及其常委会、特别行政区立法会及特区政府等。从对比看,进行规范化建设后的党内法规与国家法律无论是在效力等级分布还是审批权限划分等方面都是比较类似的。

二是在内容上文本规定从不衔接到衔接。从中华人民共和国成立后的情况看,党内法规的制定有时会忽视国家立法,出现与国家已经出台的法律相抵触或者在没有国家立法配套的情况下就面向全社会施行的现象。例如20 世纪 50 年代和 60 年代中央文件中关于刑事案件处理程序的一些规定,与改革开放后制定的刑事诉讼法并不完全一致,直到经过 2012 年 6 月—2014 年 11 月党内第一次党内法规和规范性文件集中清理工作后才被宣布废止;[1]众所周知的还有关于"双规"的规定。党的十八大以后,党内法规的制定相当注重与国家立法的衔接。正如习近平所强调的那样:"加强党内法规制度建设是全面从严治党的长远之策、根本之策……必须坚持依法治国与制度治党、依规治党统筹推进、一体建设。"[2]党的十九大明确提出将"双规"改为"留置",结合国家监察体制改革解决"留置"的合法性问题,为党内法规制定与国家立法在法治范畴内的衔接树立了典范。

随着党内法规制定与国家立法互动的加强,党内法规的外发性特征日益明显。[3] 在国家立法中,党是国家立法的领导者。但这并不妨碍党自身的法规建设常以国家立法为示范。仔细对照修改前的《中华人民共和国立法法》(2000 年 3 月 15 日第九届全国人民代表大会第三次会议通过)和《中国共产党党内法规制定条例》(2013 年 5 月 27 日公开发布施行)就会发现,二者有许多类似的规定或相似的文字处理方式。这与国家立法虽然起步晚但法治化先行,党内法规制定虽然起步早但法治化后发的事实是相吻合的。党内法规体系在被明确为社会主义法治五大体系之一后,开启了法治化的强劲动力。这种动力主要是在于党内法规在中国法治体系中有着不同于其

---

① 691 件中央党内法规清理 清党规需要"过五关"[N].北京青年报,2014-11-18,第 7 版.

② 罗宇凡.习近平:坚持依法治国与制度治党、依规治党统筹推进、一体建设[EB/OL].[2016-12-27]. http://news. xinhuanet. com/politics/2016-12/25/c_1120183663. htm.

③ 推动党内法规体系建设的外部动力,除了国家立法,还有诸如经济与社会发展需求、全球法治化浪潮影响等因素。

他法治规范的特殊功能定位,①从而推动党内法规制定法治化建设加速向前推进。相信随着中央全面依法治国领导小组的成立,随着党内法规制定人才与经验的积累、水平的提高,党内法规制定与国家立法的示范地位完全有可能相互交换,也应该互换。因为在长期执政的政治生态里,建设法治国家必先依法治党,"以党内民主带动社会民主,已经成为推进我国民主政治建设的现实途径。通过依法治党带动依法治国,也应当是推进我国社会主义法治国家建设的重要途径"②。

四、普遍性与特殊性:党内法规制定需遵循的基本法治准则分析

党内法规制定的普遍性法治逻辑要求党内法规的制定,必须参照法治核心标准进行。党内法规制定的特殊性法治逻辑则要求党内法规的制定在遵守普遍性法治准则前提与基础之上,还应保有自己的独特性。

1. 党内法规制定的普遍性法治准则

首先,党内法规制定要与国家立法相匹配。

一是党的意志与国家意志要做到高度契合、无缝过渡。虽然说二者在根本上都是人民意志的反映,但在内容与形式上还是存在细微差异的。这种差异,在诉求上有时会出现一定矛盾。如果出现矛盾,就必须解决认识统一的问题。从法治角度看,国家立法是由党领导的,体现了党的意志或者至少是进入国家立法程序前的党的意志(国家意志在形成过程中一般还吸收了其他政治力量的合宪性意志),因此,如果有冲突,宜以国家意志统一党的认识。如果在此情况下,的确有必要精准地、完全地体现党的意志的,也应再按法定程序启动法律修改。在修改之前,党内法规要吻合现行宪法和法律的规定。并且,中国共产党是中国工人阶级的先锋队,同时是中国人民和中华民族的先锋队,这就存在一个先进如何带动后进的问题。因为国家不仅由先进人群组成,还有后进人群。我们的党是代表最广大人民的根本利益的,这就要求不仅要代表先进群体和个人,也要体察后进群体和个人,在涉及会影响党外群众权益的制度设计时,思维品格需具有一定的包容性。

二是党内法规制定与国家立法要相协同。党内法规与国家法律有着各自特定的发挥作用的领域,但出于下述三个原因,也会产生紧张关系:其一

---

① 谢宇.论中国共产党党内法规的法治化[J].云南社会科学,2016(3):27—33.
② 俞可平.依法治国 必先依法治党[J].学习月刊,2010(8):9,14.

是由于党员与群众身份的重叠性（党员既来自群众也是群众中的一员），二者调整的领域会发生重叠和交叉，尤其是在对党员干部和党的各级组织的行为规定上；其二是由于党内法规制定与修改同国家立法及法律修改往往不是同步的，存在时间差，这也会导致两者关系上出现复杂甚至紧张的情况；其三是由于有的党内法规会转化为国家立法，如果协同不好就会导致不利后果。因此就需要加强党对党内法规制定工作和国家立法工作的领导，建立党内法规制定和国家立法的互动机制，避免或者减少党内法规与国家法律相互间的矛盾和冲突，①使二者共同围绕法治发力。在协同方面，需要重点解决党内法规与宪法和法律的效力等级问题。党大还是法大，是一个广为人知的伪命题，但党内法规大还是宪法和法律大，却是一个现实的真命题。② 党内法规一般严于法律，但这种"严"如果超出法律对人的基本权利的保护等，则会发生党内法规与宪法和法律的抵触问题。《中国共产党党内法规制定条例》第二十八条明确规定："中央纪律检查委员会、中央各部门和省、自治区、直辖市党委发布的党内法规有下列情形之一的，由中央责令改正或者予以撤销：（一）同党章和党的理论、路线、方针、政策相抵触的；（二）同宪法和法律不一致的；……"由此可见，一般党内法规低于宪法和法律，是毫无疑问的。至于在党内法规中具有最高效力的、不是由中央纪律检查委员会、中央各部门和省、自治区、直辖市党委发布的《中国共产党章程》与宪法和法律的关系，则可以通过推定得出结论。党章的第一章第三条关于党员必须履行的义务相关规定中明确要求全体党员"模范遵守国家的法律法规"，这表明了党章尊重宪法和法律的意愿。③ 但还需要解决党内法规与国家法律相抵触情况下的合法性审查与撤销制度问题。

---

① 当前，党内法规与国家法律之间明文规定的衔接互动机制缺乏，存在着党内法规与国家法律边界模糊、党内法规制定权限不清、规范冲突处理不协调等问题。见：罗许生.国家治理现代化视阈下党内法规与国家法律衔接机制建构[J].中共福建省委党校学报，2016(6)：64—69.

② 刘松山.权力机关行使职权中的党内法规与国家法律[J].中国法律评论，2016(3)：28—34.

③ 有的学者认为中国是"双宪法"体制。如强世功认为，从某种意义上讲，"中国共产党的党章毫无疑问也是一个宪法"，将宪法含义做扩大化理解，实际上并不妥当。见：强世功.北大教授做客中纪委网站：中共党章也是一个宪法[EB/OL].[2017-01-04].http://news.sohu.com/20141025/n405448701.shtml.而有的学者也试图在理论上将二者关系说清楚，说明白，但多限于辩证关系论证，而没有直接回答发生冲突时的效力高低问题，相关论证见：曲青山.宪法、党章及相互关系——全面推进依法治国必须明确的一个重大理论问题[EB/OL][2017-01-04].http://www.qstheory.cn/CPC/2014-11/15/c_1113259239.htm.

其次,党内法规制定应吻合法治建设的一般规律:

一是党内法规制定应遵循实质法治原理。虽说党内法规在我国法治建设实际中发挥着独特作用,但这种独特作用的发挥,应建立在尊重和依据法治建设一般规律的基础之上。因为在单一执政党长期执政的国家,没有党内法规体系建设的法治化,就绝对没有可能实现国家法治的现代化。而法治的核心精神是减少权力专断,增强治理的规范性。从国家层面看,西方普遍采用三权分立的模式来限制公权力,推崇人权的模式来保障私权利,已经相对成熟有效;社会主义国家不可能照抄照搬西方模式,而是通常采用一元体制内的分工与监督相结合的模式限制权力的恣意,采用人民当家做主的模式保障私权利。目前这类模式仍在探索完善进程之中。党内法规的制定要吻合法治的核心精神,也必须尽早固定有效而成熟的模式,确保制定的党内法规与法治始终具有融贯性而非排异性。参考立法架构,可以在有立法权的行政层级的对应党组织,由党委政法委员会负责拟定党内法规草案和政策草案,提交各级党代会通过后经相应审批程序生效,从而确保党内法规制定的科学化、民主化、专业化、规范化、合法化。①

二是党内法规制定应遵循形式法治原理。按照这个原理,②党内法规的制定应符合以下原则:应当的行为意味着可作的行为,即党内法规的制定者是善意的,不设定党员无法履行的义务;国家法律和党内法规都无明文规定的不应推定为违规行为,即要求党内法规应当公布、为全体党员所周知,含义清楚等;制定者不得设定只增加制定者自身权能的条款;所有党内法规都应是针对未来的(尤其对当事人不利方面不应溯及既往)、③公开的和明确的,具有相对稳定性和普遍适用性,具有不受部门利益干扰性和公正性;党内法规体系具有内在统一性和逻辑自洽性;制定语言须专业化,遵从规范制定技术的统一标准;等等。

2.党内法规制定的特殊性法治准则

首先,遵循党章原则。按照马克思主义原理,国家有特定的历史阶段性,最终将消亡,④作为随附其上的法律也必然同时消亡。而共产党制定党

---

① 郭人菡,龚廷泰.中国共产党执政合法性的判断标准与实践向度[J].宁夏社会科学,2016(5):
 21—31.
② 张文显.二十世纪西方法哲学思潮研究[M].北京:法律出版社,2006:523—524.
③ 韩强,谭建.论党内法规的溯及既往问题[J].江西社会科学,2014,34(6):16—20.
④ 马克思恩格斯选集:第4卷[M].北京:人民出版社,1995:217.

内法规的最终目的,是实现党章所规定的理想,完成党章赋予的使命。因此,党章在党内法规中具有最高效力,其他任何党内法规都不得同党章相抵触。

其次,党内法规严于国法原则。一方面,从党的性质和宗旨看,党是一个全心全意为人民服务的先锋组织;从肩负的现实任务和职能定位看,"党政军民学,东西南北中,党是领导一切的"[①];从其历史使命看,党的最高理想和最终目标是实现共产主义,这些都决定了党必须提高对自身及其成员的要求。另一方面,中国共产党是在中国长期执政的政党,长期性决定了自身建设任务的复杂性、艰巨性和重要性。这两个方面又共同决定了必须从严治党。从规范化角度看,从严治党就体现为党内法规尤其是党纪要严于国法。一个没有严明纪律的政党,是不可能体现先进性的,也是不可能实现长期执政的。因此,制定的党内法规必须严于国法,这是一条不容放弃的原则。当然,这里有个认识误区需要澄清,即严于国法并不意味着其惩罚举措可以更严厉、更随意。法律是最低限度的道德,党内法规严于国法,意味着党内法规是更高程度的道德(要求),可以对党员提出更高的道德标准,可以对党员的管理从行为延伸到思想领域,而不是可以有突破法律底线的惩罚措施。这是必须辩证理解、准确把握的。

最后,适用群体和执行方法特定原则。党制定的内部法规,并不是适用于全体人民的,其有自己特定的人群,那就是全体中国共产党党员。任何党员,都必须遵从党内法规,自觉接受党内法规对自己思想和行为的指引。党制定的内部法规,不以国家强制力为执行后盾。但不能说党内法规没有任何强制效力,党可以利用合法的组织强制力,确保党内法规尤其是党纪得到切实的执行。

五、结　语

党的十八大和十九大开启党内法规体系建设法治化新征程,为中国法学工作者提供了法学研究中国范式引领法学研究世界潮流的难得契机,为中国法学工作者开辟了更光明的前景。"苟日新,日日新,又日新。"《礼记·大学篇》,第四十二)我们需要及时从传统法学桎梏中解放出来,以新时代、

---

① 习近平.决胜全面建成小康社会　夺取新时代中国特色社会主义伟大胜利[M]//党的十九大报告辅导读本.北京:人民出版社,2017:14.

新思维、新方法投入到党内法规体系的法学研究中去。立法关乎法治国家正义的起点,党内法规制定则关乎依规治党有效性的起点。因此,以习近平新时代中国特色社会主义思想为指引,以法治现代化理论为分析工具,探讨党内法规制定的法治逻辑问题,相信可以为党内法规的理论研究及建设实践打开一个新的突破口。

第四节　中国特色县区治理模式

纵观古今中外治理范式,主要集中在"人治"与"法治"的两大模式上。我国作为一个社会主义大国,不仅在国家层面具有治理困境,在基层层面也面临治理困局。从基层困境来说,能否破解,归根结底在于能否用社会主义法治理念,重新梳理人民主权、执政权、立法权、行政权、司法权、民主党派参政权之间的关系,在此基础上重构中国特色县区治理模式。

一、治理理论与社会主义法治理念

1. 治理理论

治理一词起源于 16 世纪,当时欧洲列强为了拓展海外殖民地,争夺大西洋海上霸权,爆发了连绵不断的战争冲突。针对连绵不断的战争带来的巨大破坏,荷兰法学家格劳秀斯和德国法学家普芬道夫从重新界定古罗马关于民族权利的概念出发,力图制定一部足以约束欧洲列强行为的国际法规范。但是在那个信奉"丛林法则"的近代殖民开拓时期,主导国际关系和国际秩序的是国家势力,学者们的主张不可能变为现实。

直到 20 世纪 90 年代以来,"治理"一词才开始流行在西方学术界,然后迅速扩散到政治实践等各领域。"治理"概念现在之所以引起广泛关注,关键因素是随着全球化时代的来临,人类的政治生活正在发生颠覆性变革,其中一个最明显的变化,就是人类政治运行模式的重心,正从"统治"(government)转向"治理"(governance),从"善政"(good government)走向"善治"(good governance),从以政府为中心的统治趋向去中心化的公共治理,从主权国家统治移向全球治理。

关于治理有很多不同的定义。其中,全球治理委员会在《我们的全球之家》的研究报告中对治理做出了如下界定:治理是各种公共的或私人的个人和机构管理其共同事务的诸多方式的总和。它是使相互冲突的或不同的利益得以调和并且采取联合行动的持续的过程。可见,治理有四个特征:治理不是一套规则和一种活动,而是一个过程;治理过程的基础不是控制,而是协调;治理既涉及公共部门,也涉及私人部门;治理不是一种正式的制度,而是持续的互动。治理理论认为,政府并不是国家唯一的权力中心,各种机构只要得到公众的认可,就可以在不同层面和范围成为社会权力的中心;强调在国家与社会合作的过程中,模糊了公私机构之间的界限和责任,不再坚持国家职能的专属性和排他性,而强调国家与社会组织间的相互依存和互动。治理理论兴起后,逐渐向善治理论发展。善治即"良好的治理(good governance)",是治理的最高层次和境界。俞可平在 20 世纪末进行布道式的原创总结,他在中国首先尝试了将善治的中西含义巧妙结合起来。按照俞可平在其所著的《治理与善治》中的解释,所谓善治,就是良好的治理,是国家和社会的一种新颖关系,是两者的最佳状态,旨在通过公私部门之间的合作管理和伙伴关系来促进社会公共利益的最大化。善治是对国家传统治理理论的超越。"善治"实际上是国家权力向社会的回归,"善治"的过程是一个还政于民的过程。①

对于治理在改善我国政治生态中的作用,不同学者也有不同见解。有学者认为,治理理论的提出是为了弥补市场和政府在资源配置过程中所出现的先天不足,但这并不意味着治理模式就是万能的,它也有其固有的局限性。它既不可以取代政府来直接支配国家暴力机器,也不可以替代市场在社会经济运行中发挥作用。有学者认为,在中国传统语境中,政府功用都与管理和统治相连接,从统治(官民对立、重结果)到治理(官民合作、重过程),意味着政府施政模式的根本转变。② 还有学者进一步指出,良好的国家治理是实现国家现代化的必要前提,国家基本制度的重建势在必行。③ 十八届三中全会提出,要实现国家治理体系和治理能力的现代化,十八届四中全会提出,要将依法治国作为治国理政的基本方略,为这种争论做了一个有力的裁判。

---

① 杨宇.21 世纪的公共治理:从"善政"走向"善治"[J].改革与开放,2011(10):70.
② 李以所.善治政府基本内涵研究[J].领导科学,2012(26):4—7.
③ 宋琳.选择性集权与国家治理转型——基于中央与地方关系的考察[J].陕西师范大学学报(哲学社会科学版),2013,42(4):121—126.

关于治理模式的分类,主要有两种。一种是从发展阶段上划分。以中国为例。(1)我国历史上的治理模式理论:1921年,孙中山发表演讲阐述五权宪法,五权宪法乃指立法权、行政权、司法权、监察权、考试权,各自独立运作并互相监督制衡。(2)我国现有国家统治模式:对于中国社会转型的国家治理有抨击派、赞美派和客观派三类观点。抨击派以"制度崩溃论"为代表,认为中国制度建设滞后和匮乏,自由民主政治迟迟难以确立,必将走向溃败。新中国辉煌成就的事实有力地回击了这派"制度决定论"的观点,即使强调制度的重要性没有错,也不能陷入西方自由民主制度的神话难以自拔,看不到适合历史传承和国情的制度所真正显示的效力。赞美派的观点是那些极力推销"中国模式"的学者所总结的,诸如"国家引导的经济增长模式"、"北京共识"和"中性政府"等主张。客观派的观点有:徐湘林认为,渐进性改革有效调试了危机与国家治理的矛盾;周雪光客观分析了中国权威政治与有效治理之间的问题、路径及衍生的问题,还有些人认为宣称中国模式还为时尚早,目前中国是成就与困难并重,机遇与挑战伴生,中国的发展仍在路上,还有很多的不确定性。(3)关于未来国家治理模式:任剑涛在《国家治理的简约主义》中分析道,现代国家的治理无疑是复杂的公共事务,但对于复杂公共事务进行治理,并不见得必须沿着复杂化的路径往下推导,从而将国家治理推演为一套复杂到人们难以把握的体系,这样就使国家的善治无法期待;凡是不符合国家简约治理两项基本原则(国家—社会—市场的三分制衡架构与法治有限、有效政府)的,均应使用"奥卡姆剃刀"加以剔除,从而以简驭繁。实际上,政府简政放权正是遵循这一原则的典范。另外,王宝成、陈华在《弹性化政府治理:政府改革的崭新视角》中提出,实施弹性化政府治理可以有效应付突发性、残酷性的环境变化。我们成立国家安全委员会和深化改革领导小组就是这方面的最好诠释。另一种是从政体上划分。西方大思想家柏拉图、亚里士多德等主张分为"君主制""贵族制""共和制"和"暴君制""寡头制""暴民制"("平民制")。亚里士多德还在此基础上提出了著名的政体三要素论,即把国家的政权划分为议事权、行政权和审判权,并认为国家之治乱以三权是否调和为转移。古罗马波里比阿在政体三要素的基础上,提出三要素之间要能够相互配合并相互制约。17世纪,英国著名思想家洛克《政府论》的发表,表明现代意义上的分权理论初步形成。而孟德斯鸠《论法的精神》则在洛克分权思想的基础上,进一步完善了立法、行政、司法三权分立和相互制衡的政治学说。实际上,治理模式从本质上讲可分为两大类:"人治"和"法治"。

在治理路径选择上,有学者提出,欲达到善治,首先必须实现善政,善政是走向善治的关键。我们的基层治理,也要遵循从统治到善政再到善治的过程。① 不少学者都赞成这一观点,认为要达到民主法治的现代化治理国家目标,必先经过一个"集权"时代,但对于如何防止"临时性集权"走向"体制性固态集权",则都没有论及。

综上所述,国内外治理理论都是来源于实践问题又服务于实践问题的。而一定时期的治理范式的存在,是生产力与生产关系相互作用的产物,是一定时期各个国家、民族在不同的历史传承和现实际遇共同耦合作用下的必然,也是千差万别的。西方今天的政治制度是从《汉谟拉比法典》,英国的"宪章运动",法国大革命时期的《人权宣言》,美国的《独立宣言》一步一步演绎而来的。从历史发展逻辑而言,当下的西方社会政治结构不可能,也不应该是最后的政治架构,将来也面临着发展和升级的需要。今天的中国社会主义制度,是由夏商周王朝的分封制,秦帝国到大清王朝的皇权制,到中华民国的资本主义制度,再通过民众选择的通过暴力革命实现的社会主义制度,有其巨大的历史合理性和发展的必然性,也需要与时俱进、不断革新。他山之石可以攻玉,但没有放之四海而皆准的治理理论与治理模式,一切都必须依据国情与地区情况而定。

2.社会主义法治理念

中西方法治理念存在重大差别。西方法治意识理念是建立在自然法和自由主义基础上的,强调的是维护和保障个人的权利。强调个人的自由、个人的参与或个人的活动,认为个体的性质决定集体的性质。这种秩序规定了个人与国家的关系,规定了公共权威强制力的适用范围。法治的核心理念就是基于对权力的不信任而运用法律来限制权力、保护权利。而中国传统的法律思想,在理论上都以尊君、卑臣为前提,以维护家天下的专制统治和为专制君主服务为目的,从而使得全社会对权力有一种强烈的亲和感和崇拜感。其所谓法治,实质上是"以法治国"(rule by law),即以法律为工具以达到治国安邦的目的,而不是"由法律统治"(the rule of law)。在这种语境下,个人在政治上、法律上、伦理上没有独立的主体资格和人格,也没有什

---

① 宋琳.选择性集权与国家治理转型——基于中央与地方关系的考察[J].陕西师范大学学报(哲学社会科学版),2013,42(4):121-126.

么权利意识。①

　　建党以来,特别是中华人民共和国成立以来,中国共产党法治理念的树立与发展也经历了一个曲折发展的过程。新中国成立以前到新中国成立时,主要是想打破国民党原有的法制体系和法律机制,重点不在建设而在破坏(虽然解放区也有一定法制),这个阶段在全面废除六法全书时达到顶点。中华人民共和国成立以后的社会主义法制和法治建设大体分为四个阶段。第一个阶段是 1950 年到 1956 年,这个阶段属于社会主义法制建设意识的启蒙阶段;第二个阶段是 1957 年到 1976 年,这个阶段属于轻视法制阶段,在"文革"时达到顶点;第三个阶段是 1977 年到 2012 年,这个阶段属于社会主义法制建设恢复、发展和社会主义法治理念初步建立阶段;第四个阶段是 2013 年以后的当下阶段,是全面建设社会主义法治国家的新阶段,在这个阶段以权利为本位的社会主义法治理念正在迅速形成。或者从治国理政基本方略来看,划分为三个阶段:一是改革开放之前的三十年,实际上是以"人之治"与"政策之治"交织推进的发展历程;二是改革开放之后的三十年,是从"法制"到法治、从"以法治国"到"依法治国"、从"依法治国"到"依法执政""依宪执政"的发展历程②;三是党的十八大以后,开始迈入全面推进依法治国(即"依法治国、依法执政、依法行政共同推进""法治国家、法治政府、法治社会一体建设")的全新历程。同时,中国社会主义法治理念融合了古今中外法治思想,但又与西方资本主义法治理念和其他一些社会主义国家关于法制和法治的理念有着重大差别。

　　中国社会主义法治理念是体现社会主义法治内在要求的一系列观念、信念、理想和价值的集合体,是指导和调整社会主义立法、执法、司法、守法和法律监督的方针和原则。把握社会主义法治理念,必须从中国社会主义国体和政体出发,立足于社会主义市场经济和民主政治发展的时代要求,以中国特色社会主义理论为指导,深刻地认识社会主义法治的内在要求、精神实质和基本规律,系统地反映符合中国国情和人类法治文明发展方向的核心观念、基本信念和价值取向。

　　社会主义法治理念,是马克思列宁主义关于国家与法的理论同中国国

---

①　于小芮.中西方法治理念的比较及启示[J].法制与社会,2009(4):387.

②　周叶中,伍华军.依宪执政:全面落实依法治国基本方略的战略举措[J].政法论丛,2009(1):3—11.

情和现代化建设实际相结合的产物,是中国社会主义民主与法治实践经验的总结。其内容可以概括为五个方面:一是依法治国,这是社会主义法治的核心内容;二是执法为民,这是社会主义法治的本质特征;三是公平正义,这是社会主义法治理念的价值追求;四是服务大局,这是社会主义法治的重要使命;五是党的领导,这是社会主义法治的根本保证。由此可见,社会主义法治理念有着自己鲜明的基本特征:一是鲜明的政治性,体现了讲法治与讲政治的统一;二是彻底的人民性,确认了人民主权及其主体地位;三是系统的科学性,每个方面环环相扣,相辅相成,构成一个科学有机的整体;四是充分的开放性,它不是一个孤立的存在,也不是一个封闭、静止的思想体系,它的形成、发展与实践都具有充分的开放性。坚持党的领导、人民当家做主和依法治国有机统一,是社会主义法治理念的核心和精髓。公平正义是社会主义法治的基本价值取向。尊重和保障人权是社会主义法治的基本原则。维护法律权威是社会主义法治的根本要求,核心是任何人和组织都必须把法治作为信仰而非工具。

作为政治学范畴的治理理论与作为法学范畴的法治理论之间,互有交叉,基本点高度一致,即以权利为本位而非以权力为本位。

二、基层治理困局

任何国家和地区,只要存在复杂的治理问题,就存在治理困局。而复杂的治理问题几乎是无处不在,无时不有的。因此,中国也无例外地遭遇了治理困局。而且,出于复杂的特殊原因,这种困局现象更为明显。从基层来看,概括起来,或多或少地存在以下四个主要倾向:

首先,是权力异化、自成体系。马克思、恩格斯考察了国家演化的历史过程。恩格斯指出:"社会为了维护共同的利益,最初通过简单的分工建立了一些特殊的机关。但是,随着时间的推移,这些机关——为首的是国家政权——为了追求自己的特殊利益,从社会的公仆变成了社会的主人。"[①]通俗地说,就是主人请来的公仆与自己"两张皮、两条心",最后反客为主。这样的例子不但在世袭君主国内可以看到,而且在民主共和国国内也同样可以看到,在社会主义民主共和制国家同样可能出现。当前,我们在这方面面临的主要危险包括:一是"内向"逐利,考虑公仆集团自身的利益和发展要

---

① 　马克思恩格斯文集:第3卷[M].北京:人民出版社,2009:110.

求,任由机构臃肿、冗员繁多、职能重叠、潜规则盛行。二是缺乏监督的"集权化"。中国的官僚政治向来就有集权的传统,而且对限权和监督有着自然的反感与抵触,具体表现就是一把手乾纲独断,缺乏有效监督,在基层不乏"土皇帝",只要区县一把手愿意,几乎可以包揽或干涉党、政、警、法、检以及人大、政协等方面的所有事务,就连没有列入行政体制而是属于自治组织的村(社区)一把手,手握人事、财务、事务方面的"重权",都有可能"小官巨贪",或者"小官大权"(如大邱庄禹作敏)。一把手集中决策权本身并没有问题,我们从善政走向善治的过程中,由于需要顶层设计,甚至还需要加强一把手的权力,以便能克服阻力推进深化改革。但前提是要有相应的制衡与约束机制,以防止独裁。三是唯上不唯民。在中国传统的政治理论中,最高统治者的权力受自于天,作为统治者的奴仆或下级,官吏的职权得赐于上级统治者,其评价与考核也主要是上对下机制或者说最终汇总决定权在上级手里,且考核标准也不够科学。普通民众的自身观感对官员几乎没有任何激励或约束作用。① 新中国成立后,人民主权的思想并没有得到顺利的、充分的、很好的发展,因此,部分官员并没有树立真正的公仆意识,而是树立了强烈的"家奴意识"和"官老爷意识"。四是权力本位而不是公共利益本位。主要表现为习惯于命令式的群众工作方式和运动式的群众动员模式,热衷于政绩工程和朝令夕改。

其次,是权力之间关系混乱、缺乏规范。我们是一元政体设计,权力机关、行政机关、司法机关之间是分工合作关系,而不是西方的分权制衡关系。这种设计的基点是权力都来自人民,自身没有任何特权,因而相互是共同服务于人民的关系。但理论上如此,并不代表实践上会如此。如果缺乏有效的制约机制,权力就会像没有关在笼子里的老虎,恣意妄为。比如,在一些地区的一些人看来,如果不"以党代政",党委意图很难转化为政府意图,就是能转化,效率也非常低,因此,一些书记习惯于既当"政委",又当"司令",甚至个别乡镇通过频繁使用党委扩大会议将两套班子实质上合二为一;有的地方则通过政法联席会议断案;有的地方在人大预算外开支,或者,事关全民的重大决定不通过人大(如突击限号);地方政府在合作与竞争的双重动因之下,逐步呈现出治理的困境;有的镇街权力越来越小,可调配资源越

---

① 唐皇凤.大国治理:中国国家治理的现实基础与主要困境[J].中共浙江省委党校学报,2005
　(6):96-101.

来越少,"兜底责任"却越来越大,事权介入越来越严重。在这方面,各个权力主体该做什么,不该做什么,怎么做正确,怎么做不正确,等等,一系列问题更多地依靠惯例和"潜规则"在运作,缺乏法律和制度层面的系统规定。有的地方设计有权力清单,但由于缺乏有效的责任与追责设计,导致其流于形式。

再次,在权力与权利博弈上"一放就乱,一收就死"。一方面,权利一旦放弃对权力的监督,权力就会恣意横行;权利一旦太过紧逼,权力运行就很被动(如跳楼追薪)。另一方面,由于整个社会发育还不完全成熟以及老百姓在传统上对权力的高度依赖(不少人有"父权情结"),导致简政放权很难。如果说在市场经济层面还容易一些的话,在政治与社会层面则很难,有的社团一放开就容易走歪路和邪路。这种困局的形成,与中国缺乏长期的自然法熏陶、大一统过度和历史上封闭的自给自足自然经济占主导等有关。

然后,是大国体态与小国资源状况并存。我国幅员辽阔、人口众多,这给中国社会的调控和转型提出了无比困难的任务。一是大量人口在大片土地上流动,对治安、交通等都带来很大压力,相关成本很高。二是资源总量大与人均低在分配上带来很大困难,总体看很富有的资源,全国一平均就很稀缺了,何况有的资源本身就不富有,而且,如果大量人口集中在教育、卫生等资源富集地区,造成资源富集地区人均占有资源偏少,各种分配和调和矛盾就更为突出。三是小问题累计起来就成为大问题,如个别地区的"非典"很可能一下子就扩散到960万平方公里,一个小小超市缺盐的谣言很可能造成难以计数的民众的恐慌。网络时代的到来,加剧了这方面的倾向。

最后,是转型时期,矛盾多发。目前,中国正处于改革向纵深推进时期,正处于"千年未有之大变局",这种千年大变局带来了空前的挑战,经济和社会结构的迅速变化导致原有国家治理模式的失效,新的国家治理模式又未成熟。从历史和国内外经验看,这是一个矛盾多发的危险时期。主要危险包括:一是改革推进不下去的问题。经济上推进不下去,就容易掉入"中美洲陷进";政治上推进不下去,就容易发生"颜色革命"。二是贫富差距扩大的危险。不管你是何种制度的国家,一旦贫富差距过大,公平正义严重失衡,必然会发生革命,导致朝代更替,但如果"劫富济贫",又容易导致既得利益强势反弹,同样会发生致命危险。在没有更多增量产生的前提下,这是一个二难选择。三是思想多元,利益诉求多元。改革阶段,既是思想文化容易大发展大繁荣的阶段,也是整个社会容易处于无序失控状态的阶段。不仅如此,由于利益诉求日益多元化,单一解决方案很难使各方都满意,就是多元解决方案也难以保证。这是一个"什么事都会有人赞成,什么事都会有人同时反对"的时代,如何驾驭或顺应这个时代,考验着各方的智慧。

三、中国特色县区治理模式的建构蓝图

正如上文所说,任何治理模式都必须考虑具体情况。如少数民族集聚地区就要考虑设计为民族区域自治模式,港澳台就要考虑设计为特区治理模式。本节仅探讨一般性地区的治理模式建构。另外,治理模式的建构涉及多方面的相互关系,本节仅以党与各方主体之间关系为例,阐述相关设计。这种设计也可以称为试点方案建议。

1. 党和人民的关系

党拥有执政权,人民拥有主权。因此,首要的是要解决党领导下的人民选举权与被选举权问题。要保持国家的社会公仆本色,不使它再蜕化为社会主人,关键在于正确处理无产阶级政权同人民群众之间的关系。马克思对这种关系做了一个形象的比喻。他在论述巴黎公社的选举时指出:"普选权不是为了每三年或六年决定一次由统治阶级中什么人在议会里当人民的假代表,而是为了服务于组织在公社里的人民,正如个人选择权服务于任何一个为自己企业招雇工人和管理人员的雇主一样。大家都很清楚,企业也像个人一样,在实际业务活动中一般都懂得在适当的位置上使用适当的人,万一有错立即纠正。"[1]无产阶级的国家机关及其公职人员则必须按照人民的意志办事,如果不称职,也会被人民撤换。也就是说,公社普选不仅意味着权力和权利,更意味着责任和服务。[2]。恩格斯总结巴黎公社的经验时也指出:"为了防止国家和国家机关由社会公仆变为社会主人——这种现象在至今所有的国家中都是不可避免的——公社采取了两个可靠的办法。第一,它把行政、司法和国民教育方面的一切职位交给由普选选出的人担任,而且规定选举者可以随时撤换被选举者。第二,它对所有公职人员,不论职位高低,都只付给跟其他工人同样的工资。"[3]毛泽东在回答黄炎培提出的

---

[1] 马克思恩格斯文集:第3卷[M].北京:人民出版社,2009:156.

[2] 只存在72天又处于残酷战争环境中的巴黎公社不可能对这个高难度的历史课题做出全面回答,更不可能提出一劳永逸的解决方案,但提供了基层普选的实践基础。

[3] 马克思恩格斯文集:第3卷[M].北京:人民出版社,2009:110—111.

如何才能跳出政权兴亡周期律时说:"我们已经找到新路,我们能跳出这周期律,这条新路就是民主。只有让人民来监督政府,政府才不敢松懈。只有人人起来负责,才不会人亡政息。"①这就为基层实行普选制奠定了坚实的理论基础。可以出台法律或在试点地区出台地方性法规,明确规定县区长、镇长、乡长、街道办主任人选都必须获得党内提名,党内提名方式可以是组织提名,也可以是获得一定数量或比例的党员联署推荐,被提名人可以是中国共产党党员,也可以是民主党派人士或其他非党员。罢免上除原有规定外,可以增加规定,凡是县级、镇级党委提议的,应进入罢免程序。此项规定不延伸到村(社区)一级。让村(社区)一级大致按照现有模式继续演进。

2.党与政府的关系

党与政府的关系主要分为两种情况:一种是党员当选,这种情况比较好处理,党的意图借助设在政府内的党组就可以转化为政府意志了,只需出台防止以党代政的相关规定;另一种是非党员当选,仅有党组的设计就不够了,还必须加强监督程序设置。

3.党与人大的关系

随着《立法法》修改,大多数地级市已经获得立法权,试点地区可做一些尝试,将基层党组织与人大的关系法定化。② 另外,街道没有人大,可以试行民主协商议事会议制度,关键是将议事会议制度程序化、固定化,并完善责任追究相关规定,确保其具有一定刚性。

4.党与政协及参政党的关系

在党与政协及参政党的关系方面,笔者的建议是:一方面,防止民主党派成为与执政党对立的"在野党";另一方面,也要确保民主党派具有一定的政治见解独立性,积极支持民主党派。

5.党与市场经济的关系

在这方面,最核心的问题有两个:一是处理好执政权与市场经济主体自由权之间的关系;二是处理好公有制经济特别是国有经济发展的问题。经济基础决定上层建筑,确保一支有活力的国有经济力量,具有十分重要的政治意义。另外,国有经济对于缩小贫富差距也有重要意义,应积极引导国有经济贡献利税,填补养老保险空缺,积极履行社会责任等。

---

① 黄炎培.八十年来[M].北京:文史资料出版社,1982:148—149.

② 从全国层面立法较为困难,但地方试点层面立法相对容易。

6. 党与社会的关系

党与社会关系的实质是要处理好执政权与基层社会自治权的关系。一是实施分类管理,针对公益性社团和政治性社团采取不同监管举措;二是积极培育基层社会,党的宗旨是全心全意为人民服务,也应该鼓励人民自己为自己服务。

四、结　语

摩尔·古德曼(Merle Goldman)和罗德瑞柯·马克法奎尔(Roderick Macfarquhar)在 20 世纪末主编的讨论中国改革的文集中指出,中国推行的政治体制改革已经远远滞后于经济和社会的快速转型,只有推行政体的民主化改革才能够适应这些变化,政治统治才能延续。但威权主义政体的民主改革面临着政治风险,这将成为中国未来转型的困境。这为我们提出了一个新命题,即在设计美好未来的时候,也必须对通往美好目标路上的陷阱与障碍有充分的思想准备与方案准备。因此,在中国特色基层治理模式上,我们主张演进基础上的建构。一是大胆设计、小心实证的原则,渐进性改革,小步快走,试点先行。二是处理好大民主与小民主的关系。正如邓小平所说:"大民主我们并不提倡,搞大民主并不好。匈牙利搞大民主,要几年才能恢复元气,吃亏的还是人民。波兰搞大民主,也需要相当一个时期才能恢复元气。""大民主是可以避免的,这就是要有小民主。如果没有小民主,那就一定要来大民主。群众有气就要出,我们的办法就是使群众有出气的地方,有说话的地方,有申诉的地方。""有小民主就不会来大民主。群众把气出了,问题尽可能解决了,怎么还会有大民主呢?"[①]提倡多搞小民主,少搞或不搞西方式的大民主。三是在路径选择上,一定要坚持法治导向,做到一切改革有法可依,一切行为依法而动。四是基层治理模式重大改革要坚持在顶层设计下统一实施,在一般改革上发挥积极性,为更高决策提供丰富实践经验。

总之,在人类历史的长河中,还没有任何一个社会主义国家建设成了依宪执政的法治国家,如果我国通过努力,率先建成社会主义法治国家,不仅将从根本上保证自身社会主义社会的长治久安,引领中华民族伟大复兴,也将对人类社会未来发展发挥示范作用,做出杰出贡献。

---

① 邓小平.共产党要接受监督[M]//邓小平文选:第 1 卷.2 版.北京:人民出版社,1994:273.

第二章　依法行政

第一节　行政权力的公共性证明[①]

正如是"先有鸡还是先有蛋"的问题一样，权利与权力谁具有优先性也是一个被争论不休的问题。或者说有时该问题在理论上好像已经明确，但在实践中却背道而驰。这些都显示了这个问题的复杂性。如果不想陷入这个没有绝对性结论的问题，我们需要一开始就限定论题。本书讨论的是基于重叠共识的立法的基本问题，根据罗尔斯的公民政治权力行使的合法性原则，[②]本书主张权利是优先于权力的。在此基础上，我们再来探讨为什么根据这类理论权力具有公共性本质。

一、以权利为基础的社会契约论

权利与权力的关系因以下三种不同的政治理论而有各不相同的结论：以目标为基础的理论；以义务为基础的理论；以权利为基础的理论。[③] 这三种理论指导下的立法是三种完全不同的立法观。

首先，以目标为基础的理论认为，以目的去规制权利具有正当性。这种理论相信唯一真理的存在，坚持人类终极归宿"一元论"。持此理论者认为，

---

① 本节在作者的博士论文《基于罗尔斯"重叠共识"的立法论研究》部分章节的基础上修改而成。

② Rawls J. Political Liberalism[M]. New York：Columbia University Press，1996：291.

③ 罗纳德·德沃金. 认真对待权利[M].信春鹰，吴玉章，译.上海：上海三联书店，2008：234.

对于他的民族、教会或整个人类来说,存在着一种终极性目标,而且是唯一的一个终极性的目标,这种目标能够为人的理性所认识并掌握。而且持此理论者总是坚信自己是正确的,"真理"正好就掌握在他自己手中,而"谬误"恰恰存在于与之理论或观点相反的人的执念中。① 持此理论者,将人分为两类,第一类是妨碍目标的人,第二类是服从目标的人。② 他们拒绝与自己目标相左者(根本不理解或不同情的人)妥协,③ 为了造就"爱的王国",实现那个唯一的目标,哪怕因相互冲突付出"血流成河"的代价也在所不惜。④ 在以赛亚·伯林看来,"没有什么东西比这种信念更为有害"⑤,"从这个信念中绝对产生不出爱的王国"⑥。

这种理论认为"共同善"始终高于个人权利。该理论主张在"在社会中授权资源、权利、利益和义务的分配,以最大限度地促进那个社会目标为目的,并且谴责任何其他的分配方式"⑦。持此理论者只有在个人的福利有贡献于事物的某种状态时才会被认为是好的,才会去关心这种个人的福利,而不去管这种个人的福利与其选择的事物的某种状态是否相距甚远。⑧ 不管持此理论者是专制主义者,还是功利主义者,都是如此,都把整体和普遍的善或改善看作理想,几乎不考虑任何个人对于理想的多元化理解与多元化选择的权利。⑨ 在这种观念指导下,他必定坚信"目的证明手段合理"⑩,认为个人权利应该为实现整体目的所必需的权力服务,哪怕会有个人权利与利益的"暂时牺牲"。

其次,以义务为基础的理论强调行为对规则的服从性。以义务为基础的理论的逻辑起点是规则的有效性。不同于以目标为基础的理论,以权利和以义务为基础的理论都把个人置于中心地位,并把个人的决定或行为看

---

① 以赛亚·伯林.自由论［M］.修订版.胡传胜,译.南京:译林出版社,2011:353.
② 以赛亚·伯林.自由论［M］.修订版.胡传胜,译.南京:译林出版社,2011:343.
③ 以赛亚·伯林.自由论［M］.修订版.胡传胜,译.南京:译林出版社,2011:354.
④ 以赛亚·伯林.自由论［M］.修订版.胡传胜,译.南京:译林出版社,2011:353.
⑤ 以赛亚·伯林.自由论［M］.修订版.胡传胜,译.南京:译林出版社,2011:353.
⑥ 以赛亚·伯林.自由论［M］.修订版.胡传胜,译.南京:译林出版社,2011:354.
⑦ 罗纳德·德沃金.认真对待权利［M］.信春鹰,吴玉章,译.上海:上海三联书店,2008:234-235.
⑧ 罗纳德·德沃金.认真对待权利［M］.信春鹰,吴玉章,译.上海:上海三联书店,2008:232.
⑨ 罗纳德·德沃金.认真对待权利［M］.信春鹰,吴玉章,译.上海:上海三联书店,2008:232.
⑩ 以赛亚·伯林.自由论［M］.修订版.胡传胜,译.南京:译林出版社,2011:339.

作是具有根本性意义的东西。① 不同的是,前者着重关注的是个人的独立性问题,②而把规则视为实现个人权利的工具;后者着重关注的是个人对规则的服从性问题,认为只有在服从规则并履行其赋予的义务的基础上,谈论人的权利才有意义。

以义务为基础的理论认为义务先于权利并派生权利。也就是说,其在我们前面提及的"是先有鸡还是先有蛋"这个问题上做出了肯定性判断。持此理论者认为,义务自有其道德依据,个人的行为有着道德的质量,③义务以"应当"为核心,有其独立的正价值;从本源意义上说,义务不仅不依附于权利,相反,权利倒是因履行义务而产生的。④ 但从主体间性理论来看,"鸡"与"鸡蛋"极有可能是相互生成的,没有绝对的先后之分,也就是说,可能不存在谁派生谁的问题,但在生成后有着优先性的问题,也就是谁具有更高地位的问题。当然,对于这个优先性问题的回答也有两种观点:一种是绝对优先性;另一种是相对优先性。本书持相对优先性观点,即在以重叠共识规导立法这个具体问题上,权利既优先于权力,也优先于义务,在其他场合(如家庭内部道德场合)则不一定。

最后,以权利为基础的理论尊重人的选择自由。以权利为基础的理论"预先假设并且保护个人思想和选择的价值"⑤。这种对选择的尊重隐含着一种多元化和非终极性的潜在观念,既不认为对生活方式的选择只有一种,相反,而是主张多样化相并存的生活方式,也不认为人类有着某种不可避免的终极目标。

该理论认为规则是为权利服务的,而不是相反。在社会契约论者看来,"社会契约为每个潜在的订约者提供了否决权;除非他同意,否则就不可能达成任何契约"⑥。在以义务为基础的理论里,个人的否决权被严格限定在规则允许的范围内,因此它没有什么实质意义。但在以权利为基础的理论

① 罗纳德·德沃金.认真对待权利[M].信春鹰,吴玉章,译.上海:上海三联书店,2008:232.
② 极端的以权利为基础的理论甚至会把人视为一个个与世隔绝的"原子"。
③ 罗纳德·德沃金.认真对待权利[M].信春鹰,吴玉章,译.上海:上海三联书店,2008:232.
④ 我国学者对这方面理论的研究处于前沿水平。如张恒山在1999年首次出版的《义务先定论》中,以论证义务先于权利而生为主题,创新性地提出了"三人社会"这一常态中的人类社会模式,并用三人社会中第三方的良知与理性的协同评价,来解释道德规则、道德义务、人权以至法律规则和法律上的义务权利的产生等问题。
⑤ 罗纳德·德沃金.认真对待权利[M].信春鹰,吴玉章,译.上海:上海三联书店,2008:232.
⑥ 罗纳德·德沃金.认真对待权利[M].信春鹰。吴玉章,译.上海:上海三联书店,2008:234.

里,这种否决权指向的对象恰恰就是规则本身。也就是说,在立法之上,还存在一个"元理论",个人可以凭借这个"元理论"来对抗与之相悖的立法。任何立法若欲剥夺或减损个人的任何权利,都必须先进行正当性阐释与证明。并且,这种否决权还赋予了个人对于集体的对抗权,体现了个人对集体及由其委托而形成的集合性权力的警惕。以保留"否决权"(不得立法的领域等)来对抗公权力,其理论逻辑就是认为公权力有异化的可能,这意味着每个个人的代表构成的那个集体(国家或其他),有可能成为一个有着自身独立利益的实体,从而走到人民的对立面上去。个人如果拥有这种对抗权,就能最大限度地减少这种危险,从而在权利和权力之间保持平衡。① 这样,国家权力的任何扩张行为都必须面向人民进行充分的正当性说明并得到人民的许可。

二、权力来自权利的证明

主张权力来自于权利还是权利来自于权力,是民主政府与专制政府在政权理论上的最核心区别。从权力来源的角度看,这个问题有三种观点。

第一,天赋权力说。

天赋权力说认为统治者的行政权力来自于神秘力量,包括神话中的"上天"、宗教里的"神"等。天赋权力的特点是:第一,统治者的权力来自上天,因此其合法性不证自成,不容置疑,且永恒合法。在这种理念指导下,政体通常采用世袭制,早期也个别地采用禅让制。第二,统治者与被统治者之间是命令与服从关系、恩赐与期待关系。民众必须无条件服从统治者发布的命令,民众获得良好境遇的希望寄托在神秘力量赐予他们一个圣明的统治者。第三,信奉天赋权力的政权通常都采用集权体制。理论上,这类国家所有的权力都为最高统治者一人所有,最高统治者再按照属下的忠诚度、职级等进行层层授权。整个官僚体制归根结底都只对最高统治者一人负责。随着近代思想启蒙与祛魅运动,这种与重叠共识平等而自由的个人主张不符合的天赋权力说逐渐瓦解。

第二,继承权力说。

继承权力说认为统治者的行政权力来自开创者"打天下"所形成的固定

---

① 保持平衡的理由源自相互性,即公民应该对等地行使相互强制的权力。当引入权力机构后,这种相互性就体现为权力与权力之间的平衡、权力与权利之间的平衡和权利与义务之间的平衡。

化"资格"。后任统治者都是开创者行政权力的继承人。继承权力说的特点是:第一,继承权力说一律采用世袭制。权力通常在同一种姓或其他近亲血缘关系者之间流转,偶尔采用非血缘关系继承人。第二,统治者与被统治者之间同样是命令与服从、恩赐与期待的关系。第三,信奉继承权力说的政权通常采用集权体制。继承权力说与天赋权力说往往是交叉的,专制政体一般同时奉行这两种权力说。但并不是任何时候都如此。在现代一些经过科学祛魅的专制国家,仍然采用世袭(含统治者指定继承人),甚至个别社会主义国家也采取事实上的世袭制度,这就属于纯粹信奉继承权力说(虽然形式上可能自称为民赋权力)而非天赋权力的情况。也有的仅仅只是为了保留精神文化传统而保留了继承权力体制。"继承权力说"也是不符合公平正义原则的,尤其是不符合起点平等的精神。

　　第三,民赋权力说。

　　经过启蒙运动,天赋权力说和继承权力说逐渐为世界主流国家所摒弃,民赋权力说逐渐登上并牢牢占据世界中心舞台。"唯有国民拥有制宪权。"①信奉民赋权力说是秉持权力公共性规则的根本原因。权力公共性规则包括人民主权和人权两大原则。人民主权与人权的一个显著区别在于,人权是一种权利观,而人民主权不是一种权利,而是指一种人民当家做主的治理模式,主要涉及权力与权利之间的关系。人民主权的首创者是资产阶级启蒙思想先行者洛克,他在《政府论》中多次强调人民主权的重要性。"只有民众同意的人或者是委任的人,才有权制定这些法律,没有民众的同意和委任,他们中的任何人或任何数量的人都无权制定法律。"②在洛克看来,立法者的立法权来自人民的授权,而不是相反。卢梭是人民主权的集大成者和奠基者。哈贝马斯将社会学的交往行动理论引入政治学,认为人民主权不是虚拟的或停留在理论层面的,而应是人人自由平等参与对话、辩论而表现出的交往活动。罗尔斯则从人人平等的角度阐释了权力与权利的关系。他指出,"人民并不认为有什么先定的社会目的,可以证明他们把某些人看作是比其他人拥有或多或少优于社会的价值,并因此分配给他们不同的基本权利和特权这种做法是正当合理的。"③

---

① 西耶斯.论特权 第三等级是什么[M].冯棠,译.北京:商务印书馆,1990:56.
② 洛克.政府论(下篇)[M].瞿菊农,叶启芳,译.北京:商务印书馆,1964:96.
③ Rawls J. Political Liberalism[M]. New York:Columbia University Press, 1996:41.

与人民主权紧密相关的人权,又称公民权利、基本权利,是指每个人作为人应当享有的基本权利。一般认为基本人权包括生存权、发展权、人生自由权、政治权、经济社会文化权。人权原则最初是由资产阶级启蒙思想家作为君权和神权的对立物提出的。在资产阶级革命胜利后,人权原则被上升为宪法原则,通常以列举形式规定个人所享有的基本权利,并辅之以具体的制度以实现这些权利。

保护人权是人民立宪的最终目的,人民主权是人权的逻辑展开,人权引申出人民主权,人民主权根植于人权,这种关系构成宪法的逻辑起点。只有奉行人民主权原则的宪法和宪政国家,才能真正保障基本人权。①

从历史的角度来看,在原始社会早期,随着生产(打猎、种植)的发展和抵御外界侵害的需要,人们逐渐群居在一起。从人类所能经常观察到的动物看,凡是群居动物,如狮子、山羊、马、猴等,都有首领,这已成为一个公理。人类作为高级动物也不例外。既然有首领,首领就有组织、管理、决策的相关权力。自从原始社会解体进入阶级社会之后,国家和社会的治理者逐渐演变为统治者,从而与被统治者清晰地区分开来,统治者行使的公权力也随之产生。

三、必须禁止行政权拥有的权力

行政权因其运行效果与个人魅力相关度最高等,是立法权、行政权、司法权三权之中最容易膨胀的权力,也就是最容易危及人民相互性政治权利的权力。为此,必须将警惕的重心放在对行政权的规范之上。首要的就是要禁止行政机关享有终极裁判权,即行政机关所做的一切事都必须具有可诉性。司法权本质上是一种裁判权。而行政机关也拥有并且必然拥有一定的初步裁决权。在现代民主社会,社会治理日益复杂,如果行政机关不拥有对社会矛盾的初步裁决权,一切都交由司法机关去裁判,不仅司法机关不堪重负,也不能发挥行政机关解决问题的高效能,调节各完备性学说之间的一般冲突,这将有害于社会的安定有序。但如果行政机关享有做出最终裁决的权力,那就相当于享有排除司法审查的权力。"立法权和行政权如果集中在一个人或一个机构的手中,自由便不复存在。"②只有在专制政体下,元首

---

① 黄基泉,刘德兴.论宪法的人民主权原则[J].西南政法大学学报,2002(1):58—62.
② 孟德斯鸠.论法的精神(上卷)[M].许明龙,译.北京:商务印书馆,2012:186.

才可以亲自审案,否则,人民将生活在恐怖之中。[①] 行政终局裁决权不符合现代民主法治要求,有悖于司法最终审查原则。因此,司法权与行政权必须分置于司法机关和行政机关。

在孟德斯鸠的最初设计里,行政机关也只是通过行使否决权参与立法,不得参与立法事项的辩论,不能提出议案,例外情况是共和体制。[②] 但在任何情况下,行政机关不拥有立法权是最基本的设计。在美国三权分立的最初设计中,国会是联邦制中的主导,是行政权不可抗拒的力量。国会既是公民意愿的代表,也是各州意愿的代表,代表各州公民享有主权。由于美国先民多为英国专制的受害者,以及出于殖民时期的历史原因,美国人民崇尚自由和平等,十分反感和警惕专制独裁统治,因而一直极力限制总统的行政权力。

但是,随着国家事务越来越繁杂,尤其是当社会面临重大经济或军事危机时,拥有更高解决问题效能的行政机关逐渐摆脱了立法机关的强力掣肘,在与立法机关的博弈中胜出,国家权力中心逐渐向行政权倾斜,实际上已经突破了"法无授权不可为"的底线。当今世界,即使是崇尚三权分立的美国,也已进入了以总统权力为重心、总统为主导地位的时期。如何限制日益膨胀的行政权,同时又保存行政权解决繁杂社会事务的效能,已经成为一个世界级难题。总的解决思路是将对行政权开列"正面权力清单"与"负面权力清单"相结合,既强调"法无授权不可为"的原则(绝对禁止已不可能,能坚守的是基本的、原则上的),又强调一些绝对立法权涉足禁区,尤其是事关人权的领域。

禁止行政机关享有税收、财政预算决定权和军队建制权。现代民主立宪社会运作的基础全部建立在税收的基础之上,所有税收的税种和税率均应由立法机构制定的法律规定,一切未经法定的收费都是不被允许的。国家机关作为非营利机构,一切运作支出均依赖于税收。因此,税收和财政预算是民主立宪国家最重要的立法事项。"在国家税收问题上,行政机构如果拥有决定权,而不仅仅是赞同权,自由就将不复存在,因为,在这个最重要的立法事项上,行政机构变成了立法机构"[③],因此,在税收和财政预算问题

---

① 孟德斯鸠.论法的精神(上卷)[M].许明龙,译.北京:商务印书馆,2012:96.
② 孟德斯鸠.论法的精神(上卷)[M].许明龙,译.北京:商务印书馆,2012:194—195.
③ 孟德斯鸠.论法的精神(上卷)[M].许明龙,译.北京:商务印书馆,2012:195.

上,行政机构拥有赞同权,可以积极就税收和财政预算进行提案,拥有表达支持或不支持立法机构的税收决定和财政预算决定的权利,但并不拥有决定是否征税、征何种税、以多少税率征税、如何安排财政预算的权力。

同时,税收和财政预算需要立法机关逐年议定。"立法机构如果不是逐年议定税收,而是做出一劳永逸的决定,它就面临丧失自由的危险。"①而国家财政的预算同样如此。因为这样一来,行政机构对立法机构的依赖性就彻底解除了。而且,如果不是逐年议定,就相当于立法机构将这项权力长期或永久性地授予了行政机构。而一种长期性甚至永久性的权力一旦为行政机构所掌控,不论这种权力究竟是自身固有的还是其他方授予的,都没有其他机构能够抗衡行政机构了。

在交由行政机构管理的陆海军问题上也是如此。一方面,军队一旦建立后,如果直接隶属于立法机构,将降低军队应对紧急事件的效能,"在军队由立法机构掌握的情况下,政府即使由于一些特殊情况而没有变成军事政府,不良后果依然难以避免,不是军队毁掉政府,就是政府削弱军队,二者必居其一",而"军队如果被削弱,必定有其致命的原因,那就是政府的软弱"②。因此,这被广泛认为是不可行的。军队听命于司法机关更是不可取。那么,军队就只能听命于行政机构。"这是由事物的性质决定的,因为军队的使命不是辩论而是行动。"③另一方面,如果军队的建制权保留在政府手里,立法权就失去了对行政机构拥有的军权的制衡可能性,其结果将与税收问题一样。因此,必须赋予立法机关"拥有任意和随时解散这支军队的权力"④,也就是立法机关不拥有指挥军队的权力,但却可以随时剥夺总统等行政权掌控者指挥军队的权力,从而确保行政权有所忌惮。

当然,在禁止行政机关拥有的权力中,一般认为还有缔约权、任命(非提名)重要公职人员等其他权能。限于篇幅,不在此展开讨论。

---

① 孟德斯鸠.论法的精神(上卷)[M].许明龙,译.北京:商务印书馆,2012:195.
② 孟德斯鸠.论法的精神(上卷)[M].许明龙,译.北京:商务印书馆,2012:96.
③ 孟德斯鸠.论法的精神(上卷)[M].许明龙,译.北京:商务印书馆,2012:195.
④ 孟德斯鸠.论法的精神(上卷)[M].许明龙,译.北京:商务印书馆,2012:195.

第二节　简政放权①

现代理论研究逐渐趋向主张建构"小而强"的法治政府,扩大公民和社会的权利,更好地发挥市场的作用。当前我国改革进入攻坚期和深水区,同样需要深化改革,理顺党政、社会、市场关系。因此,简政放权成为在行政体制机制改革上寻求突破,进而推进国家治理体系和治理能力现代化的一种尝试。简政放权是深化政府改革、加快转变政府职能的关键之举,是深化改革的总开关。② 法治化程度是衡量一个国家治理体系和治理能力现代化的重要标尺。③ 而在全面深化改革背景下进一步简政放权是推进依法行政、建设法治政府,从而同步推进建设法治中国的一种有益尝试。通过"权力清单"、"权利清单"和"负面清单"以及最新的"最多跑一次"改革,简政放权得以落到实处。"三张清单"及"最多跑一次"等夯实的简政放权措施,体现了中国特色的法治精神,也将深刻影响法治中国的整体性建设。

一、新时期简政放权的理论与现实背景

"简政"就是精简政务、精简机构和人员,重点是缩减行政权。"放权"就是将权力下放或将权力转化为权利,赋予社会(公民)或市场。可见,"简政放权"的核心是将行政权力(尤其是审批权)进行适当处理,在本质上是对政府、社会和市场三者关系的重新审视与定位。而权力除了行政权,还包括立法权、司法权等。如果从政党政治角度对权力进行划分,还可分为执政权与参政权等,核心是执政权。

那么为什么要简政放权呢? 要回答这个问题,首先要厘清权力的来源与保有。从执政权角度看,中国古代社会普遍认为权力来源于"神",即"君权神授"。西方早些时候的主流学术界也持类似观点。"主权在民"是启蒙

① 本节在《基于"权力清单"、"权利清单"和"负面清单"的简政放权模式分析》一文的基础上修改而成,原载于《行政与法》2014年第7期。
② 于新东.简政放权是深化改革的总开关[J].中国发展观察,2013(10);37—39.
③ 俞可平.衡量国家治理体系现代化的基本标准——关于推进"国家治理体系和治理能力的现代化"的思考[N].北京日报,2013-11-09(17).转引自作者在"推进国家治理与社会治理现代化"学术研讨会上所做的主旨发言。

学者提出的重要论断和进步观念。马克思继承发展了这种观念并把这种观念置于唯物史观的坚实基础之上。针对黑格尔用君主主权来混淆和"伪造"人民主权的观点,马克思明确指出,主权概念本身不可能有双重的存在,更不可能有对立的存在,"不是君主的主权,就是人民的主权","人民主权不是凭借君王产生的,君王倒是凭借人民主权产生的"①。1968 年 10 月,毛泽东也强调过:"我们的权力是谁给的?是工人阶级给的,是贫下中农给的,是占人口百分之九十以上的广大劳动群众给的。我们代表了无产阶级,代表了广大群众,打倒了人民的敌人,人民就拥护我们。"②新中国成立后的第一部宪法明确规定"一切权力属于人民",现行宪法也强调"一切权力属于人民"。"主权在民"原则在我国社会主义法律中得到切实体现。由此可见,我们的国家权力来源于人民,我们的党及其领导下的政府是人民利益的直接代表,权力来源具有法律认可的合法性。同理,其保有也取决于人民的继续抉择。那么,人民的权力又是哪里来的呢?马克思主义经典理论没有就这个问题进行系统论述。近代启蒙思想家认为,公民的权力是"天赋"的,是不证自明的。③ 无论如何,简政放权的本质是还权于民。

　　现实也迫切需要简政放权。当前,我国发展进入新阶段,改革进入攻坚期和深水区。现代国家治理(governance of the modern state)的主要对象无疑是复杂的公共事务。面临复杂局面时,我们的通常反应是加强政府职能,以应对复杂局面。通过简政放权来推进深化改革的思路是一种逆向思维。这种思维的理论依据是什么呢?本书认为,这种逆向操作首要依据的是"奥卡姆剃刀"原理。欧洲中世纪著名的唯名论者奥卡姆(Guillelmus de Ockham)主张祛除一切认识事物冗杂的预设并进行了充分的论证,因此他的哲学认识论的简约主义主张,被人们形象地称为"奥卡姆剃刀"(Ockham's Razor)。这一主张最简洁而鲜明的表述是"切勿浪费较多东西去做用较少的东西可以同样做好的事情"。此话后来被人们简化为"如无必要,切勿增加实质"。④ 将奥卡姆唯名论的知识论原则直接推向国家治理领

---

① 马克思恩格斯全集:第 1 集[M].北京:人民出版社,1995:281.
② 毛泽东.共产党基本的一条就是直接依靠人民群众[M]//建国以来毛泽东文稿:第 12 册.北京:中央文献出版社,1998:581.
③ 高新华.行政法治理论与行政诉讼原告中心地位的确立[J].西北民族大学学报(哲学社会科学版),2008(4):48—53.
④ 任剑涛.国家治理的简约主义[J].开放时代,2010(7):73—86.

域,就成为简政放权的理论依据之一,即主张政府保有最少的权力,达到国家善治的目的。简政放权的另一理论依据就是比较优势理论,即相信市场与社会有足够的活力,能做好政府无法做好的事情,或者能做到比政府所做的更好。

还需指出的是,简政放权、让利于民,是人民政党与人民政府的必然抉择。现行党章总纲规定:"党除了工人阶级和最广大人民群众的利益,没有自己特殊的利益。"改革开放以来,我国经济社会取得了巨大成就,各方面都发生了显著的变化,改革红利尤为丰厚。那么究竟谁是改革红利的最大得益者呢？就是掌握分配权的群体。实际上简政放权的一个重要举措就是要改革的最大得益者放弃丰厚红利的分配权,甚至需要放弃已到手的既得利益,让权于市场(社会),让利于民,就是说刀锋要面向自己。因此,李克强在作2014年政府工作报告时,才会说:"当前改革已进入攻坚期和深水区,必须紧紧依靠人民群众,以壮士断腕的决心、背水一战的气概,冲破思想观念的束缚,突破利益固化的藩篱,以经济体制改革为牵引,全面深化各领域改革。""进一步简政放权,这是政府的自我革命。"由此可见,权力结构的变化将有效遏制权力"寻租"现象。另外,值得一提的是,伴随国内国际情势的变迁,党内高层已经清醒地意识到,从"封闭状态下执政"到"开放状态下执政",已成为历史必然。① 而简政放权,就是要促进开放性国家政权生态建设。

二、三张"清单"是简政放权的有效执行

"简政"与"放权"是一个有机统一的过程。中华人民共和国成立以来,我们经历过多次简政放权,可以清楚地看出其中的一条主线,正是政府逐步或尝试向市场、企业和社会转移职能和权力。② 这些改革因容易反弹而成效有限,但也取得了不少阶段性成果。简政放权得以真正落地需要一个前提,即转变政府职能。新一轮政府机构改革方案的核心是转变政府职能,当然也是简政放权。③ 简政放权的一个关键就是打破现有的政府利益格局,

---

① 贺海峰."县委书记权力清单"的背后[J].决策,2010(9):16—18.
② 王学杰.简政放权:新一轮政府机构改革思路之观察[J].湖南行政学院学报(双月刊),2013(6):5—7.
③ 十二届全国人大一次会议闭幕后记者见面会李克强总理答记者问[EB/OL].[2014-01-01]. http:// news. sina. com. cn / c / 2013-03-17 /103526556635. shtml.

按照经济社会发展的时代任务来重新划分政府、市场、社会的权力边界。①

在具体操作方法上,新一届政府将"权力清单"、"权利清单"和"负面清单"组合拳作为落实简政放权的主要抓手,找准了促进政府职能转型的有效手段。"权力清单",顾名思义,就是详细规定权力究竟应该干什么、不能干什么、到底怎么干的一种公开形式,②在外延上只要属于对权力的条目化解析的制度形式均可称为"权力清单",不限于以"权力清单"命名的制度形式。"权利清单",就是详细列举公民与社会组织最重要权利的一种公开形式。所谓"负面清单",原本是指凡是针对外资的与国民待遇、最惠国待遇不符的管理措施,或业绩要求、高管要求等方面的管理措施,均以清单方式列明,这样的清单即为"负面清单",体现的是"法无禁止即自由"的法律理念。③ 党的十八届三中全会将"负面清单"管理推广到我国国内市场,平等地适用于公有制与非公有制经济、内资与外资企业,为建设统一开放、竞争有序的市场体系指明了努力的方向。"三张清单"虽然与简政放权有许多不同之处,但其本质是从制度层面对政府与社会、市场关系进行的重新审视、定位,这与简政放权在本质上是吻合的。从实践上看,简政放权的举措不限于"三张清单",出台"三张清单"的动机也不都是为了简政放权。但一方面,推行"三张清单"在事实上却是将简政放权推进到了一个有效的高度;另一方面,多地都将清单制度作为推进行政审批制度改革等简政放权举措的主要抓手。因此可以认为,"三张清单"是简政放权的有效执行。

1. "权力清单"的地方实践

2005 年,国内首份市长"权力清单"在邯郸出炉。邯郸此举是在反思巨贪背景下推出的,试图打造一个阳光政府,真正把权力运行的每一个环节都置于阳光下,最大限度地遏制滥用权力、以权谋私等腐败行为。④ 2006 年,湖南省首次从省级层面公布权力清单,彻底梳理行政执法依据,⑤并相继出

---

① 孙彩红.新时期政府职能转变与简政放权的辩证法[J].天津行政学院学报,2013,15(5):66－70.

② 袁浩.期待"权力清单"的出台[J].党政论坛,2014(1):64.

③ 龚柏华.中国(上海)自由贸易试验区外资准入"负面清单"模式法律分析[J].世界贸易组织动态与研究,2013,20(6):23－33.

④ 胡念飞.反思巨贪案国内首份市长"权力清单"在邯郸出炉[EB/OL].[2005-08-26].http://www.cnr.cn / news/ t20050826_504098805.html.

⑤ 马碧.湖南公布权力清单 彻底梳理行政执法依据[EB/OL].[2006-10-06].http://news.qq.com/a/20061006/000584.htm.

台《湖南省行政程序规定》《湖南省规范行政裁量权办法》等地方政府规章。2014年,浙江省政府确定富阳为县域"权力清单"试点,打造县域样本。很多省份相继跟进。

2009年3月,中纪委、中组部确定3家试点单位开展"县委权力公开透明运行",其分别为东部的睢宁县、西部的武侯区、中部的成安县,将"权力清单"从行政系统推向党委系统。2011年,惠州在惠东县级试点基础上全面推行党务公开。2011年3月,北京市纪委、市委组织部确定西城区为北京市区(县)委权力公开透明运行工作唯一试点单位。从"行政权力公开透明运行试点"到"县委权力公开透明运行试点",虽然仅有两字之差,却意味着改革进程的大幅推进,党务公开今后会推向更高层面,[①]意味着政治体制改革的突破口已经从党政关系转向党内民主。

既然一切权力都有法律依据,为什么还要实行权力清单制度呢?这个制度安排的关键就在"清单"二字,就是公开。第一,阳光行政是权力清单制度的最大特点。阳光是最好的防腐剂。把权力关进制度的笼子里只是第一步,还要把它放到阳光下,置于群众的视线里。"权力清单"杜绝了信息不对称造成的权力异化空间,便于群众监督行政权力运行。第二,权责一致是权力清单制度的基本原则。公布"权力清单",也就同时公布了其"责任清单"。

2."权利清单"的大胆尝试

2009年,国家税务总局首次以发布《关于纳税人权利与义务的公告》的形式,把散落在我国税收征收管理法及其实施细则和相关税收法律、行政法规中的相关规定"归拢",明确列举规定了我国纳税人拥有的十四项权利与十项义务。同年5月12日,江苏省太仓市出台的《关于建立政府行政管理与基层群众自治互动衔接机制的意见》提出,"凡属村(居)自治性的管理工作,放手村(居)委会自主管理","政府部门行政职责范围的工作任务,不得随意下达到村(居)委会"。太仓正在加紧制定的两份"清单"引人关注:一份是政府部门延伸到基层群众自治组织的"权力清单",另一份则是村(居)委会较为详细的"权利清单"。[②]近几年广东省推行社会组织"五自四无",即

---

①　雷辉,黄利飞.县权透明经验升级,惠州将公布权力清单和运行图[J].决策探索(上半月),2011(6):54—55.

②　黄庆畅.如何实现政府行政管理与基层群众自治衔接互动——"放手还权"的太仓探索[N].人民日报,2009-12-09(08).

在"自愿发起、自选会长、自筹经费、自聘人员、自主会务"的基础上,实行"无行政级别、无行政事业编制、无行政业务主管部门、无现职国家机关工作人员兼职",这是保证社会组织独立性和民间性、合理承担政府外移职能的有效实践。

"权利清单"的作用是使权利的保护有规定可循,从地下走向了地上、从隐形变为了显形、从粗略走向了细化,可维性大大增强。"权利清单"之所以受到关注,是因为通过"权利清单",人们不仅可以监督政府权力的运行,而且还可以从中找到保护自身权利的"尚方宝剑"。站在老百姓的角度,一份明明白白的"权利清单"与自身关系更近,也更受期待。但总体来说,目前"权利清单"的试点还不多。

3."负面清单"的逐步深化

2013年8月22日经国务院正式批准,设立中国(上海)自由贸易试验区。这是中国政府设立在上海的区域性自由贸易园区。上海自贸区最鲜明的管理特色是主动实行负面清单制度,即《中国(上海)自由贸易试验区外商投资准入特别管理措施》。2013年的负面清单列明了试验区内对外商投资项目和设立外商投资企业采取的与国民待遇等不符的准入措施。对负面清单之外的领域,将外商投资项目由核准制改为备案制(国务院规定对国内投资项目保留核准的除外);将外商投资企业合同章程审批改为备案管理。2014年1月8日召开的国务院常务会议强调,要继续把简政放权作为"当头炮",在公开透明上下功夫,在持续推进中增实效,逐步向审批事项的"负面清单"管理迈进,做到审批清单之外的事项,均由社会主体依法自行决定,将"负面清单"从国际贸易领域引入到国内经济管理领域。苏州等地随即在实践上跟进,推动行政审批制逐渐向"负面清单"管理机制迈进。

负面清单体现的是政府和市场的关系从让市场在资源配置中起"基础性作用"、政府起主导作用,到让市场起"决定性作用"、政府发挥更好作用的根本性转变;遵循的是"除非法律禁止的,否则就是法律允许"的解释逻辑,体现的是"法无禁止即自由"的法律理念。①

---

① 龚柏华.中国(上海)自由贸易试验区外资准入"负面清单"模式法律分析[J].世界贸易组织动态与研究,2013,20(6):23—33.

三、简政放权充分体现社会主义法治精神

法治精神,就是指法治的实质、要旨或者说精髓所在。虽然对于法治精神有不同理解,但一般认为包括但不限于法治所追求的正义、公平、平等、民主、自由、人权、秩序、和谐、安全等核心价值。从以"三张清单"为主要抓手的简政放权举措看,其出发点是为了推进行政体制改革,但其效应却深刻影响到了法治中国的整个进程,且体现了如下社会主义法治精神。

1.体现了法治的本质精神,即法治的阶级性

马克思主义法学认为,法律是有阶级性的,相应地,公平正义等法治精神也有阶级性。简政放权,如前面所述,实际上一个重要举措就是要掌握分配权的公营机构群体放弃丰厚红利的分配权,甚至需要放弃已到手的既得利益,让利于民,就是说刀锋要面向自己。这就鲜明体现了中国共产党及人民政府权力来自人民,也就应为人民服务的公平正义理念的阶级性,即中国共产党及人民政府代表工人阶级等人民群体的根本利益,除了为人民谋福利所必需的权力,自身不能保留任何特权,更不能利用特权为自己谋福利。

2.体现了社会主义法治精神

"三张清单",首先体现了"有限"的精神,也就是权力有法定(或制度规定)的数量、边界和程序的三维立体限制,遇到权利即须止步或谨慎通过,意味着行政权被关进了"笼子"。其次,"三张清单"分解权力和权利的过程,本质上就是民主决策手段,或者说依法治理手段,体现了一种制衡的精神。一是体现了一种对一把手权力的分解与制衡[①],解决了对一把手监督的"老大难"问题。二是体现了权利对权力的制衡。依法拟定的"权力清单"使用的是"穷举法",即所有的权力都在清单中,不在清单中的权力就不存在或不能行使,列清单的目的是规范权力的行使。依法拟定的"权利清单"使用的是"列举法",将公民与社会享有的最重要的权利列举在清单之上,但并不排除还有许多没列进清单的权利存在,列清单的目的是防止权力对这些重要权利的侵害。"负面清单"是一条"双红线",对市场主体(在市场上从事经济活动,享有权利和承担义务的个人和组织体,主要是企业)而言,就是"法无禁止即自由";对权力而言,红线内可以管也应该管,红线外则不应该干涉(当然,权力不干涉并不排除政府可以使用舆论宣传、公共服务、财税激励等非

---

① 李克诚.分解"一把手"权力[J].南风窗,2013(26):30,32.

权力手段引导与介入)。最后,"三张清单"体现了让权力规范运行、在阳光下运行的法治精神,权力也就权利化了,具有了可诉性,这就使得公众监督成为可能。

3.体现了法治的权利本位精神

权力的目的是服务权利,保护权利免受侵害,促进权利得以实现。为公民权利提供服务,是政府一切权力设定的根本前提,也是其合法性的基础。[①] 这就要求权力法治化。权力不被法治化,那就犹如一匹脱缰的野马,它从起点(人民授权)冲出后,不一定回到起点,反而更有可能冲向无垠的草原,形成一个"人民授权—权力运行—权力异化—权力失踪—权利损失无法找回"单向运行路径。通过清单、法律等方式将权力制度化、法治化后,它就犹如戴枷推磨的驴,从起点出发后,还会回到起点,从而形成一个"人民授权—权力运行—服务权利—权利惠民—公众公共权利再次让渡为权力"的良性循环。而且,权力越透明,权利越有保障。"权力清单"让权力暴露在阳光之下,让权力养成自觉接受公众监督的习惯,从而促进了法治社会的形成。

4.体现了法治的科学性

国家治理也要按规律行事,科学执政。一是体现出尊重人类社会发展的一般规律的思想,包括人民群众是历史与现实的主人,是社会物质财富的创造者,是社会精神财富的创造者,是社会变革的决定力量(社会发展的根本动力)。简政放权,就是尊重人民群众的首创精神,放手让人民群众探索自己的幸福道路,切实让老百姓感到"我的幸福我做主"。二是体现出尊重市场在资源配置中起的决定性作用和更好地发挥政府作用完美结合的精神。在市场经济按自身规律能自行运行的领域和环节,就不宜进行介入与干扰。李克强在2014年3月到辽宁、内蒙古等地考察时说,要相信市场,相信老百姓有无穷的创造力;老百姓的市场触角非常广泛,能敏锐捕捉到市场的需求,我们要尽力帮助他们解开各种各样的束缚。[②]

四、"三张清单"式简政放权引领法治化突破的县域设计

正如上文所论述,简政放权与法治精神具有高度的吻合性,因此,推进

---

① 张贵峰.权力清单背后的责任清单[J].神州,2005(1):22.

② 肖楠.李克强:要相信老百姓有无穷的创造力[EB/OL].[2014-04-01].http://news.xinhuanet.com.

简政放权的过程,就是一个推进法治化发展的历程。实际上,中国历来的特征是"大政府、小社会""大国寡民",这种理念、文化、体制、机制形成后,任何企图直接进行"法治中国"建设的顶层设计都有很大的风险,更何况现代国家一般都是实行政党政治,一个执政党不间断执政的社会主义国家如何实现法治化更是没有任何先验可循。简政放权新改革("三张清单"),是党中央在新形势下推进改革开放的重大举措,为我们在西方资产阶级法治化设计与马列主义经典理论设计之外,找到了一条社会主义法治中国化的最新路径,就是通过建设依法行政的"小而强"政府,为下一步理顺党的执政权、人大的权力、政府的行政权、法院的司法权起到"劈山开路"的作用。但简政放权涉及面广,类型、做法多样,需要我们采取多种试点、稳健推进。翻开一部中国历史,县作为乡村的头、城市的尾,在整个政治社会结构中始终居于特殊地位,所以,古人云,"县集而郡,郡集而天下,郡县治,天下无不治"①。故此,不少学者提出"中国政治改革应当从县一级破题"的观点。②《中央纪委、中央组织部关于开展县委权力公开透明运行试点工作的意见》也明确指出,"县一级在我们党的组织结构和国家政权结构中处于承上启下的关键环节"。鉴于县一级是多样化试点的最佳样本,县级党委政府可以在顶层设计框架内,从以下几个方面进行以"三张清单"为主要抓手的简政放权尝试,引领法治化建设,进而实现整个国家治理体系与治理能力的现代化。

1.把握与处理好几对重要关系

(1)正确处理本级内简政与效能的关系

一是政府简政放权要以转变职能为基础与前提,推进大部制与行政审批制度改革,推进开放式、参与式决策。二是将决策、执行、监督这三种行政权力逐步分开并相互制约(已有地方在创建行政审批局,将所有部门行政审批事项归结到一个部门),铲除滋生腐败的土壤。三是"减法"与"加法"要同时做,"发挥市场决定作用"与"更好发挥政府作用"要两措并举,不可偏废,防止缺位。政府在"硬"的手段减少后,要加强"软"手段的研究与掌握,调整优化能力结构。四是要明确责任追究与问责设计。如清单中每一条权力项,都应列明相应责任,并要建立对违规用权的监督问责机制。五是组织权力与个人权力的约束,都要有清单,不可或缺。

---

①　司马迁.史记(修订本)[M].北京:中华书局,2013:44.

②　贺海峰."县委书记权力清单"的背后[J].决策,2010(9):16—18.

（2）正确处理上级与下级的关系

一是要有"顶层设计"的大局意识,县级改革要与上级精神相吻合,与上级改革相衔接。二是要对准备放弃的权力做一个筛选,确保弃权适当。三是赋予镇街更多权力的同时,必须加强对基层权力的制衡与监督设计,使得权责匹配一致,防止"上级腐败"变为"下级腐败"。四是向下级放权,还要注意与减负相结合。延伸到基层群众自治组织的工作应该实行承接义务"准入制",即"义务清单"制。

（3）正确处理县级政府与市场的关系

一是要相信市场的力量,以壮士断腕的决心,推进行政审批制度改革,冲破利益固化的藩篱。二是通过政策、立法建立公平开放透明的市场规则,给市场各参与主体设立一个竞赛跑道,明确一套竞赛规则。这是建立完善市场体系的必备条件。三是明确合理的价格形成机制是建立完善市场体系的必要条件。市场能够形成价格,政府的那只"有形的手"只进行合理的干预。四是也要防止市场失灵尤其是加强政府与市场均失灵时的处理。理顺公共政策的价值取向和维度,引入"第三只手",发挥社会作用,实行政府、市场、社会的立体互动,从多维度治理政府和市场双重失灵。

（4）正确处理县级政府与社会的关系

恪守权力清单须敬畏权利清单。从公民权利来说,整个人权中最为重要的是人的自由发展权得以保障、扩展。尽可能少地将公民权利公共化为公权力,公共权利转化为公权力必须以保障和发展公民权利为取舍标准。从社会组织来说,首先,简化社会组织审批要求,加大培育力度。其次,解决社会组织的"官办、官管"等问题,实现其依法独立自主性。再次,在国家层面健全社会组织管理法规的前提下,加强对社会组织运作过程的监督管理。

（5）正确处理政府与执政党、参政党的关系

作为实行政党政治的国家,只有执政党积极推进法治,社会才会以最小的代价获得最大的法治发展效益,执政党能否依法执政决定着法治建设的成败。需要加强党的领导,改进党的执政方式,实现党的领导、人民当家做主、依法治国的有机统一。具体来说:一是需要设计一个能形成合力的权力制衡机制,重点是规范县委书记、乡镇党委书记的权力,将党对政府的领导纳入法治轨道;二是在制衡到位的基础上,扩大交叉任职的范围和层次;三是加强探索多渠道、多形式的政治协商,提高执政参与率。

2.确保"三张清单"能发挥实际效力

(1)制度层面

"权力清单"、"权利清单"和"负面清单"的拟定都要以法律授权为依据。尤其要防止借"权力清单"将没有的权力合法化,或将应尽义务的规避行为合法化。应及时将县级清单试点总结出的好的经验做法上升为国家法律法规或地方性法规、政府规章,防止形成简政放权"玻璃门"。具体实践上,可以从低位阶规章开始,成熟后上升为法律,防止法律的滞后性风险。

(2)技术层面

一是加强责任设计。如社会监督,出发点是好的,但"社会"这个概念很模糊,实践中谁会是有效的监督主体呢?[①] 可以借鉴美国陪审团的做法,具体人选通过公证下的电脑自动摇号产生,防止"自己人邀请自己人来监督"的形式主义。二是监督事项问题。明确哪些事情必须经过听证。政府采取机动车限行限牌等关系民生的重大决策前必须公开征求公众的意见,经同级人民代表大会常务委员会审议,并在实施前若干日向社会公告。三是作为法治的整体性建设,三单要同步推出、缺一不可。

(3)动态运作,保持弹性

一般而言,"权力清单"和"负面清单"随着实践的展开要尽量做"减法","权利清单"要尽量做"加法"。特殊情况下,不排除反向加减。当然,"负面清单"也要预计到是否包括目前不存在的部门和领域,因此在"负面清单"设计中,要有科学的保留性设计。

3.为县级改革营造宽松的环境

正如战争有伤亡,改革也有成败。改革的前行者,往往需要付出很大的牺牲和代价,除了依靠改革者自身的敢于担当、勇于创新和善于谨慎,还必须从外部获得旗帜鲜明的保护和鼓励。

从系统内来说,有责任对基层改革者引导、支持、宽容,要以宽松的政策支持干事创业者,要以宽厚的心态理解干事创业者,要以宽容的精神善待干事创业者。从社会来说,要给改革者足够的时间,对改革举措保持冷静理性,不要急于对一项改革举措做评判、下结论,要营造良好的舆论氛围。

还要认识到,当今世界,改革不仅在中国是一种潮流,改革也是世界大

---

① 卓泽渊.依法执政:政党政治法治化的表现与实现路径[J].国家检察官学院学报,2011,19(6):
　51—58.

势。从发展中国家到发达国家,从非政府组织到联合国,都在不断深化改革。"天下大势,浩浩荡荡,顺之者昌,逆之者亡",改革是时代的主旋律,是我们的必然选项。那么,我们就应从更高的高度和更远的视角理解实施简政放权等举措的改革者。

"三张清单"是推进简政放权,进而推进法治化突破的一种有益尝试。但实现法治中国的突破口不是只有这一个,还有很多。从近些年来改革的实践来看,政治体制改革的突破口已经从党政关系转向党内民主。纪检双重领导查办腐败渎职案件以上级纪委为主、判决文书上网和法庭审判直播,这些都是在法治中国顶层设计之下很好的突破口。相信随着改革的全面深化,法治中国将渐行渐近,国家治理体系与治理能力现代化也可悬悬而望。

第三节　以大数据考核领导班子法治建设成效

党的十一届三中全会以来,我们党深刻总结我国社会主义法治建设的成功经验和深刻教训,提出为了保障人民民主,必须加强法治,必须使民主制度化、法律化,把依法治国确定为党领导人民治理国家的基本方略,把依法执政确定为党治国理政的基本方式,积极建设社会主义法治。党的十八大指出,要完善干部考核评价机制,促进干部树立正确政绩观。面对新形势新任务,我们党要更好地统筹国内国际两个大局,更好地维护和运用我国发展的重要战略机遇期,更好统筹社会力量、平衡社会利益、调节社会关系、规范社会行为,使我国社会在深刻变革中既生机勃勃又井然有序,实现经济发展、政治清明、文化昌盛、社会公正、生态良好,实现我国和平发展的战略目标,必须更好发挥法治的引领和规范作用。[①] 领导班子的法治建设成效,直接关系上述目标的实现。

一、基于大数据考核领导班子法治建设成效的背景及意义

本书所称"考核",根据《党政领导干部考核工作条例》,是指党委(党组)及其组织(人事)部门按照干部管理权限,对党政领导班子和领导干部的政

---

① 中共中央关于全面推进依法治国若干重大问题的决定[EB/OL].[2019-07-24].http://cpc.
people.com.cn/n/2014/1029/c64387-25927606.html.

治素质、履职能力、工作成效、作风表现等所进行的了解、核实和评价,以此作为加强领导班子和领导干部队伍建设的重要依据。考核方式主要包括平时考核、年度考核、专项考核、任期考核。以大数据考核领导班子法治建设成效属于专项考核,本书重点探讨基于大数据的基层行政部门领导班子法治建设成效考核问题。

现行领导班子考核存在单维度局限性。考核方法还比较单一,主要以组织部门主观认定为主要形式,对干部情况的了解往往停留在表面印象上,不能深层次挖掘干部的实际情况,"重结果,轻过程"的现象仍然存在,无法准确反映干部的真实表现。近年来已经推行的定量考核,在可操作性、客观性方面也还存在不足,数据来源不够全面,单位(干部)上报的第二手数据多于考核部门直接采集的第一手数据,综合研判不够系统和深入,考核依据的数据缺乏连续性、动态性和即时性,没有形成一套科学规范的、行之有效的定量考核机制。

当今世界,已是大数据时代。大数据时代,大数据首先在经济领域的应用取得巨大成效。近年,对大数据的应用正逐渐渗透到社会的方方面面。针对考核评价工作中的突出短板,迫切需要引入大数据思维理念,实现选准干部、配好班子、建强队伍的目标。

二、考核目标、指导思想和基本方法

1. 考核目标

考核的直接目标是区分优劣、奖优罚劣、激励担当、促进法治发展。最终目标是坚持和加强党的全面领导,坚持党要管党、全面从严治党、依规治党,推动各级党政领导班子和领导干部做到忠诚干净担当、带头贯彻落实党中央决策部署,建设一支信念坚定、为民服务、勤政务实、敢于担当、清正廉洁、信仰法治的高素质党政领导干部队伍。

2. 考核的指导思想

以马克思列宁主义、毛泽东思想、邓小平理论、"三个代表"重要思想、科学发展观、习近平新时代中国特色社会主义思想为指导,贯彻落实新时代党的建设总要求和新时代党的组织路线,坚持把政治标准放在首位,着眼于实现"两个一百年"奋斗目标,突出考核贯彻党中央重大决策部署,统筹推进"五位一体"总体布局和协调推进全面依法治国战略布局、贯彻落实新发展理念的实际成效,坚持严管和厚爱结合、激励和约束并重,奖勤罚懒、奖优罚劣，调动各级党政领导班子和领导干部的积极性、主动性、创造性，树立讲担当、重担当、改革创新、干事创业的鲜明导向。

3.考核基本方法

以大数据考核领导班子法治建设成效，在方法上实现了以下变革：

一是从有限测量转为无限测量；

二是从静态评估转为动态评估；

三是从目标导向转为结果导向；

四是从定性为主转为定量化、数据化为主；

五是从以理论为指标设定基础转为以实践为指标设定基础；

六是从侧重观点评测转为侧重事实评测；

七是从同一评测转为分口评测。

大数据方法也存在自身的不足，最主要的是大数据基于在线数据，未上线数据无法统计在内，而对领导班子考核的很多数据都属于不宜公开的数据，很难使用大数据方法采集。因此，本书采用了线上"大数据"与线下调研、面谈、考察等"小数据"相结合的指标构建方法。同时，为了论证有效性，本书为本次研究设定了以下研究限度：鉴于初次的时间、精力和可行性，只考察与法治建设成效直接相关的比较核心的指标，不考察所有相关指标，并且考虑到纳入的复杂性，对一些核心指标也进行了舍弃；只对领导班子的考核数据进行研究，对领导个人法治建设成效的考核并未单列考虑，留待下一个课题进行研究；本次研究以行政部门领导班子法治建设成效为重点，并未考虑党委等部门层面的考核指标设计，这些也留待下一个课题进行研究。

三、基于大数据的领导班子法治建设成效指标体系设计

深入采集、分析数据是大数据方法的关键。本研究将进一步拓展线上"大数据"与线下调研、面谈、考察等"小数据"等数据资源，通过对这些海量数据的科学建模，以定量分析、定性分析和比较分析三种方法，构建新形势下的领导班子法治建设成效大数据考核评价体系，预测判断某个领导班子的工作状态等行为，从而为领导班子精准"画像"提供决策依据。本研究设置了三级指标体系，其中包括5个一级考核指标，即班子法治意识、班子法治建设领导能力、依法行政工作实绩、党风廉政建设和作风建设。

1.定量分析

建立基于大数据的领导班子法治建设成效指标设计表(见表2-1)。

表 2-1　基于大数据的领导班子法治建设成效指标设计表

序号	一级指标	二级指标	三级指标	分值
1	班子法治意识	信用	失信被执行人数占班子成员比例	3
			物业欠费记录占班子成员比例	2
		法治知识学习	参加学法轮训记录占班子成员比例	2
			宪法日班子工作安排记录	3
		遵纪守法	违法人数占班子成员比例	3
			违纪人数占班子成员比例	3
2	班子法治领导能力	法律专业背景	拥有法律专业学历占班子成员比例	2
		法治工作从业经验	全体成员累计从事法治工作的年数	2
		法治队伍建设	干部选拔法治素养提名前考核机制	2
			干部选拔法治素养任命前考核机制	2
			班子成员法治轮训	2
			单位公职律师配备率	2
			引进法学院校、法学研究机构人员数	2
			本地交流到法学院校、法学研究机构人员数	2
3	依法行政工作实绩	政策制订公众参与	经过听证出台的文件占总文件比例	2
			通过调研、座谈、网络等渠道征求意见建议的文件占总文件比例	2
				2
		政策制订专业机构和专业人士参与	第三方评估的文件占总文件比例	2
			委托第三方起草的文件占总文件比例	2
			经过专家学者论证咨询的文件占总文件的比例	2
		重大决策法定程序	公众参与、专家论证、风险评估、合法性审查、集体讨论决定制度化情况	3
			重大决策法定程序在实际工作的遵守率	3

续表

序号	一级指标	二级指标	三级指标	分值
3	依法行政工作实绩	败诉率及潜在败诉率	因行政不作为导致的纠错案件在各单位中的排序	2
			因适用法律依据错误导致的败诉案件在各单位中的排序	2
			因未依法定程序导致的败诉案件在各单位中的排序	2
			因事实认定不清楚导致的纠错案件在各单位中的排序	2
			因不积极应诉导致的败诉案件在各单位中的排序	3
			依法应当公开项目资金使用情况而未公开	2
			拆迁诉讼率、复议率和败诉率、撤销率,新建违章拆除率	2
		单位出庭应诉率	主要负责人出庭率	3
			其他负责人出庭率	2
		行政裁量权细化程度	裁量范围	2
			裁量种类	2
			裁量幅度	2
		权力制约内部机制	权力集中的部门和岗位实行分事行权、分岗设权、分级授权,定期轮岗	2
			上级机关对下级机关监督常态化制度	2
			纠错问责方式和程序	2
		权力制约外部机制	领导干部履行经济责任情况审计覆盖率	2
			法律顾问设置与否	2
			12345 等市民监督平台办结率和满意度	2

序号	一级指标	二级指标	三级指标	分值
4	党风廉政建设	主体责任	自办案件数	2
		监督责任	巡查次数及覆盖率	2
		人民群众	信访解决率	2
			党纪处分下级复议成功率	2
5	作风建设	列席法治相关活动	普法宣讲出勤率 参加法治培训合格率	2
		班子团结度	班子负面新闻曝光次数	2

　　班子法治建设成效专项考核评价指标体系的每类指标根据各指标分项工作中实际工作的占比程度，分别赋予不同的权重，每类指标分值共 100 分。指标的设置采取开放灵活的模式，实行动态管理，随着班子工作重点的变化，适时进行修改和完善。班子法治建设成效专项考核评价工作大数据定量分析的数据来源主要是三级指标多维度测评的大量数据，通过累计、汇总等研究手段，以图表形式开展对各项指标的直观分析，加强对干部考核评价工作大数据间数据特征、变化及趋势的分析运用。[①]

　　2. 定性分析

　　班子法治建设成效专项考核评价工作的大数据定性分析是将大数据分析结果与由个别谈话、征求意见、调查核实等方法获得的数据结合起来，互相印证，构建一个多元化数据库，使用最新分析技术得出全面、客观的结论。个别谈话主要了解领导班子建设状况和领导人员素质能力、工作业绩、作风形象和廉洁自律等方面情况。征求意见是根据需要，征求单位巡视组和监察、审计、党建、工会等部门对领导班子和领导人员履职情况的意见。调查核实是根据需要，采取走访相关单位、查阅相关资料、核实有关数据、专项调查等方式调查核实领导班子和领导人员的有关情况。[②]

　　3. 比较分析

　　班子法治建设成效专项考核评价工作大数据的比较分析是在定量分析

① 秦健忠. 浅谈大数据思维在干部考核评价中的应用[J]. 广西电业，2017(10)：54－56.
② 秦健忠. 浅谈大数据思维在干部考核评价中的应用[J]. 广西电业，2017(10)：54－56.

和定性分析基础上,通过定期对班子发展趋势进行分析研判,进一步加强对大数据的分析运用,充分考虑单位工作特点和业务性质,区分不同单位工作难易程度和工作基础,通过数据挖掘等技术,在领导班子之间、班子成员之间进行横向比较分析,准确评价工作实绩和存在不足;同时,将以往分析研判结果、平时掌握的情况与近期研判进行纵向比较分析,结合领导班子及成员的一贯表现和工作能力,形成班子法治建设成效专项考核评价工作大数据比较分析结果。①

四、数据运用

设定总分为 100 分。根据被考核地区法治水平在整体中所处位置,倒推设置合适的指标权重,以后再逐年根据大数据与实际感觉的匹配程度等进行调整优化。通过对指标及权重的不断调整完善考核评价体系,实现考人与考事、考能与考绩、考德与考才的有机结合,绘制好干部个人成长模型、领导班子配备模型和干部队伍建设模型三张图,让"数据自己说话",为组织决策做科学参谋。②

1.建立干部个人成长模型

从干部个体来讲,将其各种信息构成一个以时间为轴的历史数据,按照全生命周期管理的模式,更加完整地反映该干部的成长轨迹、一贯表现和发展趋势,建立干部个人成长模型。采用的信息主要包括干部素质、能力和业绩,存在的主要问题及年度考核排名、专业排名、具体考核指标排名等。纵向可通过考核结果研判干部的发展趋势,横向可通过考核指标研判干部的长处和短板。坚持业绩导向,将干部干了什么事、干成了什么事等客观性指标纳入考核体系,运用大数据给干部考核提供一个有力抓手,为有效防止干部"为官不为、为官乱为"提供检验标尺。在研判中善于发现存在问题的干部,视情况进行批评教育、函询或诫勉谈话,必要时进行组织调整或依法依纪予以查处。③

2.建立领导班子配备模型

根据干部的个人画像标签,建立领导班子配备模型。相关指标主要包

---

① 秦健忠.浅谈大数据思维在干部考核评价中的应用[J].广西电业,2017(10):54—56.
② 秦健忠.浅谈大数据思维在干部考核评价中的应用[J].广西电业,2017(10):54—56.
③ 秦健忠.浅谈大数据思维在干部考核评价中的应用[J].广西电业,2017(10):54—56.

括领导班子近三年的法治建设绩效考核结果等考核指标排名,领导班子抓法治建设工作存在的问题及发展趋势研判等方面的内容。将领导班子建设与干部的个人特点有机结合起来,充分发挥分析研判的导向作用,结合研判结果、工作需要和干部意愿,提出领导班子优化配备建议。对存在问题的领导班子,要及时进行谈话提醒、督促整改,视情况逐步进行组织调整,着力解决依据什么配班子、配什么样的班子、怎样配班子的问题。[①]

3.干部队伍建设模型

通过准确分析干部队伍的年龄结构、学历结构、专业结构、经历结构和来源结构等 5 个维度,建立干部队伍建设模型,直观展示干部年龄梯次结构、专业经历和岗位匹配度等重要指标。根据总结查找出的干部在推动法治建设中的薄弱环节和存在问题,有针对性地开展"菜单式"定制培训,按照缺什么补什么的原则,引导干部提升依法履职能力和水平。大力宣传和发挥典型示范作用,积极挖掘和树立在法治建设工作中的先进典型,用身边人、身边事来教育、引导、激励干部,营造"比、学、赶、帮、超"的浓厚氛围。对干部队伍建设中存在的普遍性问题,有针对性地采取培训教育、集体约谈等手段逐步解决。[②]

---

①　秦健忠.浅谈大数据思维在干部考核评价中的应用[J].广西电业,2017(10):54—56.

②　秦健忠.浅谈大数据思维在干部考核评价中的应用[J].广西电业,2017(10):54—56.

第三章　科学立法

第一节　基于社会多元化的立法技术①

马克思在撰写《论离婚法草案》时充分阐述了立法遵循立法规律和立法技术的重要性:"立法者应该把自己看作一个自然科学家。他不是在制造法律,不是在发明法律,而仅仅是在表述法律,他把精神关系的内在规律表现在有意识的现行法律之中。"②由于判断的负担的存在、法律语言的空缺结构,尤其是伴随现代社会分工细化而日益凸显的多元化社会格局等,立法中普遍存在着"理性分歧"。如果能精准运用立法技术这种立法者的"共同语言",就能最大限度地减少"理性分歧",因此,立法也需要"工匠精神"。习惯并擅长使用立法技术就是立法文化的应有之义。技术原是一个自然科学和生产活动领域的专有名词,指根据生产实践经验、经济与自然科学原理而形成的各种工艺操作方法与技能。③ 但当这一概念被引入立法过程并结合为立法技术时,其含义就发生了重大变化。关于立法技术的定义,国内外学术界还没有统一的认识,④本书暂理解为关于立法的方法和技能。不仅如此,

---

① 本节在作者的博士论文《基于罗尔斯"重叠共识"的立法论研究》的部分章节的基础上修改而成。

② 马克思恩格斯全集［M］.第1卷.北京:人民出版社,2002:347.

③ 辞海［M］.上卷.上海:上海辞书出版社,1979:1532.

④ 刘军平.法治文明与立法科学化——立法技术略论［J］.行政与法(吉林省行政学院学报),2006
(4):113—115.

关于立法按技术的内容分类也是观点众多,本书暂理解为立法结构技术、立法语言表述技术和立法评估技术。立法技术既是立法制度的必要组成部分,也是立法理论研究的重要内容。一方面,立法技术具有专业性和可操作性特点,具有相当强的客观中立性,不同社会制度、不同完备性学说之间可以共享立法技术,甚至可以说,只有运用立法技术,才能有科学的立法;另一方面,从来没有纯粹的立法技术,立法技术的具体运用总是与阶级性、价值观、利益性等考量相关联的。① 因此,从重叠共识规导的角度看,尊重立法技术,一是在立法时要广泛使用立法技术,养成使用立法技术的习惯和文化,二是对立法技术的运用要以实现政治正义的重叠共识为依归。

一、立法结构营造技术

我们在立法时,需要对法所具有的内在和外在构成方式进行技术处理,这里涉及的就是立法结构技术。法的内部结构主要涉及法的基本要素的排列与组合。法的基本要素是相关规则、原则和概念。所谓要素,意即不可或缺、缺一不可。任何所立之法都必须包含这三项要素。而选择什么样的规则、原则和概念进入当前立法,它们之间以及各要素内部各种规则、原则和概念之间如何排列组合,则不得不超越阶级与利益,而具有完备性学说的特质。法的外部结构主要涉及法律条文的外部形态、内容框架和内容层次等方面。外部形态又可称之为法的存在形式,是法典还是单行法,是制定法还是判例法等。法的内容框架又可称为法的根式,包括标题、序言、文本、附则、目录、附录、索引等。法的层次结构也称为体例,如分为卷、编、章、节、条、款、项、目等层级。法的外部结构技术的技术特征较为纯粹,但其应用仍有可能涉及阶级与利益考量,如是采用制定法还是判例法,很大程度上体现了统治集团对社会控制尤其是对司法控制的深刻考量。

立法需适当运用法的内部结构技术。法的内部结构主要指法的基本要素即法律规则、法律原则、法的概念的组合和排列。法律规则是法的内容的基本构成,在法的内部结构技术之中占有主要地位。

从法律规则、法律原则、法的概念的组合和排列看,一般遵循以下三点。

1. 法应以法律规则为主

法律规则是指经过国家制定或认可的关于人们行为或活动的命令、允

---

① 申华.立法技术研究的新台阶——《立法技术学》一书评析[J].政治与法律,1995(5):63.

许和禁止的一种规范。罗尔斯说:"形式正义的观念和有规律的、公平的行政管理的公共规则在被运用到法律制度中时,它们就成为法律规则。"①法律规则的上位概念是法律规范。国内法学对法律规范和法律规则一般不作区分,可以通用。在中国法学中,法律规范通常有两种用法:一是广义的法律规范,指称法律,它包括法律原则、法律概念、法律技术性规定和法律规范四个要素;二是狭义的法律规范,指称法律上具有严密逻辑结构的行为规则,因此它排除了非规范性法律要素。从形式上看,法律规则可以用条文表达。

以法律规则为主是因为法律的直接目的是通过规定公民或组织的权利义务以及违法行为的法律责任,具体指引人们的行为,而法律规则是一种规范性规定,用某种公认的法律渊源表述出来或得以建构而成。法律规则具有一种将确定的规范性后果和确定的有效事实相关联的形式。② 同时,法是以国家强制力作为后盾的,其强制力主要体现在对非理性分歧的制裁上,而制裁通常与公民的基本自由和平等直接相关。为了避免出现肆意制裁或放纵违法两个极端,法的内容必须是具体、明确、可量化、可操作的,法律规则恰好具有这样的品格。

2. 在法的体系中,法律原则必不可少

法律原则是指在一定法律体系中作为法律规则的指导思想、基础或本源的综合的、稳定的法律原理和准则。法律原则无论是对法的创制还是对法律的实施都具有重要的意义,因为法律原则可使法律规则保持连续性、稳定性和协议一致性。同时,法律原则是法律推理和解释的基础,它可以弥补法律规则的不足。③

3. 法的概念应当精确、规范和统一

法的概念是立法行文展开的关键所在,是对各种行为和事件的定性,又是对法律规则、法律原则的限定,所以其内涵应明确,外涵边界应清晰,应符合立法语言学的标准和规范,避免使用容易引起误解和歧义的概念。④

立法还需适当运用法的外部结构技术。法的外部结构主要指法的规范

---

① 徐阳.形式正义的合理诉求——对死刑复核程序意义的两种角度分析[J].当代法学,2005(3): 81—85,152.
② 沈宗灵.比较法研究[M].北京:北京大学出版社,1998:151.
③ 曹海晶.中外立法制度比较[M].北京:商务印书馆,2016:341.
④ 曹海晶.中外立法制度比较[M].北京:商务印书馆,2016:341.

性文件的外部形式、内容框架和层次等,主要用于解决法的规范性文件的外部构造问题,使法的内容更加明确、具体,便于掌握和应用。

首先,应正确选用法的形式或者说法的外部形态。比如可选法典或单行法,制定法或判例法,法律或法规、规章等。

其次,应正确布局法的内容框架,即法的格式。英美国家一般按照下列框架来布局:(1)预备部分,包括全程、序言、文本、附则、目录、附录、索引等部分中的全部或多数;(2)主要部分,包括实质性规则和条款等;(3)其他规定,比如违反与惩罚、补充性条款等;(4)结尾部分,包括但书规定、过渡条款、废止与修正条款、附表中的全部或部分等。[①]

最后,应正确安排法的层级结构,即体例。这里通常是指法的文本,分为卷、编、章、节、条、款、项、目。这些层次结构在复杂法律文本中通常都会包含,在简单文本中款、项、目等就不一定使用了。

二、立法语言表述技术

人是社交动物,而语言是人类最重要的社交工具。无论是制定法还是判例法,都需要运用一定的语言形式表达出来,这就涉及立法语言表达技术。立法语言既要能准确、全面地表述立法者的立法原意,又要便于司法者操控和人们理解遵守,这就要求立法语言具备准确、严谨、具体、简洁、通俗、规范等特征。比如,为了避免语言的多义性,立法时通常需要对概念进行统一定义。但语言的模糊性源自语言"天生的"空缺结构,古今中外,没有任何一种语言能够做到百分之百的精准。再比如,为了最大限度地精准表达立法者的原意,同时避免冗长难记或者被"钻空子",立法语言就必须尽量采用专业性强的"法言法语",逻辑结构也容易转折腾挪,但这就容易对民众的理解造成障碍,从而使得立法与实际脱节。因此,平衡立法语言间相互矛盾的技术要求,成为立法语言技术应用的重大课题。

从重叠共识观念的角度看,立法语言技术的运用必须有助于各方交互的有效性。

第一,立法语言表达技术必须规则化。

只有规则统一,各持不同完备性学说的立法者才能在同一语言体系内对话,立法者与司法者、守法者之间才能在同一语言体系内交互。从当今社

---

① 　吴大英.比较立法制度[M].北京:群众出版社,1992:656.

会看,几乎所有成熟的法治国家都有立法技术规则。①

第二,对立法语言歧义的解释应受政治价值判断的约束。

当立法语言的解释出现两种合法性理解时,若按照第一种理解,社会合作将受到不利影响,按照第二种理解,社会合作将不受影响或将获得有利影响,此时,根据前述立法的规则,就应采用第二种理解。这是因为,重叠共识是建立在社会合作系统有效运转的基础之上的,没有良好的社会合作系统,重叠共识就无从谈起。

第三,法律的用词要尽量简单易懂,以免加重人们"判断的负担"。

首先,法律的文风应该简约和朴实。② 立法是一门实践性学科,是面向应用的学科,只有通俗易懂,易于记忆,才有可能使所立之法被广泛知晓和服从。朴实的文风永远比拐弯抹角要好。当所立之法文风臃肿时,人们会把它看作是一部华而不实的著作而非指导言行的规范。③

其次,"法律的用词要做到让所有的人都理解为相同的概念"④。如果用词容易使人产生歧义,观点和行为的分歧就难以避免,就会加大本就已多元化的各完备性学说(人群)的整合难度。

三、立法评估技术

当今世界,大数据和人工智能技术日趋发达,通过人们相互间辩论来确立共识正义标准的做法正越来越多地被基于法治大数据分析和人工智能算法的立法评估技术等所取代。立法与科学从未结合得如此紧密。因此,养成善用立法评估技术的文化习惯,有助于实现立法科学化,进而实现法治正义。

立法评估技术一般指在法律制定出来以后,由立法部门、执法部门及专家学者、社会公众等,采用社会调查、机器爬虫、定量分析、成本与效益计算等多种方式,对已立之法在实施中的效果进行分析评价,针对发现的缺陷及时加以矫正和修缮。⑤

---

① 中国这样的正在迈向法治的国家,也有多层级立法规范出台,如全国人大常委会法工委立法技术规范(试行)第(一)(二)条、重庆市地方立法技术规范、上海市政府规章立法技术规范等。
② 孟德斯鸠.论法的精神:下卷[M].许明龙,译.北京:商务印书馆,2015:693.
③ 孟德斯鸠.论法的精神:下卷[M].许明龙,译.北京:商务印书馆,2015:693.
④ 孟德斯鸠.论法的精神:下卷[M].许明龙,译.北京:商务印书馆,2015:693.
⑤ 高勇.法规质量评估,走向地方立法前台[N].人民之声报,2006-07-13(4).

第一,立法评估应遵循一定的原则。

首先,客观原则是贯彻立法评估活动始终的一项原则。立法评估的本意就是找出客观评价所立之法实施效果的技术应用型活动。因此,评估者在评估时,应当处于中立、超然的地位,把评估对象放到立法时的制度背景中去考察,并结合当前环境、制度体系和现实需求,考察被评估对象的实施效果。①

其次,公开是现代社会立法的一项重要原则,也是民主立法、科学立法的应有之义。法律是对社会利益进行分配和对公民权利义务进行设定的一种重要方式,公民有权知道法律实施的相关信息,从而帮助自己判断该法是否为良法,从而在后续采取措施。

最后,民主原则也是立法评估应遵循的重要原则。立法的民主原则包括立法主体的民主性、立法内容的民主性和立法程序的民主性。② 立法的民主性在这里主要指立法评估应积极让公民参与。

第二,立法评估可分为不同的类型。

立法评估主要划分为定量评估、定性评估和综合评估。这里重点探讨定量评估。

首先,定量评估充满理性色彩。二战后,随着科学测量方法从经济领域扩展到政治领域,各种“民主指数”“自由指数”“治理指数”纷纷出现,③在中国香港诞生了中国第一个法治指数。2008 年 6 月 15 日,内地首个法治指数在余杭诞生④,从此掀起了中国法治评估研究的热潮,作为法治评估框架内的立法评估也就应运而生。这些评估都是在一种将科学方法引入法律实践中的思想指引下而产生的,充满了客观和理性的立法文化色彩。

其次,立法评估的量化指标设定。立法评估一般采用“成本—效益”分析模式。西方国家建立的规制影响评估制度,强调的是法律规制成本与收益或规制净效益之间的数据关系。⑤ 那么,规制成本的范围是什么呢? 按照不同的限定方法,其分为服从成本与实施成本、直接成本与间接成本、政

① 邓世豹.立法学:原理与技术[M].广州:中山大学出版社,2016:323.
② 曾粤兴.立法学[M].北京:清华大学出版社,2014:41.
③ 孟涛.论法治评估的三种类型——法治评估的一个比较视角[J].法学家,2015(3):16-31,176.
④ 钱弘道.余杭法治指数的实验[J].中国司法,2008(9):60-65.
⑤ 这里的数据应做广义理解,不仅仅包含数量。

府财政成本和公民服从成本。① 根据前述立法成本范围的理解,有学者设计了立法成本的指标体系,即

CT＝DC＋IDC(立法成本＝立法直接成本＋立法间接成本)

DC＝LC＋EC＋CC(立法直接成本＝立法过程成本＋执法成本＋守法成本)

IDC＝SC＋IC(立法间接成本＝显性成本＋隐性成本)②

其中这些数据的获取基本上都是通过大数据技术来收集的,而其分析则通过人工智能算法进行。这些数据的背后是公民的法治行为历史、法治心理、法治态度、法治观念,是一种综合的文化背景。公权力可以通过这种前沿科技,可以比较精准地(现在正处在发展过程中,也可能出现一些缺陷和弊端,但不影响其发展势头)刻画公民诉求,从而调整自身立法策略,在一定程度上甚至可以判断规导立法的重叠共识形成程度。这种足以改变双方互动关系模式的新技术的影响将是划时代的。

第二节　设区的市立法权的相对性

赋予设区的市以立法权是一项重要的立法变革。设区的市要想用好这项赋权,从区域法治视角考察,需要能很好把握其立法权的相对性。这种相对性,从纵向维度看,包括立法内容的不完整性和立法效力的非绝对性;从横向维度看,包括此立法权与同级司法权、执法权与党的领导权等的相互平衡;从内在维度看,包括设区的市行使此立法权的相对优势与相对劣势。只有把握好这些相对性,赋予设区的市以立法权才能推进区域法治,进而推进国家法治。

一、问题的引出

党的十八届四中全会决定提出"明确地方立法权限和范围,依法赋予设区的市地方立法权"③。随后十二届全国人大三次会议表决通过关于修改

① 汪全胜.立法成本效益评估研究[M].北京:知识产权出版社,2016:192.
② 汪全胜.立法成本效益评估研究[M].北京:知识产权出版社,2016:194.
③ 中共中央关于全面推进依法治国若干重大问题的决定[J].中国法学,2014(6):5—19.

立法法的决定,正式赋予设区的市以地方立法权。这是在一个地域广阔、地区差异悬殊的大国完善立法体制、推进法治建设的需要,①是厉行简政放权、充分发挥地方积极性和主动性的需要,是推进国家治理体系和治理能力现代化的需要。赋予设区的市以立法权,从区域法治视角看,与中央立法权相比较,主要涉及三个方面的问题。从纵向维度看,低层级的地方立法在立法内容、立法效力等方面与国家立法有何差异? 从横向维度看,设区的市的地方立法权与司法权、行政权乃至党的领导权之间如何区分? 从内在维度看,设区的市是否足以独立承担自身立法权? 这三个问题可归结为一个问题,那就是与中央立法权相比较,设区的市的地方立法权在纵向、横向和内在三个维度上是否具有绝对性、完整性,还是具有相对性?② 或如果具有相对性,如何研判、处理这种相对性? 本书借助区域法治分析工具来阐释解析这个问题。

二、设区的市立法权的纵向维度

现行宪法第五十八条规定,“全国人民代表大会和全国人民代表大会常务委员会行使中央立法权”,其中,全国人大主要行使国家基本法律的立法权,其常委会行使全国人大立法以外的其他立法权。也就是说,从理论上讲,全国人大及其常委会具有对国家一切可立法事务进行立法的权力。不仅如此,虽然我国没有明确宪法审查制度,但根据宪法规定,对宪法实施的监督权和宪法解释权也在全国人大及其常委会,因此其立法效力也是最高的。由此可见,中央立法权在纵向维度上具有完整性与绝对性。与此相反,设区的市和自治州的立法权(以下除非特别说明,简称市级立法权)在纵向维度上则具有相对性。

1. 市级立法权在立法内容上不具有完整性

从国家立法看,凡是国家内可以立法的领域,中央立法权都可以介入,在立法内容上可以实现全覆盖。但根据区域法治理论,区域法治在国家法治战略中处于且只能处于从属地位,因此,地方立法权必须从属于中央立法

---

① 在这样一个大国,假设实行只有一级或两级的立法体制,如果要顾及地区差异,立法容易偏向原则与抽象,导致地方自由裁量权过大,伤害法律确定性;如果要立法精细化,严格执行,又会伤害法律的有效性。
② 作为一种地方性立法权,其不具有完整性、绝对性是自含的。

权,只能对中央立法权授予领域进行立法,因此其立法内容不具有完整性。包括设区的市在内的地方立法,其空间主要在三个方面:一是实施性立法,即为实施国家宪法、法律、行政法规,或其他上一层级的地方性法规,根据本行政区域的实际情况作具体规定,出台相应的地方性法规;二是自主性立法,即根据特定地方性事务需要而制定地方性法规;三是先行性立法,即对不属于国家专属立法权范围的事项,在国家尚未立法,区域又有需要和条件的情况下,可以根据授权先行一步,制定地方性法规予以规范。① 同时,法律还为地方立法权设定了"红线"。新立法法第八条规定,国家主权的事项、限制公民人身自由的措施和处罚等事项,只能在国家层面由全国人大及其常委会制定法律,不仅设区的市、自治州无权就这些事项立法,省级人大及其常委会也无权立法。

以上四个方面表明,市级立法权在立法内容上不具有完整性,地方立法只能就有限内容进行立法。但问题在于,这个限度的边界是模糊的。新立法法修改草案将市级立法权限定于"就城市建设、市容卫生、环境保护等城市管理方面的事项制定地方性法规"。正式出台的立法法将中心词由"城市管理方面的事项"扩大为"等方面的事项"。关键是看怎么理解这个"等"字。从立法法草案和正式出台的文本看,这个"等"字不可能只是一个语气助词,而应表示列举未尽之意。因此,设区市的立法权限已不止城市管理方面。这是立法者为使地方立法权改革能保有一定伸展性而精心设计的开放结构。这种开放结构设计,是不是可以扩展到如教育、医疗、经济管理等其他方面,存在一定的自由解释空间。如果将地方事务划分为政治、经济、社会、文化、生态、国防、外交等大类,那么城乡建设与管理、环境保护、历史文化保护分属社会、生态、文化门类。假设将其理解为同类列举未尽,则地方立法权还可向教育、医疗等领域延伸,但不能向政治(如党建)、经济(如企业管理)等大类扩展;假设将其理解为异类列举未尽,则地方立法不仅可以向教育、医疗等领域延伸,还可向经济等大类扩展。但立法法另有"法律对设区的市制定地方性法规的事项另有规定的,从其规定"的条款,这是授权还是禁止,需要结合具体法律具体分析,因此市级立法权又在"等"字之外增加了新的不确定性。

---

① 李爱平,冯煊.我国区域法治的价值及其理论架构[J].云南农业大学学报(社会科学版),2008,12(4):39—42,47.

　　无论如何扩展,从"省、自治区的人民政府所在地的市,经济特区所在地的市和国务院已经批准的较大的市已经制定的地方性法规,涉及本条第二款规定事项范围以外的,继续有效"这条规定可以推断,设区市的立法权应小于省、自治区的人民政府所在地的市、经济特区所在地的市和国务院已经批准的较大的市的立法权内容。

　　市级立法权的立法内容相对性的另一个特征是市级立法的区域特色突出,或者说市级立法通常反映了该区域的特殊性。具体地说,就是:第一,这类立法往往反映本区域经济、政治、法制、文化、风俗、民情等对立法调整的需求程度,适合本区域的实际情况;第二,这类立法需有较强的、具体的针对性,注意解决并能解决本区域突出的而中央立法没有或不宜解决的问题,把制定区域规范性法律文件同解决本区域实际问题结合起来。①

　　2. 在立法效力上不具有绝对性

　　根据区域法治理论,区域法治必须处理好局部与整体的关系,维护国家法制的统一,因此,下位法不与上位法相抵触是区域立法必须遵循的基本准则。由于这个基本准则的存在,市级立法在法律效力上也不具有绝对性。中央层面的立法,由立法机关(全国人大及其常委会作为一个整体)自查自纠,并不需要提交该立法机关以外的其他机关审查,且从公布实施之日起就具有了法律效力。但市级立法并不是如此。设区的市制定出来的地方性法规要经两道审查关口才能确保自始至终有效。一是合法性审查关。新立法法规定:"设区的市的地方性法规须报省、自治区的人民代表大会常务委员会批准后施行。省、自治区的人民代表大会常务委员会对报请批准的地方性法规,应当对其合法性进行审查,同宪法、法律、行政法规和本省、自治区的地方性法规不抵触的,应当在四个月内予以批准。"根据这条规定,设区的市(包括比照执行的自治州)立法后,应将决议通过的地方性法规提交省一级人大常委会,由其按照与上位法"不抵触"原则进行合法性审查,审查合格的予以批准,然后该地方性法规才有可能生效。二是还有一个备案审查关。地方性法规要报全国人大常委会和国务院备案。全国人大常委会和国务院在审查时发现有违法情况的,可以依法予以纠正。设置两道审查关口的目

---

① 李爱平,冯煊. 我国区域法治的价值及其理论架构[J]. 云南农业大学学报(社会科学版),2008(4):39-42,47.

的是确保地方立法质量和全国法制的统一。① 这里有一个疑问,假设一个市级地方性法规已经生效,而经备案审查,发现该地方立法违法,那么这个地方性法规的效力是自始无效还是自撤销该地方性法规的公告之日起无效? 按照刑法原理"新法原则上不具有溯及力,但新法不认为是犯罪或者处刑较轻的,应按新法处理",也就是从旧兼从轻原则。而按照民法原理是一律不溯及既往。虽然撤销一项地方性法规的公告并不是法律,但其撤销后果与新修订一项法规具有同等功效,是否应该遵循一定原则呢? 从公平角度而言,适用该地方性法规"自始无效,但有利于公民、法人或其他组织的除外"的规定是一个比较好的处理规则。

三、设区市立法的横向维度

竞争和协同是促进区域法治发展的两个主要驱动力。② 而在一个设区市的法治系统内,立法、执法和司法的竞争与协同(分工与合作)也是促进本区域法治发展的两个主要驱动力。当立法、执法和司法三者关系处于妥适状态时,区域法治得以推进;当三者关系处于失衡状态时,则区域法治易陷入困境。从设区的市看,中央与地方在权力结构上呈金字塔分布,但在功能区分度上却呈倒金字塔分布,也就是说,立法权、司法权与执法权越往下走,区分度越低,混同度越高(如图 3-1 所示)。这就导致设区市的立法机关在立法自主权上容易弱于中央立法机关。而是否保有相当的立法自主性,是衡量地方立法成败的一个关键指标。因此,如何在这种情况下保持立法权的相对自主性,确保设区市的人大及其常委会的立法主导权,是地方立法面临的一个巨大挑战。

1. 地方立法权与司法权的关系③

立法法等法律对设区市的立法与宪法、法律、行政法规和本省、自治区的地方性法规相抵触的情况进行了明文规定,但对于设区市的地方性法规同最高人民法院司法解释相抵触的问题并没有做出规定。法院司法解释是最高法院对审判工作中具体应用法律、法令问题的解释,是市级法院在办案

---

① 为确保地方立法质量设置的不止这两道关口,还包括:稳步推进,"成熟一个发展一个";有限立法,立法内容限定;按与上位法"不抵触"原则自查等。

② 刘旭.区域法治的竞争性机理分析[J].南京师范大学学报(社会科学版),2016(3):64−73;张丽艳.区域法治协同发展的复杂系统理论论证[J].法学,2016(1):97−105.

③ 本书所讨论的司法权仅限于法院领域。

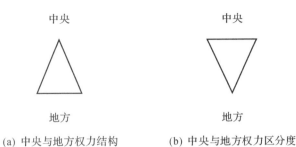

(a) 中央与地方权力结构　　　(b) 中央与地方权力区分度

图 3-1　设区的市中央和地方权力结构和权力区分度

中应当遵照执行的一种依据。地方性法规是省级和市级人大及其常委会制定的法规,同样是当地市级法院在办案中应当遵照执行的一种依据。从法理上说,司法解释应涵盖于法律内涵之内,与法律无冲突,地方性法规同样应涵盖于法律内涵之内,与法律无冲突。那么为什么还会出现地方性法规与司法解释相抵触的情形呢? 这主要是因为:第一,司法解释与地方性法规至少有一方是实际违法的。这种违法因各种疏忽并未被审查出来,而在实际应用中导致矛盾。如果是司法解释违法而地方性法规合法,则构成对地方立法权的一种削弱。第二,司法解释和地方性法规都是合法的,但由于法的多层次的开放结构(空缺结构)的存在,[①]司法机关有一定的合法的“自由解释权”,地方立法机关也有一定的合法的“自由立法权”,当二者规定不一致时,便发生了抵触。此时则构成对地方立法权的一种限制。现行法律只有地方性法规与部门规章发生抵触的规定[②],而并没有司法解释与地方性法规发生抵触的规定。有人或许会提出参照这一规定处理,即由中院逐级上报到最高人民法院,经后者确认后:如果认定适用地方性法规的,则直接批复适用设区的市的地方性法规;如果认定适用司法解释的,则提请全国人大常委会做出裁决。本书以为这并不妥当。第一,因为二者很难像地方性法规和政府规章那样能构成一种对等关系;第二,因为将司法解释与地方性法规和政府规章相提并论也并不妥当;第三,也是最根本的,这样做并无法律依据。更好的办法是由法律尽早做出明文规定。

[①]　陈景辉.“开放结构”的诸层次:反省哈特的法律推理理论[J].中外法学,2011(4).这种法的开放结构,从法律语言到法的内容都存在。这种开放结构需要运用法律原则来填补,但问题是由谁来阐释法律原则并做判定呢?

[②]　《中华人民共和国立法法》第九十五条。

2.市级立法权与行政权的关系

市级立法权与行政权的关系主要体现在市级立法机关与行政机关对立法的影响方面。市级立法机关与行政机关在对立法施加影响时有合作、有冲突。冲突主要体现在两个方面。首先，它体现在文本冲突上。一是地方性法规与省级政府规章相抵触的情况。新立法法规定，"省、自治区的人民代表大会常务委员会在对报请批准的设区的市的地方性法规进行审查时，发现其同本省、自治区的人民政府的规章相抵触的，应当做出处理决定"。二是对设区的市的地方性法规与部门规章相抵触的情况。这个问题，或许有人认为新立法法已经做出了规定，那就是《中华人民共和国立法法》第九十五条第二款，但没有注意到新立法法对设区的市的地方性法规是有特别规定的，也就是对地方性法规的二级审查（主要涉及备案审查）。当发生抵触可能性时，是先直接适用第九十五条第二款，还是必须先适用二级审查条款，是有疑问的。换句话说，如果合法性审查和备案审查是一次性的，则已经经过审查的设区的市的地方性法规，哪怕有新的违法被发现，也只能直接适用第九十五条第二款，但如果合法性审查和备案审查是随时可以反复的，或在合法性审查后备案审查前发现地方性法规有问题，导致与省级政府规章相抵触，则如何处理是存疑的。其次，它体现在机构对立法利益的追求上。第一，行政权具有天生的扩张性，这点同样体现在对立法权的影响上。尤其是在地方，立法机关、行政机关之间的相互关系不如中央立法机关、行政机关清晰。当对这种扩张性约束不力时，行政权就有可能寻求对立法的主导权。一是将政策举措简单法制化，降低地方性法规的质量；二是将政府视角的利益尤其是部门利益用地方性法规加以法制化，导致地方性法规定位偏差。第二，行政机关相对人大具有强势地位。目前，省、市、县三级都称四套班子，它们分别是党委、人大、政府、政协。这四套班子原来的排序是党委、政府、人大、政协，现在的排序是党委、人大、政府、政协。但不管单位如何排序，领导的排序却并不一定与此完全一致。以设区的市为例，四套班子的一把手都是正厅级，但这四个人的排序却是市委书记、政府市长、人大常委会主任、政协主席，人大主常委会主任排在市长的后面，这与班子排位时人大排在政府前面并不完全对应。而且，行政机关掌握着执法权和一定的人事权、财政权等，都构成了对人大的强大影响力。如果这种优势地位被政府及其部门滥用，就容易构成对地方人大及其常委会立法主导权的侵蚀。要防范这些负面影响，主要在于理清各自的职责范围。立法主要包括立项、法律的起草、法律的审议等环节,其中起草是最为关键的一环。地方人大及其常委会应加强对立法各环节的主导,不宜假手部门。

3.地方立法权与党的领导权的关系

中国共产党是社会主义各项事业的领导核心,设区的市级党委自然也是设区的市级立法事业的领导核心。一方面,我们要不断加强市级党委对市级立法事业的领导,确保市级立法事业发展的正确方向;另一方面,我们也要准确界定党的领导的范围、方式等,确保党对立法的领导权与人大对立法的主导权相互匹配、各就各位。从设区市的立法工作来说,同级党组织对同级人大立法主导权的尊重尤为重要。这是因为设区市的人大对同级党组织有更强的依赖性。造成这种更强依赖性的因素,一是设区市的人大获得立法权时间短、任务重,而自身立法积累又"一穷二白",要想在短时间内具备立法能力,就必须依靠同级党委出面调动各方面资源;二是地方立法不同于国家层面立法那样要求统一性,而是要突出特色,这就需要紧密围绕本地政策导向做文章,这同样容易使人大在业务上倾向于依赖同级党委。但如果地方立法随同级党委施政方略变动而变动,则会削弱立法的权威性和稳定性。因此,在坚持同级党委政治、思想和组织领导的前提下,在立法业务方面还是宜保持一定独立性,以提升立法的科学化水平。

区域法治还需注意区域内立法的协同性。因为同一区域内地域相近、人文相亲、经济相连,具有相当的法治同质性,如果不注意协同立法,就会影响立法效能。立法效能最终要以区域立法对区域内经济社会发展影响的效果来评价。

四、设区的市立法权的内在维度

根据区域法治理论,法治发展的渐进性(积累性)、梯次递进性和区域的差异性、不平衡性,既决定了区域法治存在的必然性,[①]也成就了不同区域的立法优势与劣势,即构成设区的市履行地方立法权的能力结构。具体而言,与国家立法和省级立法相比较,设区的市行使立法权有下述独特的劣势和优势。

---

① 夏锦文.区域法治发展的法理学思考——一个初步的研究构架[J].南京师大学报(社会科学版),2014(1):73-88.

1.设区的市立法之优势

首先,赋予设区的市以立法权,可以发挥地方法治发展的多样性优势,有利于推动国家发展的整体进程。[①] 设区的市体量小,就为采取灵活立法奠定了先天基础。一是可以在立法上先行先试。当前,我国正处于攻坚克难的关键时期,全面建成小康社会、全面深化改革、全面依法治国、全面从严治党的战略布局时间短、任务重,需要大量积累可在全国复制推广的经验。但任何改革都是有风险的,立法体制改革更是如此,因为立法被视为法治的起点。赋予设区的市以立法权,可以规避大体量实验带来的成本风险,在有限的时间内积累更丰富多样的、可复制可推广的立法经验,然后向全国推行。二是立法形式可以灵活多样。在新立法法赋予设区的市以立法权以前,享有地方立法权的市级单位仅有49个较大的市。新法将其扩大到全部282个设区的市,就能完全有余地尝试更多样化的立法方式,比如委托第三方专家立法等。这就为国家法治发展提供了更多选择方案,有利于好中选优、参考借鉴。

其次,赋予设区的市以立法权,极大地增强了地方参与法治建设的积极性,有利于具体问题具体解决。中国幅员辽阔,特殊的社会结构造成了费孝通先生所说的中央与乡土制度认同的二元结构,也造成了中央法制建设与乡土法制理念的分离。赋予各设区的市以立法权,一是有利于针对性立法。以道路交通法的实施为例,对于行人闯红灯,条例规定是可罚款10~50元。假设发达地区与一个偏远设区的市罚款数额一样,但效果显然大相径庭,就是发达地区顶格处罚50元,其效果可能也不及一个偏远设区的市按最低10元处罚。但如果将自由裁量权交与各地执法单位,则又容易造成执法恣意,破坏法的确定性和权威性。而交由地方立法,则可以解决这个问题。二是有利于司法执行和行政执法效果。以生效裁决执行为例,现在很少有市级单位执行被申请人的农村住房。但在发达城市周边,农村住房完全有可能比城里住房更具价值。因此,赋予设区的市以立法权,处于发达地区的市级单位就可以立法出台将农村房屋纳入常规性执行对象的细则。这就有利于根治"老赖",提高司法公信力。

再次,赋予设区的市以立法权,有利于推动地方法治与经济、政治、文化、社会、生态、党建等方面的发展相辅相成,协调推进。法治建设从来不是

---

① 公丕祥.法治中国进程中的区域法治发展[J].法学,2015(1):3—11.

孤立进行的,总是与一定的经济基础和上层建筑相互联动的。根据马克思主义基本原理,当法治与经济基础和其他上层建筑相适应时,就可以极大地保障和推动各领域顺利向前发展,但当其与经济基础和其他上层建筑不相适应时,就容易阻碍和迟滞各领域的发展。在赋予设区的市以立法权以前,它们之间的最佳联动效应并没有完全得以实现。赋予设区的市以立法权,将为它们之间的最佳联动提供契机,从而最大限度激发生产与生活活力。

最后,赋予设区的市以立法权,有利于在社会主义条件下中华法系的复兴与繁荣。实践证明,抛弃自身立法传统,照搬西方或苏联法制建设模式,并不成功。党的十八大后,党中央提出法治建设要从中华传统文化中汲取营养。而中华传统文化大多扎根基层。从某种意义上讲,"法律是从'土地'中长出的规则"①。有学者认为,地缘因素以及与之相随的血缘纽带在任何一个时代、任何一个社会中,从来都是至关重要的,其中隐藏着的乃是文化的力量。② 这种观点还是很有见地的。设区的市因与地缘传统文化结合紧密,其立法也必然带有地缘传统文化的烙印。这种立法,在通过整个社会主义法治体系向上传递后,最终将影响整个国家的立法基因。正如文学"有地方色彩的,倒容易成为世界的,即为别国所注意"一样,③在去除糟粕、确保可通约的情况下,立法越具有民族性,才越能立足于世界文明之林。

2.设区的市立法之劣势

首先是立法价值的边界难界定。在西方法学传统里,对于立法价值是否存在是有不同观点的。根据分析法学派代表人物奥斯丁的观点,对立法进行评判只对法律规范结构进行分析即可,而不必对制定的规范的好与坏进行价值上的判断。哈特也竭力反对立法伦理主义。但奥斯丁与哈特也分别承认功利主义原则对立法的指导作用和"最低限度的自然法"。但现代主流学者观点也都倾向于承认立法价值。本书赞同后一观点,法律和立法若不内含价值,则将沦为纯粹工具,对法律的信仰、法律之治都将无从谈起。从区域法治角度看,概括来说,应厘清几种立法价值。最常见的立法价值是利益衡平。利益关系明显地影响、制约或推动着立法的价值判断与选择,成

---

① 蔡宝刚.法律是从"土地"中长出来的规则——区域法治发展的文化解码[J].法制与社会发展,20(4):51—62.
② 公丕祥.区域法治发展与文化传统[J].法律科学(西北政法大学学报),2014,32(5):3—13.
③ 鲁迅.致陈烟桥[M]//鲁迅全集.第13卷.北京:人民文学出版社,2005:81.

为促使立法者产生立法愿望的动机和引导立法者实施立法行为的价值目标。赋予设区的市以立法权,包括中央利益和地方利益、整体利益和部门利益、政府利益和市民利益等需要衡平。而设区的市在立法利益衡平建构上才刚起步,出现把握不准的情况是必然的。但只衡平利益或者说只根据利益来做立法衡平,则容易走入歧途。立法价值还包括正义、人权、自由、公共秩序、社会道德、国家安全的把握,以及法治统一性和区域法律制度创新性的结合①等。这些立法价值的厘清对立法者来说要求更高,更难界定。而地方立法者综合素养相对不足,成为一种劣势。

其次是立法传统积累匮乏,"一穷二白"。一是多数设区的市立法人才储备不足。设区的市人才储备是最大问题。据武汉大学秦前红教授介绍,在当下有地方立法权的地方人大常委会成员中,具有法律学习背景和法律实务经历的不超过10%。在专门从事立法工作的专门委员会法制委员会以及为立法服务的工作机构法律法规室中,这个比例也罕有超过25%的,其中,具有立法专长的就更少一些。很多地方都是由党委牵头,从全市政法部门选调法律人才来解决。二是多数设区的市地方性法规文本空白。在新立法法施行以前,全国设区的市有284个,享有地方立法权的有49个,尚没有地方立法权的235个。这意味着,83%的设区的市没有任何立法经验。这意味着多数设区的市都要从模仿较大的市的立法模式着手,在此过程中很可能要付出额外立法成本,容易照抄照搬上位法或兄弟地区立法,没能突出地方特色,容易出现"八股文"式面面俱到的立法。同时,赋予立法权后的相应责任问题并无法律规定,权责还不完全匹配。三是多数设区的市立法硬件设施空白。立法的科学化、民主化,不仅需要软件支持,也需要硬件支撑,包括专门的组织机构、办公场所、经费等。立法硬件设施问题的解决相对来说容易一些。要注意的问题:一是个别地方急功近利,违背了立法法说明要求的稳步推进原则,个别省份人大常委会一次性便赋予该省此前未享有立法权的所有设区的市地方立法权;②二是新立法法只是赋予了设区的市以一定立法权,但并未规定设区的市立法的程序和标准,使委托立法可能陷于随意,脱离实际,甚至陷入形式主义和教条主义。因此,一要强制接地

---

① 李爱平,冯煊.我国区域法治的价值及其理论架构[J].云南农业大学学报,2008,2(4):39—42,47.

② 刘怡达.设区市立法存在的问题[N].学习时报,2016-07-14(4).

气,强化立法参与环节,包括必须向特定或不特定居民发放一定数量的问卷,立法必须经过座谈、听证等;二要设定三审三核制,地方立法草案应经过反复讨论修改,控制立法速度,确保立法质量。

最后是立法质量的把关较难。一是不当影响排除难。在中国,"以个人权利为社会组织原则的现代法治社会还远远没有建成,传统熟人社会的影响仍无处不在"①。这种情况在设区的市表现更为明显,在立法时体现为社会上利益集团甚至个人对立法施加不当影响。不仅如此,设区市的人大还要克服体制内其他系统试图对立法产生的不当影响,而设区的市出于多种原因,包括处理更多临时性应急性事务需要内部各系统更密切配合、人手不足需要相互借力等,系统间相互分工相对模糊,立法机关对外部不当影响的识别和拒斥能力就相对弱一些。二是立法程序把关难。在程序上的不严谨甚至在赋予立法权时便出现了,个别省份人大常委会一次性赋予该省此前未享有立法权的所有设区的市地方立法权,变"循序渐进"为"一蹴而就"。②在此情势下,需要警惕以为是地方立法,程序上就可以简化、跳跃甚至倒置的立法理念。三是立法科学决策难。上海市人大常委会曾经委托上海市行政法制研究所对地方立法进行评估,发现地方立法"有三分之一属于可以不立的,三分之一属于可立可不立的",只有三分之一属于可以立的。③如何强化立法决策机制,确保做出科学的立法决策,进而确保立法质量,不仅关系到赋权成败,也关系到法治中国建设的成败,值得我们在理论上再细化探讨,在实践上再努力探索。

五、结 语

从以上分析我们可以看出,基于区域法治视角,设区的市的地方立法权从横向、纵向和内在三个维度看都不具有完备性,或者说是具有鲜明的相对性。相信随着设区的市立法权能的展开,各方对这些相对性的认识将更充分,对其把握将更精准,从而推动地方法治建设和地方整体发展,助推国家法治进程和国家整体发展。

---

① 曾德雄,徐嵩.设区的市立法观念和程序最重要[J].人民之声,2015(5):7.
② 刘怡达.设区市立法存在的问题[N].学习时报,2016-07-14(4).
③ 徐华.设区的市立法要把握的几个问题[J].人民政坛,2015(6):11—13.

第三节　无固定期限劳动合同立法

　　我国现行劳动合同分为固定期限劳动合同、无固定期限劳动合同和以完成一定工作任务为期限的劳动合同。其中,无固定期限劳动合同是指用人单位与劳动者约定无确定终止时间的劳动合同,这是劳动合同法中最有争议的论题①。争议的焦点在于,关于无固定期限劳动合同的规定,是否公平合理? 这个争论并没有随着劳动合同法实施时间的增长而消失,反而随着劳动合同法实施时间的增长而变得日益尖锐,正面临越来越大的修改压力。引发争议的原因在于,无固定期限劳动合同在价值与利益之间、各种利益之间存在制度内在张力,以及理想与现实之间存在制度外部张力,现行立法并未妥当消解这些张力。因此,我们有必要认真对待无固定期限劳动合同,重新检视和解构重组无固定期限劳动合同引发争议的各种制度张力,拨正无固定期限劳动合同立法的指导思想,平衡个人利益、群体利益、制度利益和社会公共利益,将理想与现实无缝衔接,为再次立法时予以修改完善提供理论基础,最终实现劳动关系和谐化。

一、价值抑或利益? 劳动合同立法指导思想辨析

　　劳动合同立法的指导思想是指导劳动合同立法的行动依据,是做出相关立法选择的核心标准,是劳动合同立法的公理性原则和价值性理念。立法指导思想与立法宗旨既有联系又有区别。立法宗旨即立法目的,是立法的原因与目标。前者一般需要通过归纳推理才能确定其内容;后者一般在法律草案说明或正式文本中以"为了"等词语明确指出。如《中华人民共和国劳动合同法》第一条开宗明义,"为了完善劳动合同制度,明确劳动合同双方当事人的权利和义务,保护劳动者的合法权益,构建和发展和谐稳定的劳动关系",立法的目的十分明确。而立法指导思想在多数情况下没有明确的文本表述,需要借助抽象思维予以确定。至于如何确定则存在两种学术主张:一种主张以立法价值作为立法指导思想的核心考量;另一种主张将利益

---

① 钱叶芳.论我国无固定期限劳动合同研究的教义学偏离和制度调整[J].浙江学刊,2016(6):141-151.

作为立法指导思想的核心考量。以立法价值作为核心考量时,立法制度主要体现正义、公平、自由、秩序等法的价值;以利益作为核心考量时,立法制度主要体现一个个群体需要法律予以保护或剥夺的利益。

我们首先必须明确,价值与利益虽然关系密切,但毕竟是两个不同的概念。现代汉语中"价值"一词包含伦理价值和经济价值两重意义,也就是说,价值具有伦理性。① 在伦理领域,用"善恶"来表达价值,在经济领域,用货币等数字化利益形式来表达价值,此时价值与利益在量上是有可能等同的,但此"利益"非彼"利益",二者仍有质的区别。② 具有价值一般是一个正向判断,意味着具有正当性或不违背正当的有益性,不可能是负向判断。在正当与有益两重意义上没有矛盾时,我们才可能说某个事物是"有价值的"。利益一定是与一定的主体密切联系的一种利害关系,是实际得到或可能得到的好处,是基于"主体自我中心主义"的一种评价和判断。不同主体间的利益是完全不相同的(平时所说的"有共同的利益"其实是指"有相同种类的利益或共享同一利益"),不具有真正的共享性(通常所说的利益共享本质上是利益的和平分割),③也是难以相容或取舍的,除非引入更高阶的价值概念,如正义。但不同主体完全有可能认可或共享同一价值(当然也有可能认同不同价值或不同价值位阶)。而且,虽然说某个阶级的利益具有伦理性,但就利益本身而言不具有伦理性,具有利益可以是正当的、合理的,也可能是不正当、不合理的。在立法上,如果我们将立法价值与立法利益混为一谈,或者认为所有利益都是价值的构成成分,"利益基础筑就了立法价值的中心关怀",④这些提法都是值得推敲的。认为一切利益都可视为价值,是对立法价值的否定,必然潜藏着某些否定人类美好价值的危险,导致最终认同"恶法亦法"和"法律工具主义"。而实践证明,"恶法亦法"和"法律工具主

---

① 在古代,"价"这个字的繁体有两个:"価"和"價"。前者代表"善",后者代表"价格"。"價"是会意兼形声字,从人賈,賈从貝,貝是货币,意是用货币衡量的商品的价格。《说文》:"價,物直也"。"价值"就是对利益的衡量。

② 之所以说价值与利益仍有质的不同,如我们用于自住的房屋,价格从每平方米1万元到3万元,价值增加2倍,但我们的利益并没有增加。

③ 比如利益体现为1元,则甲乙2人共同拥有1元并不能推出2人各有1元,也不能得出甲从这1元中获得的分配额就是乙可从中获得的分配额,而只是指2人可分享这1元。

④ 反见:江国华.论立法价值——从"禁鞭尴尬"说起[J].法学评论,2005(6):84—91.立法价值的中心关怀应该是双中心,在伦理领域是"正当与善",在经济领域是"不与正当性相违背的利益"。

义"等形而上学观点在被别有用心者利用之后,对人类社会造成的伤害是有目共睹的。反之,有的人为了实现人类美好价值,愿意抛弃自身的一切利益。因此,价值是利益衡量的取舍标准,但不能反过来以利益作为价值取舍或排序的标准。

不仅如此,价值与利益的对应指向也是不一样的。价值是形成立法指导思想的核心要素,而利益是形成立法目的的核心要素。立法指导思想,归根结底是为了实现正义、公平、自由、秩序等法的价值。立法宗旨,归根结底是为了使一个或几个阶级(统治阶级)利益最大化,或者使社会各阶层利益最大化。将立法指导思想与立法宗旨相混淆同样是危险的,尤其必须警惕以立法宗旨替代立法指导思想的理念。如果用利益作为立法指导思想,必然产生价值上的偏颇。如果用价值作为立法指导思想,同样会注重利益的保护,但这种对利益保护的考量是基于"公平"等法的价值原则,有内在自我限制与完善,而不会失之偏颇。法的价值指导立法,是立法指导思想的基准。立法法关于立法的指导思想里,也并没有"立法应当保护人民的利益"的说法,而是"立法应当体现人民的意志"。虽然说人民意志对自己利益的保护通常是同一的,但二者也并不完全同一,人民意志里也完全有可能有牺牲自己局部利益换取其他需求的可能。

基于上述论述,我们来审视现行劳动合同立法,就会发现其关于无固定期限劳动合同有多方面值得商榷。

一是在整个劳动合同法立法上存在以立法宗旨替代立法指导思想的现象,或者说与立法宗旨相比,立法指导思想并没有发挥其应有的作用。当初在订立劳动合同法时,有观点认为,对工人阶级权益的保护,要"从维护工人阶级主体地位、巩固党的执政基础的高度来认识"[①],这种政治要求无疑是正确的。但如果将此理解成,为实现这一政治要求(利益诉求),就可以牺牲自由价值,轻视劳动合同意思自治的基本原理,则"一边倒"的偏向也就成为必然,不仅自由价值无从谈起,公平价值也会荡然无存。劳动者和投资者都是社会主义生产力的创造者,双方具有平等的法律地位,立法对此不应持具有偏向性的立场。但现行劳动合同法,在设定无固定期限劳动合同时,首先保护劳动者权益,却没有给予企业权益同等保护,失之偏颇。对弱势群体的

---

① 乌日图.关于《中华人民共和国劳动合同法修正案(草案)》的说明[EB/OL].[2013-04-16]. http://www.npc.gov.cn/wxzl/gongbao/2013-04/15/content_1811064.htm.

保护,应是另一个法律关系范畴内应做的事情,从市场主体来说,不应有强势主体与弱势主体的划分。

二是将秩序价值置于公平价值与自由价值之上。无固定期限劳动合同相关条款表明,现行劳动合同立法将职业稳定视为劳动合同法的首要目标。在无固定期限劳动合同签订过程中的强制性续签、禁止约定终止条件以及强化法定解除权,其目的是保障劳动者的职业稳定,但保持职业稳定能不能成为劳动合同法的首要目标,这样的立法目的是否与立法价值相冲突? 其一,职业稳定不是所有劳动者的价值目标。有学者认为,用人单位在劳动者正值"青春年华"的时候使用了其劳动力,就应该对这部分劳动者终生负责。这种观点其实就是计划经济时代企业需为职工提供"从摇篮到坟墓"的社会福利的逻辑。还有的学者认为,短期劳动合同有很多弊端,在一定程度上会恶化岗位竞争的条件,会使劳动雇佣关系失去社会公正性,也不利于劳动者的职业稳定感及对企业忠诚度的培养等。[①] 但他们忽视了影响劳动者稳定预期的有三个主要因素。一是时代观念变化的因素。当今社会,劳动者主动辞职现象,尤其是新一代青年劳动者频繁跳槽"炒老板"的现象屡见不鲜,证明当代劳动者的就业观、价值观已经发生了很大变化,秩序价值(职业稳定)已经不是他们的第一追求,工作环境、发挥余地、晋升空间等才是其核心追求。二是岗位特殊性的因素。没有太强的专业技能、从事简单的服务生产行业或从事劳动密集型产业的劳动者,由于缺少相应的劳动技能,在今天的劳动力供求状况下,这类人会成为失业率最高的群体之一,一旦被解雇就难以在短期内重新就业,他们中绝大部分人都希望与用人单位签订无固定期限合同,以此来保证其就业的权利。但另一些群体却相反。比如农民工群体从事的工作,在没有落户等方面配套制度的情况下,多数具有流动性,最为合理的务工期限是一年,每年春节过后出来务工,到年底返家,到第二年春节后,他们要考虑工资水平等情况后,才决定是否外出务工。在决定外出的时候,他们还会考虑到工种是否改变等各种实际问题。超出一年的劳动合同对他们而言没有太大的意义,甚至在很多时候会成为他们择业甚至是职业提升的一个障碍。三是年龄变化的因素。年龄的大小会影响劳动者对职业稳定性的要求。从常理上分析,中老年劳动者对职业稳定性的要求相对高些,但是青年人对职业稳定性要求并不高。有的企业提供的基本上

---

① 耿艳丽.无固定期限劳动合同存在的问题及修正[J].人民论坛,2014(9):106-108.

都是青年人才能从事的工作,比如 IT 行业,如果按照无固定期限劳动合同的要求,对于一些从年轻时代就在该行业从事劳动的人员,到了四五十岁时就会有职业的焦虑感了。因此不宜"一刀切"。其二,职业稳定的目标会受到经济发展水平的制约。无固定期限劳动合同是发达国家基本的劳动法律制度,这与其经济的发展水平息息相关,国家基本经济制度与经济发展水平对此有重要的影响。而且,实际上,不是所有发达国家都实行了类似我国这样的无固定期限劳动合同。① 我国经过改革开放 40 多年的发展,经济建设取得了举世瞩目的成就,但是从企业的角度看,经济发展水平及技术应用水平还比较低。劳动合同法简单照搬国外的做法,在实践操作中忽视了我国基本的用工机制。劳动力资源的双向选择是我国当前用工机制的现状。这样的制度既能保证劳动者自由择业,又能保障企业按照需求用工,能够促进劳动力市场按照市场规律进行资源配置。但现在无固定期限劳动合同的普遍实施,会在一定程度上促使用工机制的僵化。虽然无固定期限劳动合同制度能够保障劳动者的职业稳定,但对于一些中小企业来说,负担较重,增加了企业的用工成本,从长远来看,不利于经济的发展。比如近些年广东一带的来料加工型外资企业纷纷撤出中国,很大程度上是因为无固定期限合同的实施加大了企业的运作成本,对于依靠订单而生存的企业来说,没有订单的时候还要支付工资,劳动成本确实过高。自由价值体现在劳动合同法上就是意思自治。劳动合同法规范了无固定期限劳动合同制度,将我国用工制度中的解雇保护提高到了一个全新的水平,通过强制续签、禁止约定终止条件及强化法定解除权等制度来维护对解雇制度的保护。从合同的基本原理看,合同是平等民事主体在协商一致、自愿的情况下达成的平等合约,合同最大的特点是平等、自愿及双方完全的意思表示,但劳动合同法中确定的强制续签制度显然不符合双方自愿、平等意思表示的合同原则,本身也与该法的立法原则相悖,在实践中也会发生很多争议。比如当劳动者要求涨薪、改善工作条件时,如果用人单位拒绝,就会按照劳动合同法的规定在支付 2 倍的工资后,强制解除合同;如果用人单位同意,以后用人单位就难以对其他职工形成管理,使得用人单位的劳动管理制度形同虚设。对企业来说这是个两难的问题。任何合同的履行均需要一定的条件,当不具备履行

① 刘英.无固定期限劳动合同的内在价值冲突与调和——美国劳动合同判例法对我国的启示[J].甘肃社会科学,2009(5):168—171.

条件的时候,合同的终止是正常的事情。劳动合同法中排除了约定合同终止条件制度,只设置了法定的解除权,而且进一步强化了法定的解除权,只有当法定解除权出现了,合同才可能被终止。劳动关系的双方当事人并不能就终止合同的条件进行约定,这样的规定已经背离了合同的基本原则与精神,也剥夺了当事人在合同约定上的自主权。

三是无固定期限劳动合同违背权利与义务的规范性要求。权利和义务,既是利益的规范化,也是价值的规范化。"没有无权利的义务,也没有无义务的权利。"[①]《中华人民共和国宪法》规定:"任何公民享有宪法和法律规定的权利,同时必须履行宪法和法律规定的义务。"本条蕴含的法治精神就是,公民享受的权利与义务是不能分离的。权利与义务在特殊情况下也具有可分性,但这种可分性必须严格控制在保护绝对弱者前提之下,而在民事等任何平等的法律关系中,享受权利是以履行相应义务为前提的。但是,现行劳动合同法规定无固定期限劳动合同,仅基于劳动者作为弱势群体的假定,而非民事主体的假定。实际上,劳动者与企业双方的地位是平等的。基于劳动者同等权利,就应赋予其同等义务;基于企业同等义务(责任),就应赋予其同等权利。但由于现行劳动合同法这种权利与义务的不匹配,无固定期限劳动合同实质上成了一种福利,成为企业对业务骨干的恩赐,变了味。劳动合同法第一条指出"明确劳动合同双方当事人的权利和义务,保护劳动者的合法权益"。一是从文本看,基本上只是明确劳动者权利、用人单位义务,而缺乏对劳动者义务和用人单位权利的规定。从其他相关法律法规看,也缺乏基于无固定期限劳动合同对企业权利的保护。二是立法目的只提及"保护劳动者的合法权益",而没有提及"保护用人单位的合法权益"。这是不符合合同法基本原理的,更接近劳动者权益保护法的定位。

二、强者与弱者:劳资双方的利益衡平

无固定期限劳动合同的立法目的主要是保护弱者。在法的价值里,并没有保护弱者一说。法的价值首要的就是要公平,体现在劳动合同法领域,就是立法者应将劳资双方都视为人格上平等的主体,给予其法律上无差别的同等保护。但并不是说,劳动合同立法等就不应该保护弱者。出于以下原因,劳动合同立法等也需要保护弱者。

① 马克思恩格斯选集:第1卷[M]. 北京:人民出版社,1972:18.

第一，弱者与强者是相对的，强弱在一定情况下可以相互转化。劳动市场实行由市场决定的优胜劣汰机制可以快速提高生产力，但并不意味着在任何时候都应实行优胜劣汰。首先，劳动者相对于大中型企业来说，具有明显的弱势地位，但相对于小微企业或初创型企业来说，则二者谁强谁弱并不都是绝对的。不少小微企业或初创型企业，其实非常需要稳定的劳动力，但多数劳动者都不愿到小微企业或初创型企业工作或长期工作，招工难和辞工现象普遍，"炒老板"现象不鲜见，小企业主普遍感到十分棘手。其次，在用工竞争中，小微企业和初创型企业的竞争力明显弱于大中型企业，也是需要被保护的"弱者"；中型企业相对于大型企业，又是另一种"弱者"。大中型企业通常都是由这样的"弱者"逐步成长起来的，如果在"哺育期"不给予深度保护，在"成长期"不给予适度保护，任由优胜劣汰机制发挥作用，那整个社会最后将只剩下一个强者，无法实现可持续发展。

第二，保护弱者其实也是在保护某种秩序。利益与价值是有交叉可能的，保护弱者就是如此，它既是一种基于立法目的的利益考量，也是一种基于立法指导思想的价值考量，即秩序价值。任何群体或组织，没有一定的秩序，是难以为继的。如果劳工市场没有任何规则，任由市场优胜劣汰，这种无序化将导致弱者利益被肆意宰割，弱者为了保护自身利益必然也会频繁采用极端手段，则整个社会秩序都将被扰乱。失去稳定的秩序，社会发展将无从谈起。

第三，人类文明发展的需要。动物世界从低等到高等的发展，也是文明程度不断升级的发展；①人类从古代到现代，也是从野蛮到文明的发展。因此，趋向文明，不仅是生命发展的必然，也是人性演进的必然。人类作为最高等生命，必须限制某些淘汰手段的使用。突破人类道德底线和良知来寻求生产力发展，不易被整个人类社会所接受。在劳工问题上，劳动力最早被视为一种私有"工具"，没有人格尊严可言。之后，劳动力人格逐渐被承认和尊重。再往后，对劳动力价值的评价逐渐摆脱劳动力价格完全取决于劳动力能创造的现有价值的衡量模式，而以整体考量和长期考量等综合衡量模式替代。无固定期限劳动合同就是这种模式转换的结晶。无固定期限劳动合同，摆脱了以工人现存价值为企业"出价"的评价模式，更多考虑了员工的

---

① 弱肉强食原则在自然界不是绝对的，狮子等高等动物很多时候会保护作为自己食物的动物的幼崽，这不是"弱肉强食"法则能解释得通的。

以往贡献和未来生计,富有人性化。

第四,提高生产力总和、实现效益最大化的需要。如果不保护劳动者或不对劳动者给予应有保护,劳动者没有足够的收入来维持再生产,也没有足够的可支配收入用来扩大消费,整个社会就会产生流动性过剩,通货膨胀和经济危机就会随之而来。在前述灾难里,企业和劳动者不可能独善其身,都会成为经济危机的牺牲品。而通过保护劳动者,既可以扩大消费边际,也可以让劳动者创造出更多的社会资源,从而使得经济效益可以具有最优产出。这是立法者作为"理性经济人"应该予以考虑的。这个层面的利益考量与自由和效率有一定关系。

正如前述,保护弱者不属于立法价值考量的范畴,而是属于立法宗旨(立法目的)范畴的问题,应通过利益衡量来解决。与司法领域适用利益衡量方法类似,立法领域适用利益衡量方法,实际上是先有需要被立法保护的利益,后有立法,以便使需要被保护的利益正当化、合理化、规范化、合法化,追求的是让立法为法前利益服务而不是从法律条文中引出利益。① 不同的是,司法领域适用利益衡量方法是为了弥补制度漏洞,而立法领域适用利益衡量是为了拟定制度。

利益衡量,首先需要界定劳动合同立法有哪些需要被保护的利益。一种划分方法是按主体划分为用人单位利益、劳动者利益、群体利益和社会公共利益(国家利益)。对单个用人单位来说,基于无固定期限劳动合同的核心大利益就是成本最小化,收益最大化;对于单个劳动者而言,基于无固定期限劳动合同的核心大利益就是岗位预期稳定化,自身收入最大化,至于对工作岗位本身稳定性的期望,不同的个体是不一样的。比如对于农民工来说,由于城市户籍制度的限制,他们是哪里收入高或整体更优,就可以随意流动到哪里的。他们对于既不能获得落户预期又必须固定在某一城市甚至某一岗位,本质上是排斥的。再比如对于小微企业就业人员来说,本着"人往高处走"的职业期望,小微企业一般是其积累往更大企业发展经验的"跳板",很少有人愿意在小微企业终生工作。因此,与大企业主要考虑如何激

---

① 无论是司法领域还是立法领域适用利益衡量方法,都是针对概念法学先有法律条文后有依据条文推出的结论的逻辑推理方式而言的。司法领域适用利益衡量方法,实际上是先有结论后找法律条文根据,以便使结论正当化或合理化,追求的是让法律条文为结论服务而不是从法律条文中引出结论。见:梁上上.利益的层次结构与利益衡量的展开——兼评加藤一郎的利益衡量论[J].法学研究,2002(1):52—65.

活内部员工竞争活力、能者上庸者下不同,小微企业和初创型企业考虑更多的不是在内部职工间展开竞争上岗,而是如何招工和留人。① 对于群体来说,企业群体基于无固定期限劳动合同的核心利益就是市场上始终有充沛的廉价劳动力可使用,劳动者群体基于无固定期限劳动合同的核心利益就是市场上始终有充足的工作岗位;对整个社会(国家)来说,基于无固定期限劳动合同的核心利益就是劳动关系和谐稳定。这种划分,群体利益和社会公共利益并无大的问题,但用人单位利益和劳动者利益的划分,某种程度上是基于阶级(阶层)对立的前提假设,而非基于弱者与强者的仔细分析。实际上,劳动者利益与企业利益并不总是对立的,二者不是在一个待分蛋糕里面,而是在一个待做蛋糕里的关系。如果将二者对立起来,无疑对于争取做大蛋糕是有害的。正确的划分方法是划分为相对弱者利益、相对强者利益、集体利益和社会公共利益(国家利益)。相对弱者既包括劳动者,也包括小微企业和初创型企业,它们都是劳动合同法需要优先保护的利益群体。

但利益之间总会发生冲突,这就需要根据利益衡量规则进行调和处理。立法利益衡量规则,先有利益衡量,后有立法。这里有个难点,司法利益衡量总是在一定的法律关系中进行的,因此,利益也是被放在特定的法律关系中的,超出特定法律关系内容的利益不作为利益衡量时所考察的对象。而在立法中,法律关系尚未形成,如何确定? 就必须置于需要法律保护的社会关系这一情景中来考量。从劳动合同立法的目的看,和谐劳动关系就是劳动合同立法要保护的社会关系。对利益位阶和先后顺序的确定,本质上是依据立法者的价值观。公平应是劳动合同立法者第一考虑的价值,基于对弱者保护的自由、秩序、效率等价值应次之。因此,现行劳动合同法将无固定期限劳动合同设定为所有企业必须签订的合同是值得商榷的。妥当的办法是按企业分类处理:企业(不含大中型企业创办的关联企业)成立满三年,要求符合原劳动合同法条件的,应与劳动者签订无固定期限劳动合同;不满三年的,由其自动选择(但必须在招工中注明企业成立未满三年)。同时,解除无固定期限劳动合同的经济补偿与固定期限劳动合同一样,只按工龄来

---

① 无论是司法领域还是立法领域适用利益衡量方法,都是针对概念法学先有法律条文后有依据条文推出的结论的逻辑推理方式而言的。司法领域适用利益衡量方法,实际上是先有结论后找法律条文根据,以便使结论正当化或合理化,追求的是让法律条文为结论服务而不是从法律条文中引出结论。见:梁上上.利益的层次结构与利益衡量的展开——兼评加藤一郎的利益衡量论[J].法学研究,2002(1):52—65.

并不合理,而应按工龄与剩余工作年限相结合的办法。

三、理想与现实:制度外在张力的调和

劳动立法指导思想必须来源于现实,符合劳动客观规律并反映客观规律的要求。无固定期限劳动合同立法者为其愿景描绘了一幅理想中的美丽画面,在现实中也的确展现了其动人一面,但却很难称得上"尽如人意",甚至使其背负了很多争议。这种制度与现实之间的张力,亟待调和。

1.现实:规避和逃避现象层出不穷

(1)连续工作时间和连续签订次数的计算方式缺陷

连续工作时间和连续签订次数的计算方式缺陷,为用人单位通过中断连续性以规避签订无固定期限劳动合同提供了空间。《中华人民共和国劳动合同法》第十四条明确规定了劳动者如果在其用人单位连续工作满10年或连续两次与其用人单位签订固定期限劳动合同的,劳动者单方有权要求用人单位与其订立无固定期限的劳动合同。一些用人单位就钻了"连续"一词的漏洞,通过关联企业交替雇佣,或者在劳动合同到期后不接续签订劳动合同,也不安排工作,形成一段"空窗期",然后再与劳动者重新签订合同,使劳动者的工作时间与签订合同次数无法连续计算,或者固定期限劳动合同与以完成一定工作任务为期限的劳动合同交替使用,以此规避无固定期限劳动合同的订立。

(2)大量使用劳务派遣用工模式进行规避

在劳动合同到期或招录新人时,用人单位不再与员工签订劳动合同,而是让其与本单位指定的某一劳务派遣机构订立劳动合同,然后由该派遣机构将这些职工派遣回本单位继续工作。这样,用工单位与劳动者之间不存在劳动合同,派遣单位相当于一个中介公司,哪怕与员工签订无固定期限劳动合同,也是不确定工作单位、不确定具体岗位、不确定具体薪酬的"三无"合同,员工没有任何归属感与安全感。这种无固定期限劳动合同徒有其表,无任何实质意义。事实也证明,在"劳动合同法颁布实施后,出现了劳务派遣单位数量大幅增加、劳务派遣用工规模迅速扩大的情况"①。

(3)使用以完成一定工作任务为期限的劳动合同替代固定期限劳动

---

① 乌日图.关于《中华人民共和国劳动合同法修正案(草案)》的说明[EB/OL].[2013-04-16].http://www.npc.gov.cn/wxzl/gongbao/2013-04/15/content_1811064.htm.

合同

　　以完成一定工作任务为期限的劳动合同,是指用人单位与劳动者约定以某项工作的完成为合同期限的劳动合同。这里有两个问题:一是法定概念中"以某项工作的完成为劳动期限"用语模糊,如有的外贸加工企业以"完成外贸订单"为"完成某项工作",为自己留下巨大的自由裁量空间。哪怕被裁决为无效合同,也无法律依据可转认定为无固定期限劳动合同,一般只要重新签订即可,违法成本极低。二是该种合同没有次数限制,完全可以反复签订。因此有的用人单位通过反复签订以完成一定工作任务为期限的劳动合同来规避固定期限劳动合同限制,这在周期性工期和订单类企业中尤其常见。

　　(4)利诱或任由劳动者主动放弃签订无固定期限劳动合同

　　现行劳动合同法缺乏固定期限劳动合同与无固定期限劳动合同之间关于岗位、薪酬、工作地点和告知义务等的衔接性规定,这点就被一些用人单位加以利用。小微企业和初创型企业,发展前景不明,哪怕主动提出签订无固定期限劳动合同,对多数劳动者也没有吸引力。而一些大中型企业,由于处于明显的优势地位,可用劳动力资源丰富,在依法应该与劳动者签订无固定期限劳动合同时,直接向劳动者提供固定期限格式合同,如果劳动者要求订立无固定期限合同,则另行提供较低薪酬、较低职位或较远工作地点的无固定期限劳动合同,以此迫使劳动者不敢提出或主动放弃订立无固定期限劳动合同,改而要求签订固定期限劳动合同,从而达到规避目的。而有的劳动者根本就没有签订无固定期限劳动合同的相关知识,一些劳动者甚至认为无固定期限劳动合同就是没有用工时间保证的、任意一方随时可终止的合同,用人单位对此听之任之,在劳动者符合签订无固定期限劳动合同时,不告知其有权签订无固定期限劳动合同,导致劳动者"主动"选择签订固定期限劳动合同。

　　(5)用人单位拒绝签订劳动合同

　　一些中小企业,由于经营规模小,经营期限短,承担经营风险能力弱,为少缴社保、逃避无固定期限劳动合同签订义务,往往在聘用劳动者后一直不与其签订劳动合同,一旦发生纠纷,用人单位往往主张双方是临时用工关系,劳动者很难举证证明双方存在固定的事实劳动关系,更遑论证明存在两次以上固定期限劳动合同的事实。

2.理想:是否仍值得坚持?

从理论上说无固定期限劳动合同完全有可能对各方都有利。对用人单位来说,签订无固定期限劳动合同的好处有:它是用人单位企业文化的一种展现方式,表征用人单位对员工综合素质的肯定;有利于保持稳定的劳动生产率;有利于企业开展远期发展愿景设计;有利于企业节省用工精力,减少频繁更换人员而带来的损失。对于劳动者来说,签订无固定期限劳动合同有利于员工形成和发挥自己的一生专长;有利于员工形成稳定、明晰和强烈的未来预期,有计划地安排工作与生活;有利于增强员工在用人单位的主人翁意识,以及其自身的参与感、获得感,发挥工作的积极性、主动性。对国家来说,签订无固定期限劳动合同有利于"工匠"精神等的普及,有利于和谐社会实现。但是,现行无固定期限劳动合同条款的设计,使各方对无固定期限劳动合同的预期都有所遗憾。对用人单位来说,主要有以下弊端:一是签订无固定期限劳动合同意味着用人单位在未来任何时候要解除或终止合同,都必须给予员工补偿,用人成本大为提高;二是在一定程度上降低了员工的流动性,单位内部竞争机制弱化。对劳动者来说,主要有以下弊端:预期可获得的东西在实践中大打折扣,容易充满失落感。对国家尤其是制度本身而言,这些弊端的存在无益于法治权威的生成与和谐目标实现。这些弊端不是保护劳动者的理念造成的,而是制度设计的不足够理性造成的。因此,追求和谐劳动关系的理想仍应坚持。

3.修改建议

如何让美好的理想通过实践活动成为现实? 可以通过重新立法来消解上述无固定期限劳动合同的制度张力。

(1)立法目的条款修改

将第一条"为了完善劳动合同制度,明确劳动合同双方当事人的权利和义务,保护劳动者的合法权益,构建和发展和谐稳定的劳动关系,制定本法",修改为"为了完善劳动合同制度,平衡劳动合同双方当事人的权利和义务,保护劳动者和用人单位的合法权益,构建和发展和谐稳定的劳动关系,制定本法"。

(2)分类适用

大中型企业保留符合法定条件的强制签订无固定期限劳动合同,小微企业和初创型企业修改为双方可自由选择是否签订无固定期限劳动合同。

(3)累计计算

　　强制签订无固定期限的工作时间,由"连续满 10 年"改为"累计满 10年",签订合同次数由"连续满 2 次"改为"累计满 2 次"。

　　(4)明确用人单位告知义务

　　续签合同时,达到签订无固定期限劳动合同条件的,用人单位应向劳动者书面告知其有权利选择签订无固定期限劳动合同。

　　(5)建立延续制度

　　建立无固定期限劳动合同续签岗位、薪酬、工作地点等的延续制度。续签时,出于法定原因必须变动的,应先报劳动行政管理部门批准。

　　(6)新增无固定期限劳动合同劳动者义务

　　劳动者主动解除无固定期限劳动合同的,应向用人单位给付赔偿,以改变用人单位消极对待的局面。

　　(7)修改赔偿额

　　解除无固定期限劳动合同赔偿额度应高于固定期限劳动合同赔偿额。

　　(8)加大处罚力度

　　加大对违反无固定期限劳动合同相关规定的处罚力度,尤其是对于大中型企业,要提高要求。

四、结　语

　　构建以劳动者保护为基础的和谐劳动关系,是全社会共同追求的目标。但其是否实现或如预期一样展开,归根结底是由特定的就业市场所决定的。立法、执法和司法,只是相对次要的外在压力而已,其无法改变市场供需的基本规律。程度过低的劳动保护当然不利于社会和谐劳动关系的建构,也不利于社会转型和结构升级,但程度过高的保护或明显具有价值倾向性的劳动保护同样是不合理的。虽然从理论上说,立法完全可以无限提高无固定期限劳动合同对员工的保障水平,但这只会将用人单位和资本赶向虚拟经济等其他领域,随之带走大量就业机会,或者极大地伤害社会劳动生产率,抑制社会活力,最终受到伤害的还是本地劳动者。立法、执法和司法要提高有效性,就必须建立在客观现实的基础之上,并通过科学设计和理性实施使之符合劳动客观规律并反映劳动客观规律的要求。因此,必须理性看待无固定期限劳动合同在和谐劳动关系建构中的作用限度,通过制度外用力——包括促进经济发展,创造更多的工作岗位,来实现饱和就业。这才是建立真正和谐的劳动关系的前提和基础。

第四章 公正司法

第一节 主审法官责任制的改革范式①

主审法官责任制的价值革新，主要是指主审法官责任制为确保司法公平正义等价值而进行的再改革。"范式"的英文为"paradigm"，源自希腊词"paradeigma"，意指"模范"或"模型"。库恩认为范式是"科学共同体共同拥有的东西"。② 后来范式一词被引申为多种意义。③ 因此，"像惯例法中一个公认的判例一样，范式是一种在新的或更严格的条件下有待进一步澄清和明确的对象"。④ 本章所指的主审法官责任制的范式重构，是指主审法官在办案过程中主体地位的体制机制重构。而主审法官责任制则是指由人民法院选任的、具有相关职称的、德才兼备的审判人员为主审法官，在办案中居于主体地位，由其独任或牵头组成合议庭对所承办的刑事、民事、经济等各类案件全面负责审理的一种审判运作机制，以及与审判人员管理机制相结

---

① 本节在《主审法官责任制的价值革新与范式重构》一文的基础上修改而成，原载于《行政与法》2015年第4期。

② 曾祥华，吴涛. 法学研究的范式与模式——兼与戚建刚博士商榷[J]. 河北法学，2006(11)：155—159.

③ 樊俊丽. 库恩"范式"与SSK科学观[D]. 南宁：广西师范大学，2007.

④ Kuhn T S. The Structure of Scientific Revolutions[M]. Chicago：The University of Chicago Press，1970：23.

合的法院管理制度。① 它不同于有些学者理解的审判长选任制。② 2014年6月,中央全面深化改革领导小组(以下简称中央深改组)召开第三次会议,审议通过了三个关于司法改革的方案,包括《关于司法体制改革试点若干问题的框架意见》(以下简称《框架意见》)、《上海市司法改革试点工作方案》和《关于设立知识产权法院的方案》。其中明确指出,要以完善主审法官责任制、合议庭办案责任制和检察官办案责任制为抓手,突出法官、检察官办案的主体地位,明确法官、检察官办案的权力和责任,对所办案件终身负责,严格错案责任追究,形成权责明晰、权责统一、管理有序的司法权力运行机制。这是对主审法官责任制价值的重大肯定与重大创新。十八届四中全会通过的《中共中央关于全面推进依法治国若干重大问题的决定》(以下简称《决定》)提出,要深化法院审判体系建设,"完善主审法官、合议庭、主任检察官、主办侦查员办案责任制,落实谁办案谁负责"③。在全国推行主审法官责任制,对于深化法治中国建设,推进治理体系和治理能力现代化,具有积极而深远的意义。但其最终成功,还有赖于以革新精神和重构理念对主审法官责任制实践问题的解析与破解。④

一、主体的界定及其关系重构

在司法改革大框架下,改革的主要内容就是要完善司法人员分类管理制度,建立以法官、检察官为核心的人员分类管理体系,实现司法机关各类人员分类管理,促进队伍的专业化、职业化发展。主审法官责任制推出的背景,是要解决严峻的司法行政化问题。在现有司法体制下,法官与其他地方的基层法院一样,仍没有摆脱有职无权、审和判相互分离的尴尬局面。比如,虽然我国民事诉讼法明确规定,合议制和独任制是我国的审判组织形式,代表法院行使审判权,但实际上,"现行的审判管理模式普遍侧重于法院院长、庭长对案件把关,即法官审理的一些重大疑难或有分歧的案件在写好判决书宣判之前,都要由庭长或者院长审批、把关,在承办法官的意见和庭长、院长的意见出现分歧时,多数情况下要以上级领导的意见为准。这种审

① 周顺昌.试论"主审法官责任制"[J].政法论坛(中国政法大学学报),1995(3):49-53.
② 石先钰,甄爱军.主审法官责任制模式的考察与设计[J].高等函授学报(哲学社会科学版),2002(1):20-23.
③ 中共中央关于全面推进依法治国若干重大问题的决定[Z].2014.
④ 价值革新和范式重构都系于这些实践问题的解析与破解。

判管理过于行政化的做法,一定程度上削弱了合议庭的功能,挫伤了法官的办案积极性。此外,少数领导在不参加法庭调查、没有充分了解案情的情况下为少则百件,多则数以千计的各类案件的判决结果把关,难免因为时间、精力有限和对案情不够深入了解而可能出现错判或者误判。而一旦出现错案,由于职责不清则追责困难"①。推行主审法官负责制改革,将审判权确实交给审判者,是去行政化的一种尝试。但是,也有基于合法性、司法公正担忧等考虑的反对声音。② 因此,在现实语境下,必须厘清主审法官与参与各方之间的权利义务关系。

1. 主审法官与审判长

合议制中的主审法官与独任制中的主审法官无论是在概念还是内涵上都有着较大区别。独任制中的主审法官的职权是清楚的,不存在与审判长重叠的问题。但合议制中的主审法官首先面临的就是与审判长职能重叠的问题。

审判长有两个概念。一种是民事诉讼法和刑事诉讼法等法律规定的审判长概念,这里的审判长是一个程序主持人的角色,凡是审判员均有资格担任这种审判长。另一种是根据 2000 年 7 月发布的《最高人民法院关于印发〈人民法院审判长选任办法(试行)〉的通知》(法发〔2000〕16 号)精神设置的审判长。该文件规定了选任审判长的条件,什么人能担任审判长由院长公布名单。可见,这里的审判长是一种职位,不是任何审判员都有资格担任的。审判长职位的设立,是法院针对原来法官队伍良莠不齐、办案质量不高的问题,为了提高法官队伍的素质,充分发挥合议庭的职能作用,确保司法公正,提高审判效率而进行的一种司法改革举措。在主审法官担任审判长的情况下,这个问题并无大的冲突,由审判长即主审法官主持和进行案件的整个审理工作。可是,在主审法官不担任审判长的情况下,就会出现问题:主审法官的作用在合议庭中应如何定位? 当审判长不是该案件的主审法官时,在审判实践中普遍存在两类现象:一是合议庭审理案件时,在审判长宣布开庭后,往往由主审法官主持接下来的法庭调查和法庭辩论等庭审活动;二是主审法官并不参加庭审,直接在幕后指导审判活动。就第一类现象而

① 法官判案不再"行政审批"[N].北京青年报,2011-02-24(4).
② 李文霞."主审法官制"应该缓行[J].郑州航空工业管理学院学报(社会科学版),2005(2):59—60.

言,从形式上看,承办案件的、进行庭审的虽然是合议庭,主审法官只是合议庭内部负责处理具体诉讼事务的成员,但实际上主导审判工作和庭审的只是主审法官,审判长以及其他成员发挥的作用很小,这里的主审法官接近于"承办法官"角色。具体而言,第一,绝大部分的实质性审理活动由主审法官进行;第二,主审法官对案件的最终处理结果在合议庭内有很大的影响。这种问题的存在实质上使合议庭制度和审判长制度流于形式,是另一种变形的"审""判"分离。这种分离,实质是赋予了审判长更大的权力,但却由主审法官承担着责任,权责不一,不利于案件审理工作的开展,不利于保证案件审理的质量,影响了司法公正与效率,也增加了主审法官的工作压力。就第二类现象而言,主审法官实际担任的是"导师"角色,甚至有时只是挂挂名。这两种情况都违反了"让审理者裁判,由裁判者负责"的改革精神。因此,这种职位式的审判长设计,应予以纠正。

2. 主审法官与一般审判员和助理审判员

审判员是指已经考取司法资格、在法院就职、经同级人大常委会任命为法官的人员。审判员可以担任任何案件合议庭的组成人员。在现行制度设计下,主审法官与一般审判员在合议庭中地位平等。如果实行主审法官责任制,主审法官在办案中则居于主体地位,这与一般审判员与其有同等地位是有矛盾的。助理审判员是指已经取得司法资格、在法院就职、经法院院长任命为法官的人员。助理审判员属于法官,按法官序列评定级别。在现行制度设计下,助理审判员可以参加各种案件的合议庭,在合议庭中与审判员权利地位平等,在特定情况下也可以承担审判长职责,但不能出任审判长一职。优秀的助理审判员被选为审判长的,应当依法提请任命为审判员。人大常委会任命审判员时从助理审判员中选任。同样,如果实行主审法官责任制,主审法官在办案中就居于主体地位,这与一般助理审判员与其具有同等地位也是有矛盾的。

在新制度下,参与合议庭的一般审判员和助理审判员应该定位于主审法官助理角色,发挥参谋和助手作用,或者说,可直接将一般审判员和助理审判员改为助理。

3. 主审法官与人民陪审员

在基层法院,一审普通案件多由主审法官与人民陪审员组成合议庭进行审理,这是司法民主原则与司法独立原则的均衡性设计安排。陪审员不属于法院编制,不从法院领取工资,陪审员也不需要考取司法资格。我国从清朝末年就有了陪审员,清末民初的陪审员多是地方绅士。延安时期到"文革"前,陪审员和人大代表相似,由公民选举产生。目前的陪审员是由群众组织推荐或个人自荐,法院认可后提请人大常委会任命的人员。陪审员可以参加一审案件的合议庭,但不能担任审判长,不能参加二审、再审案件的合议庭。陪审员参加合议庭与审判员有同等的权利。在合议庭办案责任制中,我国现行《人民法院组织法》第三十七条规定:"人民陪审员在人民法院执行职务期间,是他所参加的审判庭的组成人员,同审判员有同等权利。"但实际上,人民陪审员处于三种境况:一是人民陪审员不仅参与事实审,也参加法律审,对主审法官责任制构成冲突;二是人民陪审员的作用已经不仅限于庭审领域,在许多地方已经延伸到执行、信访等诸多领域;三是人民陪审员"陪"而不"审",往往就是起个在庭上陪坐的作用,既不参与庭前活动,也不参与判决讨论。上述三种情况都违背了引入人民陪审员的初衷,对于保障人民当家做主和参与司法、监督司法没有任何促进作用。但如果实行主审法官责任制,主审法官在办案中居于主体地位,如何处理人民陪审员与其具有同等地位的制度设计,考验着改革者的智慧。

比较可行的方法是人民陪审员只参加事实审,不参加法律审,可适当发表仅供参考的法律建议,就像美国有的州的量刑陪审团一样,最终决定权仍在法官,①但其对参加的事实审部分终审负责。陪审员应由本级法院随机抽选(抽选过程网上公开)或由上一级法院随机抽选,确保人民陪审员发表意见无后顾之忧。② 无论如何设计,主审法官的主体作用和人民陪审员的陪审作用都应该加强,削弱任何一方,都会有损于社会主义司法体制。

4. 合议庭与审判委员会

现行《人民法院组织法》第九条规定:"人民法院审判案件,实行合议制。"该规定确立了合议庭在人民法院中的基本审判组织地位。第十条规定:"各级人民法院设立审判委员会,实行民主集中制。审判委员会的任务是总结审判经验,讨论重大的或者疑难的案件和其他有关审判工作的问题。""各级人民法院审判委员会会议由院长主持,本级人民检察院检察长可

---

① Bowers W J, Foglia W D, Giles J E, et al. The decision maker matters: An empirical examination of the way the role of the judge and the jury influence death penalty decision-making[J]. Washington and Lee Law Review, 2006, 63(3): 537−543.

② 人民陪审员的现实选任情况是基本上由退休人士担任,且在陪审全程都很少发表不同意见,其中一个顾虑就是怕"搞坏了关系",下次就不被抽取了。

以列席。"这项规定使审判委员会成为人民法院内部的最高审判组织,成为重大、疑难案件的最终裁判者。笔者认为,现在的审判委员会存在设计上的问题。一是审判委员会委员组成结构有缺陷。审判委员会委员的构成一般是院长、副院长、研究室主任、业务庭庭长、办公室主任、政治部主任等,这使得审判委员会委员的身份成为一种地位的象征。但事实上,行政职务高并不代表审判经验丰富。二是审判委员会"判"而不"审"。审判委员会的委员通常不参与案件开庭审理,也不查阅案卷材料,仅凭案件承办人对案情的汇报下结论,如果案件承办人在汇报案情时弄虚作假或因疏忽漏掉关键细节,审判委员会委员也只能根据承办人汇报的案情做出最终的结论。[①] 而这种结论,根据法律规定,合议庭又必须执行,其后果非常严重。

　　在新制度设计下,院长主持的审判委员会与主审法官主导的合议庭,在案件办理上属于内部监督与被监督的职能关系,而不是同一法院内部低一级审判庭与高一级审判庭的关系。

二、主审法官责任制权责内涵与外延的重构

　　目前已经明确了在主审法官责任制下,主审法官占据办案主体地位,发挥主导作用。那么,究竟主审法官应该具有哪些相应的权力以及匹配的义务,从而确保主审法官的这种主体地位与主导作用? 担负重大责任的主审法官,应该具备什么样的基本资格?

　　1.主审法官的审判权设计

　　(1)程序权力

　　要正确发挥主审法官的作用,必须明确以下两点:第一,主审法官是整个案件审理工作的程序启动者、程序主持者,负责送达法律文书、组织证据交换、开庭审理、撰写法律文书等工作。也就是说当一名法官作为主审法官出庭时,必须担任审判长一职。第二,主审法官是整个案件审理工作的意见协调者,包括合议庭意见协调,以及对外代表合议庭与审判委员会等相关方的协调与沟通。简单地说,就是审判权被集中赋予主审法官。

　　(2)实体权力

　　主审法官对案件的判决具有最终决定权,判决书只有主审法官签字才

① 张明明,文艳.对规范合议庭与审判委员会活动几个问题的探讨[J].玉溪师范学院学报,2003(10):41—44.

能生效;如果有了主审法官签字,没有合议庭其他成员的签字,不影响判决效力。审判委员会的意见只作为合议庭审理案件的重要参考,而非必须执行的决定。审判委员会如果要保留指引权,也应该主要集中在政治引导上,而非法律指导。超脱具体繁杂的审判事务干扰的审判委员会,可以将主要精力用在监督职责上,重点是完善对主审法官的案件考核与责任追究,以形成良性的审判权内部自循环。

2.主审法官的追责机制设计

在赋予主审法官更大权力的同时,也应建立相应的责任机制,防止主审法官责任制负效应溢出。因为主审法官责任制赋予了少数法官较多的权力,可能会让主审法官变为专权法官。一是要建立并完善主审法官错案认定评价体系和程序。错案的认定是极其严谨的司法行为,因此法院内部应由审判委员会具体负责。如果其所犯过错足以取消审判员资格的,则应由对其有任免权的人大实施。可以在各级人大法工委设立相应的申诉机制,赋予其对于审判委员会认定的主审法官重大错案的复评权力。同时,明确制定错案评定的程序及惩罚标准,使错案评定能真正做到有法定依据和程序。二是依据错案形成原因严格区分错案的具体责任。错案的形成有多方面原因,存在主观故意和客观过失的可能。主观故意造成的错案,主要是"徇私枉法、徇情枉法"的行为,对于这种错案必须依据其行为特征及后果,依法追究刑事或行政责任;对于客观过失造成的错案,则要区分是否是未尽职责,是否缺乏审判的基本技能,是否审判作风有问题等情况,如果是,则在排除法理争议、法律有限认知等可能后,将这些原因所造成的错案列入追责范围。① 另外,还要理清其他参与审判人员在错案中的相应责任,明确处罚程序和标准。

3.主审法官的任职资格

目前,在各地的实践中,一般将主审法官的任职资格限定为同时具备以下条件:遵守宪法和法律,严守审判纪律,秉公执法,清正廉洁,有良好的职业道德;身体健康,能够胜任审判工作;具备较高学历和法律专业素养;担任法官职务从事审判工作较长年限,有比较丰富的审判实践经验等。

笔者认为,不宜将主审法官的任职资格要求定得过高。等同于有争议

---

① 桑健.推行民事案件主审法官制必须加强和完善错案责任追究机制[EB/OL].[2014-08-04].
http://www.hzzx.gov.cn/wyjy/content/2012-07-24/content_5072306.htm.

的审判长职位设置①,主审法官的任职资格应该是普适型而非精英型②,所有的审判员都应视为具备主审法官资格且应履行主审义务(理论上,审判员其实都是精英)。也就是说,当一名法官承办该案时,其就是该案的主审法官。但主审法官的任职资格要求也不宜定得过低,助理审判员不适合担任主审法官。同时,主审法官应该是动态的而不是静态的,一个审判员,在这个案子中可以是主审法官,在另一个案子中可以是合议庭的一般成员,从而确保一线法官人人担负其审案职责,最大限度地扩大法官的审案率。

三、主审法官责任制的外围体制机制重构

主审法官责任制涉及面相当广,不是仅在法院系统内就可完成的,还需系统设计,统一安排。可以说,"要实现建立民事主审法官制的目的,更重要的就是要贯彻和完善其体制"③。

1.在试点时机成熟时革新阻碍主审法官责任制复制推广的法律制度

主审法官制度作为一种改革制度与措施,只能算是一种"大胆"的探索,它不是现行法律规定的制度,在正式法律条文中也没有"主审法官"这个词,因而缺少法律理论依据,与我国现行的法律规定相矛盾、相冲突。涉及宪法和地方各级人民代表大会和地方各级人民政府组织法、人民法院组织法、人民检察院组织法等法律的修改。

2.逐步革新法官选任、培养、管理机制

主审法官责任重大,必须培养一支高素质的法官队伍与之相适应。为此,第一,在新制度设计已推行法官分类管理的基础上,应从两个维度上进一步推进法官选人机制:一是法官逐级选任,原则上中级法院的法官应从基层法院法官中遴选;二是从具有丰富法律素养和深厚工作经验积累的律师及法学教师等法学专业群体中选任。第二,从法官延迟退休逐渐过渡到法官终身制,除非法官自愿退休或出于其他不能胜任因素,法官可终身任职。第三,建立科学的法官考核和晋升机制,让法官摆脱对行政化的崇拜和

---

① 张永泉.论主审法官制与法官选任制[J].法学评论,2000(6):92-97.

② 与办案力量严重不足同时存在的,还有一线法官过少的问题。根据2013年7月全国法院队伍建设工作会议数据,我国法官人数已经达到19.6万人,约占全国法院总人数的58%,但其中20%左右的法官并不办案。

③ 陈小毛,温波阳.建立民事案件主审法官负责制的目的与体制之探讨[J].法律适用,1994(8):37-38.

依附。第四,优化人民陪审员组成(尤其要注意防止人民陪审员现存的过度老龄化),引进"法庭之友"机制,以弥补主审法官缺失的不足。

3.完善人财物由省以下地方统一管理模式

党的十八届四中全会《中共中央关于全面推进依法治国若干重大问题的决定》提出,推动实行审判权和执行权相分离的体制。而在人财物方面,中央在改革方案中提到省级以下法院、检察院进行体制性改革,例如任命和经费能做到统一管理。这就需要全国人大常委会的授权。因此,许多改革的具体事项的落实仍需要一个过程。参与党的十八届三中全会司法改革任务起草的北京大学法学院教授傅郁林透露,在公布的司法改革方案中,很多地方超出了学者的预期。最初起草时设计的方案是法院人财物由中央统筹,而实际止步于省级统管。① 对此,最高人民法院司法改革领导小组办公室法官何帆撰文称:"我国共有 3500 多个法院、近 20 万名法官,所有法院的人财物都由中央统一管理,操作上尚有一定难度。推动省以下地方法院人财物统一管理,是相对务实之举。"②

但也不能忽视,在这种操作模式下,下级法院的审级独立可能受到上级法院人事任命权的潜在威胁。省以下地方法院人财物到底如何统一管理,有两种思路:一是法院不能管理自己的人财物,由司法行政机关统一管理;二是考虑到我国国情,由省一级法院统一管理,但要建立防止系统行政化的机制体制,确保审级独立。两种模式在最关键的人事任命上都有自己的弊端,难以防范司法行政化和审级间干扰。比较合理、可行且符合国体与政体的办法是:(1)在人事方面,一般法官由全省统一招录,逐级晋升。从法学专家、律师中遴选的,则建立由具有人员熟知性的法院与司法行政部门牵头、退休法官、届满不连任的陪审员、律师、业界代表组成的提名委员会③,由其提出初步人选,然后交由同级党委备案(同级党委可删除一定比例的名额,但不能另定人选,相当于党委把关的"负面清单"制),再逐级报备,最后由省级政府提交同级人大表决通过。④ 主审法官从一般法官中择优产生。(2)在财物方面,由省级法院统一提出预算方案,省级人大统一批准。(3)在事

① 海鹏飞,郭翔宇,张楚峤.独立审判,你准备好了吗——专访十八届三中全会司法改革任务起草专家傅郁林[N].南方人物周刊,2013-12-26(2).
② 何帆.夯实依法独立公正行使审判权的制度基础[N].人民法院报,2013-11-17(1).
③ 也可以称之为司法委员会。
④ 或者统一提名,分级依法任免。

务方面,审执分离、审行(审判与行政管理)分离,将主审法官从杂务中解放出来。这样,既能防止党与司法的过度亲密,又能确保党的领导;既能确保可行性和实际效率,又能避免司法行政化和审级间干扰。当然,相信在国家推行的司法改革试点地区还会探索出其他更具智慧的主审法官责任制范式和其他司法范式。

需要明确的是,无论何种价值革新与范式建构,都必须考虑主审法官责任制等司法改革,或者说法治中国建设都应具有高度的系统性和关联性,只有精心的顶层设计与大胆的地方实践高度契合,才能走出一条推进国家治理体系和治理能力现代化的新路。

第二节　法官员额制的改革范式①

中国司法现代化历程早在清末就开始了。1906 年拟定的《大理院审判编制条例》就有司法员额相关规定。随后,司法员额制走过了一段曲折的历程。直到 2014 年,法官员额制改革三个批次的试点在全国法院系统渐次展开。② 实行法官员额制,有三层目的:最直接的目的是推进法官队伍正规化、专业化、职业化,让审理者审判,让裁判者负责,从而形成有且只有优秀法官留在审判一线的局面;第二层目的是通过法院员额制改革,带动法院分类管理制度、法官遴选与惩戒制度、法官逐级选任制度、法官职业保障和执业监督制度、法官助理制度、书记员制度的建立和去行政化,以及促进法院独立等诸多问题的解决,从这个层面看,法官员额制改革可以说是法院改革的关键环节,牵一发而动全身;而终极目的是达到从整体上提高司法审判

---

① 本节在《嵌入与抽离:法官员额制改革的利益衡量研究》一文的基础上修改而成,原载于《北京行政学院学报》2017 年第 2 期。

② 据相关公开报道统计,根据中央关于重大改革事项先行试点的要求,2014 年 6 月,上海等七个省(市)启动第一批试点,2015 年 6 月,江苏等 11 个省(区、市)启动第二批试点,目前,上海、吉林、湖北、海南已在全省(市)推开试点。北京等 13 个省(区、市)及新疆生产建设兵团作为第三批司法体制改革试点省份于 2016 年启动相关工作。三个批次的试点已实现全国大陆所有省份全覆盖,但相关问题特别是深层次问题刚开始出现。

③ 谭兵,王志胜.论法官现代化:专业化、职业化和同质化——兼谈中国法官队伍的现代化问题[J].中国法学,2001(3):132—143.

水平和社会公信力,"让人民群众在每一个司法案件中都感受到公平正义"①。

改革越真实,越触及痛点,这个痛点就是利益。② 本次员额制改革最鲜明的特点是利益的切身性,需将法院人员分为法官、审判辅助人员和司法行政人员,分类管理。这直接涉及所有法官的身份转换和所有法院人员的工作模式变化。不仅如此,这次改革最大的变化是涉及了体制问题。前几轮改革主要是工作机制的改革,基本没有触及体制问题。换句话说,本轮改革不仅深刻影响人的利益,还深刻影响人以外的制度利益、社会公共利益等,而"触动利益往往比触动灵魂还难"③,其复杂性、敏感性、艰巨性可见一斑。

司法体制改革是新形势下加强依法治国建设的重要举措,法官员额制改革在其中扮演着关键角色。法官员额制改革对于推进法官队伍正规化、专业化、职业化建设,从而将优秀法官集中到办案第一线等都具有重要作用。其本质上是一场利益衡量的变革,涉及个体利益、群体利益、制度利益和社会公共利益。必须正确认识法官员额制改革的目标意义,防止认识误区和行动困境。为此,需要根据利益衡量甄别规则,厘定可相容利益位序,嵌入与改革目标一致的利益,在不相容利益间做出选择,抽离与改革目标相背离的利益,在此基础上推进实践建构。

一、法官员额制改革的基本情况、困境与误区

当前,在三个批次各试点法院的积极努力下,包括法官员额制改革在内"试点地方改革取得明显成效"④,基本达到或正在接近预期目标。同时,我们也不能小视法官员额制改革遇到的困难,走入的误区。"审判人员分类改革和法官员额制是在这一轮司法改革中争议最大、困难最多的一个堡垒。"⑤概括来说,法官员额制改革在局部或者说个别领域存在以下困难与

---

① 中共中央关于全面推进依法治国若干重大问题的决定[EB/OL]. [2015-12-02]. http://www.cssn.cn/fx/fx_ttxw/201410/t20141030_1381703.shtml.

② 张建伟. 司法体制改革中的利益纠葛[J]. 东方法学,2014(5):115-123.

③ 李克强. 触动利益比触及灵魂还难　再深的水也得蹚[EB/OL]. [2015-12-08]. http://www.chinanews.com/gn/2013/03-17/4650201.shtml.

④ 习近平主持召开中央全面深化改革领导小组第十九次会议[EB/OL]. [2016-03-03]. http://news.xinhuanet.com/fortune/2015-12/09/c_1117411357.htm.

⑤ 傅郁林. 以职能权责界定为基础的审判人员分类改革[J]. 现代法学,2015,37(4):12-30.

误区。

问题一:试点有成功与失败两种可能,但目前试点单位无一主动向社会公开试点效果不良甚至失败的报告。① 这本身就构成一个问题。将成绩和经验讲足、员额制缺点和试点教训讲透,这才是试点的价值和意义所在。基于对减少改革阻力等因素的考虑,慎重公布负面信息是有意义的,其的确有助于法官员额制改革"按照设想"推进,但改革的真正成功离不开公众"外部视角"的监督和大众智慧的支持,这是确保收集真实民意②,从而使司法改革沿着"为民司法"正确方向顺利推进的重要保障,是不可或缺的一环。

问题二:离职现象引来争议。离职情况及其原因多种多样,总体属于正常现象,如果流失的是不适合法院工作的人才,更是吻合改革原初目的。但从单个法院来说,一线办案骨干的流失,毕竟与员额制改革初衷相悖,不能不令人惋惜;年轻法官的流失,如果打破了单位梯队比例,加重"青黄不接",也值得警醒。

问题三:"法官精简"与"案多人少"的矛盾。改革开始后,按设计预期,员额制能将优秀法官吸引到办案一线,释放其活力并将其精力集中到办案上,办案效能应是显著提高的,但实际上在一些试点法院却出现了办案效率下降的情况,加剧了"案多人少"矛盾。究其原因,主要是在改革过程中,切身利益牵涉其中的法官心思很难完全集中在办案上,而是分散到为考试考核做准备以及各种焦虑之中,甚至出现角色迷失③;不办案的法官入额挤走了原办案法官(后者不再具有或不应再具有办案资格),人手必然紧张。任何改革都有改革成本,如何让这种成本最小化,并尽量消化在体制内,而不转嫁给人民和社会,是一个大问题。

问题四:一审法院员额与上级法院的配比问题。从人口配比看,根据最高人民法院 2013 年的一项统计,全国法院共有法官 19.88 万人,工作人员 34 万人,法官占全部工作人员的 58.5%,占全国人口的万分之一点五。从世界看,日本的法官占全国法院工作人员的 9%,韩国占 21%,其法官占全

---

① 百家左右试点单位参与其中,从概率学上推测,不能排除有效果不佳甚至可为失败典型的案例。实际上,从其他视角看,以人员分类改革为例,遇到的阻力不少。具体事例见:王禄生. 法院人员分类管理体制与机制转型研究[J]. 比较法研究,2016(1):63—75.

② 民意反映容易出于各种原因而"失真"。见:郭人菡,龚廷泰. 中国共产党执政合法性的判断标准与实践向度[J]. 宁夏社会科学,2016(5):21—31.

③ 江国华,韩玉亭. 论法官的角色困境[J]. 法制与社会发展,2015,21(2):15—28.

国人口之比分别为万分之零点三和万分之一。由此可见,我们实施法官员额制仍有潜力可挖。从院内比例看,中央规定入额比例以省级为单位占比为正式编制人员的39%。如果上级法院入额比例确定为39%,基层法院也同样确定为39%,是否存在问题?①

问题五:配套改革带来的问题。一是试点法院一般按照1+M+N的模式配备员额制法官、法官助理与书记员,三者之比多数达不到1:1:1比例。② 有的法院不固定配对人员,法官得临时去申请配对人员,法官在选人上没有发言权,在管理上对其去留也没有决定权。还有的试点法院在创新中走得太远,组建法官集合团队,有偏离方向之嫌。③ 二是在法官员额和岗位配置上搞平衡,使人对员额制改革产生怀疑。三是人员分流问题。从法官位置上退下来,有一个职业保障、职业荣誉感以及向家人、向朋友、向社会交代的问题,这个人之常情是不能不加以考虑的。

问题六:进度问题。这次改革使用的是工程工期法,要求在一定时限内完成一定的改革任务。这种方法的好处是便于顶层设计的如期实现,不利的地方是,一些可以用时间消化的矛盾一下子堆积起来,需要用非时间手段去解决。④ 这就对空间型和资源型手段提出了更高要求,但试点法院"辗转腾挪"的空间及可利用资源都有限。

各种取舍难题形成"公说公有理,婆说婆有理",进而不知如何决断的复杂局面。法官员额制不是不好,恰恰相反,员额是一种难得的稀缺资源,才导致了配置过程中的种种博弈。但如果要避免僵局,就必须超越主观判断,揭示其背后隐藏的利益逻辑,从而得出正确判断与妥当选择。

---

① 孟庚秋.法官员额比例问题研究[J].法制博览,2015(10):157.
② 以江苏省为例,全省法院有法官10010人,其中一线法官7239名,法官助理423名,书记员6204名。考虑到法官助理是新设职位,只看法官与书记员配比,也不能达到1:1比例。这里各层次法院间、各条线间、地区间还存在差异。调研结果还显示,审书配比与法官结案数的确存在一定正比关系。见:江苏省高级人民法院政治部课题组.关于优化审判辅助人员配置的调研报告[C]//法官员额制改革理论与实践研讨会论文集,2015:1-3.这个配比就是简化为法官与其他工作人员之比也与大陆法系国家和普通法系国家存在很大差距(日本2013年为1:6,德国2012年为1:4,美国俄勒冈州2014年为1:8,科罗拉多州为1:12)。见:傅郁林.以职能权责界定为基础的审判人员分类改革[J].现代法学,2015,37(4):12-30.
③ 比如有的法院在员额制试点中,推行1名审判长(或1名主审法官)带2名普通法官加3名审判辅助人员的审判团队模式,将本应下放给每位普通法官的独立办案权赋予审判长,有"开倒车"之嫌。
④ 比如有人退休,就可以腾出空额。

二、法官员额制改革的利益交错及其厘定

毋庸讳言,法官员额制改革归根结底是一次利益衡量的变革。法官员额制改革涉及个体利益、群体利益、社会公共利益和制度利益等四个不同层次的利益构成。[1] 前三类利益之间是并列关系,制度利益与前三类利益之间则是递进关系。这种利益构成要求改革者层层深入,有步骤地分析、比对不同利益,按照一定的甄别规则,经过综合性的利益衡量,确定妥当的利益抉择,进而完善相关设计,最终确保改革的成功。其中,制度利益直接联结当事人利益、群体利益与社会公共利益,它是利益衡量的中心所在。[2]

第一,个体利益。这一层次利益包括入额或能入额的普通法官的利益、不入额的原法官利益、入额或不入额的领导利益、法官助理和书记员利益,以及人民陪审员利益等。这些利益相互间存在冲突的可能。首先,如果在员额制改革中掌握资源分配权和话语权的领导自动入额或以例外标准入额,则会挤占普通一线法官的入额机会,使法官员额制选拔优秀法官集中到一线的改革目的形同虚设,带来尖锐矛盾和其他问题;[3]如果他们不入额,他们过去在一线办案时积累的丰富的办案经验就不能发挥作用。如何有效保障审判权的运行也成为问题。其次,未入额的法官,面临着身份转换。如果因未能入额而被剥夺法官称号,则与其依据"法官法"等享有的职业权利保障相冲突;[4]如果未入额却又继续享有法官称号或继续保有审判资格,哪怕属于暂时的权宜之计,[5]则这种"概念游戏"也会使法官员额制改革效果大打折扣。这是一个有待破解的悖论。再次,改革会引发一线法官与非一线法官的利益冲突,以及法官助理和书记员利益保障问题。在法院内部综合部门的不办案法官,一般都是服从组织安排进入相应岗位的,如果以已办案累计量为主要遴选标准,他们的利益将失去保障;如果不以办案量而以资历为核心标准,将偏离法官员额制选拔优秀的能办案的法官的初衷。对法

---

① 四种利益分类,见:梁上上.利益的层次结构与利益衡量的展开——兼评加藤一郎的利益衡量论[J].法学研究,2002(1):52−65.

② 王敬波.政府信息公开中的公共利益衡量[J].中国社会科学,2014(9):105−124,205.

③ 刘斌.从法官"离职"现象看法官员额制改革的制度逻辑[J].法学,2015(10):47−56.

④ 孙伟良.谁来守护司法的公正——法官权利保障制度研究[J].河南社会科学,2012,20(3):22−25.

⑤ 有学者提出创设"员额外法官"称号,就属这种情况。

官助理和书记员来说,最注重的是有无晋升为法官或通过其他渠道实现职业理想的可能性,但这一点目前基本缺失。这种制度缺失对法官助理和书记员队伍的稳定性造成重要影响。个体利益冲突是最尖锐的,因为每个人背后还有家庭、亲友,而不是单纯的个人。最后,还有一个不能被忽视的陪审员利益问题。不管何种情况,在所有的个体利益中,优秀法官,即会办案的法官的利益是核心利益。

第二,群体利益。这一层次利益涵盖法院利益、法院系统整体利益和法官遴选委员会利益等。这些利益之间的关系,虽然不如个体利益之间那么复杂,但同样存在发生一定冲突的可能性。这些冲突主要包括以下几个方面:下级法院与上级法院的利益冲突;具体法院与法官遴选委员会的利益冲突;法院个体与系统整体利益的冲突。首先,上下级法院之间的利益冲突主要体现在对员额的分配上。一种方法是以案件量为基准进行统筹,但不同区域、不同审级处理同一类案件的工作量不是完全相同的,因此如何进行可比化的计算? 其次,具体法院与法官遴选委员会之间的利益冲突主要体现在确定入额法官标准以及具体法官遴选的话语权的博弈上。对具体法院特别是其领导层来说,如果法官不由自己遴选,却要让自己接受和管理,这首先就需要在观念上做很大的转变,还需要在实践中克服权威缺失等具体困难。对法官遴选委员会来说,其既不能被任何集体和个人所误导,又要兼听各方意见。而且,由于法官遴选委员会成员人数众多,有的不够专业,且基本都是兼职,容易形成对少数日常办事人员的依赖。[①] 因此,如何克服私利或各种"假象"的影响,保持独立思考并始终秉持公义,对于法官遴选委员会是一大考验。法院个体与系统整体利益的冲突主要体现在:法院一般将"人"作为工作的起点和终点,在员额制改革中容易偏向于如何安排好每个人;系统整体却将"事"(或者说人的集合)作为工作的起点和终点,在员额制改革中偏向于如何完成改革任务,提高司法公信力。二者在利益上不是完全重叠的,也不是始终为包含与被包含的关系。

第三,社会公共利益。社会公共利益涉及四种利益:一是诉讼当事人利益;二是院内其他纠纷解决渠道与方式的当事人利益;三是社会非诉者利益;四是国家利益。前三者具有对象不确定性、临时性和外部性特征,因此不属于个体利益范畴,属于社会公共利益范畴内应该考虑的独特利益。这

---

① 王琦.我国法官遴选制度的检讨与创新[J].当代法学,2011,25(4):84-89.

个层次的利益相互间的冲突主要体现为前三者与国家利益之间的冲突。改革试点,不可避免地会对前三者利益发生影响,甚至发生改革过渡期成本的转嫁问题。从国家利益视角来说,其不应是国家机关利益,而是社会公共利益的集成,体现社会秩序、安全、效益、公平、自由、正义等价值。

第四,制度利益。从功能上讲,制度利益衡量既是判断各种员额制改革举措正当性的实质依据,又是促进员额制度自身完善的内在动力。[①] 正如菲利普·海克所言,员额制度与法律制度一样,是社会中各种利益冲突的表现,是人们对各种冲突的利益进行评价后制定出来的,实际上是对这些利益的安排和平衡。[②] 但目前在改革中出现的一个问题是,有的试点将利益的安排和平衡局限在个体和群体范畴,而忘却了社会公共利益衡平。当然,另一方面,制度本身不构成利益的受益者或受损者,它其实是通过有利于或不利于不同个体、群体或社会公共利益来体现自己在利益构成上的特殊性。与员额制改革相关的制度有宪法、法律、行政法规、地方性法规、行政规章、地方政府规章、法官遴选委员会决议、各试点法院实施方案,以及党的相关政策性文件等。在所有制度利益中,宪法利益是最高利益。制度利益对三层次利益的体现,有显性体现、隐性体现、间接制度类推等多种形式。对任何一项制度利益进行取舍,都必须回应正当性追问,回应人们对"正能量"的期待。在制度利益中,制度设计直接指向的利益具有判断标准的作用。有且只有优秀法官集中到办案一线才是法官员额制度设计的直接目的,因此其指向的利益具有基准性,我们可称之为基准利益,其他利益都属于衍生利益或纠偏利益。[③] 换句话说,基准利益是判断个体利益、群体利益、制度利益和社会公共利益位序及这些利益嵌入或抽离的基准。[④]

---

① 各项制度的利益之和可能是平衡的,但单项制度在利益保护上是有偏向的。比如"欠债还钱"作为一项制度时其利益指向:一是保护交易活跃及延续;二是保护债权人利益。这是这项制度固有的,也是已经有"偏向"的利益维度。

② 何勤华.西方法律思想史[M].上海:复旦大学出版社,2005:255.

③ 如宪法利益,既是基准利益(法官队伍正规化、专业化、职业化)的衍生利益,又是确保员额制改革沿着正确方向行进的纠偏利益,当然它也在各种利益尺度中处于最高地位。当基准利益存在缺陷时,就需要用其他制度利益如宪法利益来纠偏。

④ 基准利益与四个层次利益的划分标准是不一样的,基准利益与非基准利益是按照制度设计目的划分的。

三、法官员额制改革利益衡平机制的建构

法官员额制改革不仅是试点期内试点法院的工作,即使在全国所有法院都推行后也将会继续修改完善。利益衡量是法官员额制改革的中心环节,最终要做到利益衡平。利益衡平是指根据利益界定、衡量结果,决定利益的协调和取舍。利益衡平不是利益平衡,也不能做成利益平衡。传统理论认为不同利益之间尤其是"善"的利益之间都存在相容性(公度性、通约性)。但实际上,就四个层次的利益来说,不仅各层次内部各具体利益之间既存在相容性也存在不相容性(不兼容性、不可调和性),四个层次的利益之间也存在相容性和不相容性。[①] 四个层次利益孰轻孰重,不能简单地一概而论,而应按比例原则等利益衡量准则,做充分的比较,因此取舍标准或者说取舍规则就变得异常重要。权利的核心在于利益,在利益不能兼容时,法律保护的本质在于保护更应当保护的利益。[②] 因此,我们要围绕基准利益,建立甄别规则,厘定可相容利益位序,在不相容利益间做出选择,嵌入有利于基准利益最大化的利益组合,抽离不在这个"篮子"里的各种损害基准利益的具体利益,在此基础上推动法官员额制改革目标的总体实现。

首先,要把好"进口关",科学制定统一的入额程序和标准。第一,制订系统内现有人员入额标准。标准有两个:报名标准和优秀法官判断标准。报名标准事关起点正义,必须慎重确定,过高或过低都不妥当。对优秀法官的认定包括品德、办案的数量和质量、专业、资历等,最关键的是法官优秀与否,核心是要围绕办案来判断。既想当以行政管理工作为主的领导,又想兼以办案为主的入额法官,这种思想归根结底是基于"官本位"更"吃香"的考量。[③] 而审判权内部运行机制保障问题应通过塑造以庭审为中心的司法裁判运行模式来解决。[④] 第二,制定系统内现有人员入额程序。比较而言,

---

① 西方传统思想认为,所有的善不仅和谐共存,而且相互包容。但英国哲学家以赛亚·伯林(Isaiah Berlin)认为,不仅"善"与"恶"之间存在不可相容性和不可公度性(incommensurability,不可通约性),"善"与"善"之间也存在不可相容性与不可公度性。见:梁上上.异质利益衡量的公度性难题及其求解——以法律适用为场域展开[J].政法论坛,2014,32(4):3−19.

② 梁上上.利益衡量的界碑[J].政法论坛(中国政法大学学报),2006(5):66−80.

③ 让员额制比领导职级更"吃香",更有职业吸引力,有助于法官员额制改革去行政化等目标的实现。见:丰霏.法官员额制的改革目标与策略[J].当代法学,2015,29(5):140−148.

④ 方乐.审判权内部运行机制改革的制度资源与模式选择[J].法学,2015(3):26−40.

"考试＋考核"的遴选程序更为合理。程序必须统一,包括法院领导在内,任何人非经此同一程序,不得入额。符合报名标准的,可先参加全省统一考试,然后按照参加人选与录用人选的合适比例(不宜过大)确定参加考核人选,由省级法官遴选(惩戒)委员会按照优秀法官的判断标准予以考核,最终通过者获得员额法官资格。第三,建立初任法官养成机制。一要建立青年法官的逐级养成机制,形成逐级晋升通道:书记员从法律专业本科生中招录,法官助理从法律专业研究生中招录。① 书记员经 2 年以上实践方可参加法官助理选拔,法官助理经 2 年以上实践方可参加初任法官选拔。获得初任法官资格后应不少于 1 年见习和培训方可主持审判工作。上级法院法官应从下级法院从事审判工作满 5 年以上的法官中选任。② 第四,畅通人才交流渠道,引入开放式竞争机制。从律师、法学家等有丰富人生阅历和专业实践经验的社会人士中遴选法官,有助于发挥他们的职业优势和专业特长,提升司法工作的整体水平。正如美国大法官霍姆斯所说:"法律的生命向来不是逻辑,而是经验。"③多领域、多岗位历练对以后的员额制法官来说,应成为标配。④

其次,设置"过程关"。第一,构筑科学的法官员额编制公式,⑤建立以法官为核心的员额动态调整机制。另外,要建立法官、法官助理、书记员生病、生育等情形的统一应对预案。第二,要设置入额法官办案量考核。在过渡时期后,所有领导均应以办案为主。第三,法官入额后,要为其展开高效工作提供人员保障,配套改革至关重要。⑥ 关键是确定法官、法官助理、书记员配比及相互权责法规化。同时,也要为的确资深、的确具备直升资格且

---

① 书记员与法官助理均应经过公务员考试,并建立书记员和法官助理在职攻读定向硕士或博士、定向轮训、导师制等多形式培养机制。
② 夏克勤,胡媛.我国法官选任制度专业化改革思路[J].人民司法,2014(11):38-41.
③ 弗里德里希·冯·哈耶克.法律、立法与自由[M].第 1 卷.邓正来,等译.北京:中国大百科全书出版社,2000:168.
④ 仍以较为前沿的江苏为例,很多高校毕业生考入法院工作一两年后即被安排参加预备法官培训,不满 30 岁就被任命为法官的现象极为普遍;未婚的预备法官约占一半左右;一些未婚的年轻法官甚至被安排审理离婚案件。由此可以推知全国的状况。见:李颖,陈倩,王宝鸣.预备法官培训的实践性不足与改进——江苏省法官培训学院关于全省预备法官培训的调研报告[N].人民法院报,2016-01-07(8).
⑤ 王静,李学尧,夏志阳.如何编制法官员额——基于民事案件工作量的分类与测量[J].法制与社会发展,2015,21(2):29-40.
⑥ 丰霏.法官员额制的改革目标与策略[J]当代法学,2015,29(5):140-148.

有意终生从事审判职业的法官助理、书记员打通从助理到法官的法定通道。

最后,设定"出口关"。第一,做好未入额的原法官(领导)的院内消化与院外分流。要争取地方支持,不愿入额或未能入额的,以自愿横向交流到地方为主,职级上适当照顾。推行"多门"法院、ADR、①法务官岗位设置等改革,发挥未入额留院者的作用,同时杜绝"员额外法官"等形式。第二,应建立退额制度。入额后退额的人员与其他人员一样,按程序再度参加选拔或予以分流。第三,打通法官助理和书记员岗位多向通道。主要通道不应在法院内部,而应为院外通道。一是打通法官助理、检察官和执业律师之间的通道,担任书记员、法官助理、检察官助理一年以上者,应允许不经见习直接转为执业律师;二是随着设区市普遍获得地方立法权,法官助理、检察官助理应成为人大立法部门专业人才的主要来源,同时,也应成为党委政府各部门依法行政的骨干人才的主要来源之一。

四、结　语

"制度是共识的固化,制度改革则是重新凝聚共识的过程"②,利益衡量是精准确定"重叠共识",解决法官员额制改革棘手问题的有效分析工具。但是,一方面,利益衡平是一个过程,对于错综复杂的司法改革利益衡平来说,有一个在尊重司法规律基础上的、在不断试错中凝聚共识、渐进实现最优选择的时间限定,要善用"慢思维",精心统筹,小步快走,稳步推进;另一方面,利益衡量也不是万能的,有一个操作空间和结构的限定,在使用利益衡量方法衡平各种利益的同时,也要防止恣意,避免造成滥用,因为说到底,利益衡量也是一种主观行为。③ 为了防止主观偏见,规则及决策者的选定就变得至关重要。从这个角度上说,加强源头管控,建立一个具有广泛代表性、专业性和能统筹、善衡平各种利益的法官遴选(惩戒)委员会,引入改革效果的第三方评价方式,至关重要。

① Alternative Dispute Resolution 的缩写,可译为替代纠纷解决程序或诉讼外纠纷解决机制,指使用诉讼以外的方法,如仲裁、调解等来解决纠纷。
② 秦前红,苏绍龙.深化司法体制改革需要正确处理的多重关系——以十八届四中全会《决定》为框架[J].法律科学(西北政法大学学报),2015,33(1):36—47.
③ 梁上上.利益的层次结构与利益衡量的展开——兼评加藤一郎的利益衡量论[J].法学研究,2002(1):52—65.

第三节　中国转型诉讼制度①

刑事案件发生后,受害人或其家属只能通过提起刑事附带民事诉讼来获得赔偿。刑事附带民事诉讼适用的是刑事证据规则。刑事证据规则与民事证据规则有着显著不同,尤其是刑事证据规则证明标准远高于民事证据规则,这会导致真实受损的受害人或其家属无法得到补偿。因此,有必要探讨在中国构建转型诉讼制度的必要性和可能性。

一、引　论

常规诉讼有三种类型:行政诉讼、刑事诉讼和民事诉讼。同一案件在诉讼中做出终局性实体判决之后,当事人利用诉讼差异在另一种诉讼中寻求新救济,本书称之为诉讼转型,其规范综合为转型诉讼制度。转型诉讼有以下特征:(1)案件同一;(2)存在两种以上诉讼的可适用性;(3)一种诉讼的终局性判决是启动另一诉讼的前提条件之一;(4)该判决是实体性而非程序性的;(5)进行转型诉讼的原因一般是一方不满前一诉讼终局性判决而寻求新诉讼的救济;(6)这种新诉讼救济诉求是建立在不同类型诉讼证据证明等存在差异从而可能导致不同结局的可能性基础之上的。其典型例子为辛普森案件。②

在世界各国的司法体制里,有从刑事诉讼转到民事诉讼的,有从行政诉讼转到民事诉讼的,也从民事诉讼转到刑事诉讼的。其中第一种较为常见,也可称之为狭义的转型诉讼;后面几种较为鲜见,实用价值不大,其存在也难有合理性。本书要研究的诉讼转型仅限于从刑事诉讼转到民事诉讼,即狭义的转型诉讼。

二、构建转型诉讼制度的必要性

法律主体的行为具有复杂性和多样性的特征,一些行为在性质上既关乎社会公共利益,也与某些社会个人利益紧密相连,这些特点就决定了在解

---

① 本节在《中国转型诉讼制度的建构》一文的基础上修改而成,原载于《河北法学》2002 年增刊。

② http://www.china-review.com/flsc/flscsy.asp? title＝法逸斋评案评。

决纠纷方面手段应该是复合的,如行政诉讼与民事诉讼的交叉、刑事诉讼与民事诉讼的交叉等。如杀人罪既侵犯了刑法所保护的社会关系,又侵害了公民的个人利益。当两个利益体都要求救济时,我国现行司法体制一律采取刑事法庭统一刑事附带民事诉讼的制度来解决。但这种安排真的是合理的吗?答案是否定的。

首先,刑事诉讼与民事诉讼具有异质性。刑事诉讼的目的在于惩罚犯罪与保障无罪的公民免受刑事追究,具有公诉性质;民事诉讼的目的是解决私权争议,具有私诉性质。这种异质性衍生出两种诉讼在主管、管辖、证明、期间、送达、复核、审判监督等方面的不同。

其次,两种利益体的诉求由刑事庭统一判决不是很合理。英美法系国家不存在刑事附带民事诉讼的制度,大陆法系各国,包括中国,因存在刑事附带民事诉讼的制度,在刑事案件的审理中往往由同一审判方对民事赔偿问题等一并做出判决,不容许受害人单独提出民事诉讼。不可否认,附带判决制度可以节约司法资源、提高效率。但是,第一,在司法实践中,采用刑事附带民事诉讼的方法容易导致国家本位倾向,忽视个人民事权利。如附带民事赔偿的原则以被告人确有赔偿能力为前提(《中华人民共和国刑法》第三十六条)和刑事判决优先且对附带民事诉讼有既判力等,这显然与当今时代发展是背道而驰的。第二,刑事庭捎带受理民事诉讼,也显然不符合社会化大分工所要求的专业细化趋势。第三,《中华人民共和国刑事诉讼法》第七十七条规定:"被害人由于被告人的犯罪行为而遭受物质损失的,在刑事诉讼过程中,有权提起附带民事诉讼。"这样,当民刑复合时,民事诉讼不仅只能附属于刑事诉讼,而且其赔偿范围也限定于物质赔偿,且即便是物质赔偿也不是全面的,没有精神损害赔偿等。第四,民事当事人的充分参与权等被削弱或剥夺。而我们知道,诉讼的一项十分重要的程序价值就是提供给受害人等一个合法宣泄情绪的渠道。但在附带诉讼里,这条渠道是畸形的。

再次,刑侦机关取证违法导致国家公诉权和被害人私诉权一并丧失是不公平的。刑侦机关取证违法只应导致国家公诉权缺陷而不应剥夺无辜被害人另行寻求救济的权利[①]。转型诉讼制度的建立可以有效防止刑侦机关渎职或是串谋加害人违法取证侵害被害人利益。

最后,证明能力和证明力(包括证明标准等)在刑事和民事诉讼中相同

---

① 刘洁辉.赋予公诉案件被害人上诉权的原因分析[J].当代法学,2002(9):130－131.

有可能损害被告方利益,不同而又不转型,则有可能损害原告方利益。解决这一矛盾的最佳办法就是构建转型诉讼制度。

三、构建转型诉讼制度的可能性

构建转型诉讼制度的可能性集中体现在证据制度上,也包括时限、程序等。本书主要从证据制度上论述构建转型诉讼制度的可能性。

1. 证据规则在不同诉讼中的差异对转型诉讼建构的影响

(1)证据取得不合法对转型诉讼的影响

民事证据在原则上由当事人向法院提出,并且多与法律行为相结合。比如,买卖要约与承诺行为成立后,当事人就会签订书面合同,此书面合同就构成了民事证据本身。就法律事实而论,假如受害方直接从加害人处获得证据,也不能说其证据没有与法律行为相结合,因为其仍然是意思表示的证明。民事证据与法律行为相结合后,其取得的方式哪怕不合法,但在法院认定该法律行为无效前(包括自始无效和因撤销无效),仍不能否定其证据价值。如果借据或契约是因欺诈或是胁迫而出具的,依民法规定,受害方应于一定时间内行使撤销权,方能判定其法律行为归于无效;若被害方在经过一定期间(知道或应当知道欺诈行为之日起一年内)后没有行使撤销权,则该借据或契约的证明的法律行为依然有效存在,即该借据或契约的证据力不受任何影响,法院不得以其他方法查明该证据取得的不合法并责令其另行举证或予以驳回。至于法院在调查证据时有方式不合法的情形(如采用欺诈或胁迫的手段强令当事人承认某一事实),则属于另外一个问题了。

刑事证据因采取职权调查的方式,没有上述举证问题,但法院调查证据的方式如果违法,也足以动摇判决的有效基础。不过,这种情形较为鲜见,不在此展开论述。刑事判决因关系到人身自由乃至生命,法律对于证据的要求极为严格,若其证据系以侵权行为(如刑讯逼供)或其他不正当手段取得的,则根据最高人民法院《关于办理刑事案件严格排除非法证据若干问题的规定》,适用非法证据排除规则。不仅如此,即使被告在法庭中随意承认,也必须查证是与事实相符合的,才可以被采信为证据。

(2)证据本身不合法对转型诉讼的影响

证据除其做成或取得的过程有不合法的情况外,原无本身不合法之说,这里所谓不合法指的是证据直接表现的内容和观察的结果。证据本身不合法在民事和刑事案件上的效力如何,有予以区分的必要。就民事案件来说,如果当事人所提供的证据内容是用来证明自身行为的,则无论其行为是否违法(如提供的是假的合同),其证据均没有任何效力。但同样的证据若是放在刑事诉讼案件中,则其不合法的内容恰恰是其犯罪的良好证据。

(3)当事人沉默对转型诉讼的影响

沉默在民事和刑事证据规则上的价值是不同的。言论自由为基本人权之一,从反面理解就是,人人有不发表言论即沉默的自由。但沉默在民事证据上的情形包括当事人接到合法通知但在庭审日不到场,或虽到场而不进行陈述。依民事诉讼法规定,这将产生如下不利后果:1)一审终审。在庭审辩论日,如果一方当事人接到合法通知却无正当理由不到场,法院就会根据另一方当事人的申请,只依据其一轮辩论就做判决。换言之,在"谁主张,谁举证"的规则下,当事人的沉默将导致其丧失证据上的攻击与防卫机会,无疑最终会导致对其不利的诉讼结果。2)视同自认。根据《最高人民法院关于民事诉讼证据的若干规定》的第四条,一方当事人对于另一方当事人所主张的事实在庭审辩论时如果不争执,则视同自认,至于对另一方当事人主张的事实表示不知或不记得的,是否视同自认,由法院依职权断定,或者经审判人员说明并询问后,其仍然不明确表示肯定或者否定的,视为对该事实的承认。当事人沉默包括当事人到庭而不作任何陈述。这种沉默在民事诉讼上会产生直接的不利后果。而在刑事诉讼中,根据刑事诉讼法,刑事被告并无为自己提出无罪证据的义务,故其到庭后如果不为自己的嫌疑辩护,法院不得将此看作其已认罪从而认定其犯罪。当然嫌疑人沉默的结果在此将有可能使法院获得不利于被告的自由心证或者说自由裁量权,这也是符合客观规律的。

(4)自认与自白的区别

除刑事诉讼程序外,自认在一般诉讼上有绝对的证据力。就是说,在一般诉讼中如果被告方有自认的情形,法院可以直接采信。即使在刑事诉讼中,法律条文虽有不可直接采信自认的规定,但并非说自认绝对没有证据力,只是不得作为唯一的证据,而是应该与事实相符,方可采信而已。因为刑事诉讼的判决关系到人身自由及生命问题,所以对于被告在刑事案件的审查或审判中自白的情形,法律上通常采取宁纵勿枉的态度。我国刑事诉讼法等规定,被告的自白不得作为有罪判决的唯一证据,仍应调查其他必要的证据,以考察其是否与事实相符。故单纯的"自白"因已有"其他必要证据"的存在,就丧失了其独立性证据的价值。当然依法理而言,自白仍有其不可否认的价值。根据《日本刑事诉讼法》第 319 条的规定,出于强制、拷问或胁迫的自白,经过不适当的长期扣留或者拘禁后的自白,以及其他可以被怀疑为并非出于自由意志的自白,都不得作为证据。并且不论被告人在法庭上有任何自白,当该自白是对其本人不利的唯一证据时,不得认定被告人有罪,此自白包括对起诉的犯罪自认有罪的情形。

(5)共同被告或共犯不利己之陈述的价值

在中国的传统上,在案件审判中对于证据滥用牵连法则,即共同被告的供述涉及其他人的,被涉及的人将百口莫辩,冤狱也就随之发生。现在的刑事诉讼法规定单纯的自白已经不得作为证据,因此就算有共同被告做出不利于自己的自白,也不能作为不利于其他被告的证据。但在民事诉讼方面,法院仍会沿用传统的做法。

2.举证责任在不同诉讼中的差异及其差异对转型诉讼的影响

(1)举证责任分配

刑事法律有一个极其重要的原则,被告只要提出"合理的怀疑"即可,不必做出证明,这叫作"没有证明的负担",而相反,检方则必须提供证据证明"超越合理的怀疑",这叫作"具有证明的负担",或者说"证明的责任在检方"。德国的刑事诉讼法规定了"原告的证明责任"(第 597 条第 2 款)和"被告的证明责任"(第 598 条)。在德国刑法界,"基本上达成一致的是,原告只需对所谓的权利产生的事实加以证明,而被告则只需对所谓的权利妨碍的事实和权利消灭的事实加以证明[1]","不适用特定的法律规范其诉讼请求就不可能获得结果的当事人,必须对法律规范要素在真实的事件中得到实现承担主张责任和证明责任[2]"。在日本,举证责任原则上由检察官承担,基于"被告人在受到有罪判决前推定为无罪"及"有疑时为被告人利益"的原则,当不能证明事实存在与否时,检察官要受到不利的裁判。但作为例外,有时被告人要负举证责任。这些例外包括:1)关于毁损名誉罪中指摘事实真实的证明;2)同时伤害罪中关于伤害结果是何人造成及其伤害程度的证明[3]。在排除非法证据的法则上,一旦被告人已证明证据的收集程序违法,

①　莱奥·罗森贝克.证明责任论——以德国民法典和民事诉讼法典为基础撰写[M].第 4 版.庄敬华,译.北京:中国法制出版社,2002:95.

②　莱奥·罗森贝克.证明责任论——以德国民法典和民事诉讼法典为基础撰写[M].第 4 版.庄敬华,译.北京:中国法制出版社,2002:104.

③　宋英辉,译.日本刑事诉讼法[M].北京:中国政法大学出版社,2000:301.

对搜查、扣押合法性的举证责任就落在起诉一方。在国际刑事法院的诉讼中,在通常情况下,被告人无须证明自己有罪或无罪,作为起诉方或公诉人的国际刑事法院的检察官必须提出必要的证据,来证明其所指控的被告人的罪行。如果检察官不能提出足够的证据来证明其所主张的被告人犯有的罪行,则国际刑事法院可以判决被告人无罪。被告人经庭长同意,也有权提出传唤起诉方或指控方的证人或是调取证据的要求。诉讼各方当事人均可向法院提交与案件有关的证据,国际刑事法院也有权要求任何诉讼当事方提交其认为必要的一切证据,以查明事实真相①。

另外,在举证顺序与举证时限方面民事诉讼和刑事诉讼也有很大不同,本书从略。

3.证据证明标准

正如哲学上"一个人不可能两次经过同一条河流",法律事实也难以完全还原已经过去的生活事实。如果法院要求调查的事实必须 100% 确凿地予以证实,那么,几乎没有几个案件能被认为是证实了的。因此,普通法系国家普遍接受这样一个原则:在民事案件中,如果证据表明所调查的事情是某种特定结果比不是该种特定结果的可能性更大的话,它就能够证实该事件;在刑事案件中,如果证据能够排除合理的怀疑,它就能够证实该事实。因而,在民事案件和刑事案件中,证据必须在不同程度上证实其可能性,而无须证实其确定性。在大陆法系国家,民事案件要求其可能性达到很高的程度,比普通法系要求更高一些。这就是通常所说的,民事证据需要"高度盖然性",刑事证据倾向于"排除合理怀疑"。

与证明标准紧密相关的一个问题是证据的重要性或对证据的评价、对证据应当提的说明或解释的限定等。普通法系国家,在民事案件中,事实可以根据对可能性的权衡来证实;在刑事案件中,指控必须通过合理怀疑来证实,这样,定罪才是合法的。

四、中国应该建构转型诉讼制度

正如上文已指出的,中国目前采用的是刑事附带民事的制度来一体解决民事与刑事的复合性问题,这是不很妥当的。本书建议,原有的刑事附带民事制度的框架可以保留,继续发挥其有限的积极作用,但应大幅削减其实

①　高燕平.国际刑事法院[M].北京:世界知识出版社,1999:225-226.

用的强迫内容,引进当事人主义,将选择权真正交给受害人,让其选择是以刑事附带免费的民事诉讼还是单独提起收费的民事诉讼,体现对个人正当利益的尊重。当然,这并不意味着我们应该照抄照搬英美法模式。正如曾在辛普森一案中担任辩方律师的美国哈佛大学法学院知名教授艾伦·德肖微茨先生所认为的那样:"世界上没有一个国家的刑法制度是完美无缺的,中国如此,美国也是如此。正义是需要追寻和求索的,因为我们无法达到一个完美的正义的现实,我们必须去追求。公正不是结果,而是一个过程。"①

---

① 杨亮庆.正义需要追寻[N].中国青年报,2001-03-26(4).

第五章　法治经济

第一节　中小企业融资法律风险防范[①]

目前,我国中小企业具有"五六七八九"的典型特征,即贡献了50%以上的税收,60%以上的GDP,70%以上的技术创新,80%以上的城镇劳动就业,90%以上的企业数量,是国民经济和社会发展的生力军,是建设现代化经济体系、推动经济实现高质量发展的重要基础,是扩大就业、改善民生的重要支撑,是企业家精神的重要发源地。概括为一句话,就是"中小企业能办大事"![②] 同时,也需要注重防范法律风险,尤其是融资法律风险,确保中小企业健康发展。

一、银行贷款的法律风险防范

银行贷款是当前我国企业解决融资问题的主要渠道,它包括信用贷款、抵押贷款和保证贷款等种类。但由于中小企业规模小、抗风险能力差、抵质押物不足、经营活动不透明、财务信息往往具有非公开性等特点,银行对于中小企业的风险状况缺乏有效的识别手段,商业银行的审查监督成本和潜

---

① 本节在《中小企业融资法律风险防范》一文的基础上修改而成,选自吴家曦主编《中小企业创业经营法律风险与防范策略》,法律出版社2008年版,本部分内容由郭人菡执笔起草,李政、郭人菡、裴陈合著。

② 习近平在2018年10月24日视察广东时讲话. http://www.chinanews.com/gn/2019/07-16/8895865.shtml.

在收益严重不对称,从而大大降低了银行在中小企业贷款方面的积极性。因此,银行向中小企业贷款往往具有更为严格的标准和流程。企业主对于银行贷款可能带来的风险应当有清醒的认识。

1. 银行贷款业务及风险分析

(1)银行贷款的优点

一是费用低。比较各种融资工具,向银行贷款对于企业来说是成本最低的一种。银行贷款利率根据不同情况确定:大中型企业贷款利率一般高于小企业贷款优惠利率;信用等级低的企业贷款利率可能高于信用等级高的企业贷款利率;中长期贷款利率高于短期贷款利率等。综合起来,银行贷款仍然具有比较优势。

二是资金来源稳定。由于银行实力雄厚,资金充足,资金来源也比较稳定,中小企业的贷款申请,只要通过了银行的审查,与银行签订了贷款合同,并且满足了贷款的发放条件,银行一般总是能及时向企业提供资金,满足企业的融资需求。

(2)银行贷款的缺点

一是门槛高。银行贷款对企业规模、信誉、盈利、成长性等方面的资质要求较高,一般中小企业难以符合要求。除资质要求外,银行通常还要求提供财产抵押,而中小企业缺乏不动产,机器设备、产品、订货单等抵押或质押又难以获得银行认同,且中介评估费对小企业来说也是不小的成本。政府虽然要求银行尽可能多地向中小企业贷款,但要求商业银行在亏损的条件下向小微企业提供贷款,只能是不符合法治经济原则的权宜之计。面向中小企业贷款的营销和管理成本太高,国有商业银行放贷人员责任重大,这从另一个方面制约了银行向中小企业贷款的积极性。

二是程序复杂。企业向银行贷款要经历以下程序:贷款申请;银行受理审查;签订借款合同;发放贷款;贷后审查;贷款归还等。整个贷款过程审批时间长、条件限制多,与中小企业贷款需求"短、快、灵"的特点不吻合。这制约了中小企业从银行寻求贷款的积极性。

三是期限短且有授信额度限制。中小企业多数需要借款,且数额小。但有时也需要战略性的、数额大的中长期借款。但中小企业很难像大企业一样获得期限长、数额大的贷款。这严重制约了中小企业的转型发展、二次创业。

（3）银行贷款的风险

一是民事责任方面的风险。由于法律及信贷政策的严格要求,银行在向中小企业发放贷款时往往要求借款人提供财产抵押。实务中,中小企业提供的抵押物一般是自己所有的用于经营的房屋和土地使用权,或者是用于经营的机器设备。抵押权是一种权利人可以直接处置抵押物而优先受偿的权利。也就是说,一旦借款的中小企业不能按期还款,作为抵押权人的银行就可以要求它把用于抵押的房屋、土地使用权或者机器设备变卖或者拍卖掉,以得到的钱款优先归还银行的贷款。银行通常是向法院起诉,最后由法院主持变卖或者拍卖企业的抵押资产。可想而知,一个中小企业如果被这样行使了抵押权,而失去了经营用的不动产和机器设备等重要资产,不是大伤元气,就是遭受灭顶之灾。对中小企业来说,结果很可能是关停倒闭,使得企业主之前的努力付之东流。

二是刑事责任方面的风险。民事责任方面的风险,毕竟是属于企业经营不善或者失败带来的风险。企业主主要承受的是资产上的损失。但如果企业借款、使用贷款及归还贷款操作不当,而涉嫌贷款诈骗犯罪,企业主因此被追究刑事责任,则银行贷款带来的风险就太大了。

2.防范策略

银行不会随便把钱贷给中小企业,因此,企业在向银行申请贷款之前,应先审视自身的财务结构是否健全,衡量信用记录与贷款条件,以掌握借钱窍门。

一是提高企业自身素质。目前民营中小企业的规模小,技术装备简单,产品品种少,质量有待于提高,市场风险比较大。相当一部分企业存在制度不健全、管理弱化、经营盲目等问题。有些民营中小企业的经营决策者自身的素质不高,缺乏明确的企业经营目标,没有企业自身独特的东西,低水平的重复建设层出不穷,产品质量档次低劣,企业很难在市场上站稳脚跟。还有些企业的财务制度不规范。[①] 因此,中小企业应提高自身素质,比如提高产品的科技含量,保证产品质量;建立科学的财务管理制度,创造良好的财务基础,建立和完善现代企业制度。

二是树立良好的企业信誉。中小企业应树立忠实守信的市场意识和良好的企业信誉,以获得金融机构的信赖和认可。应恪守"有借有还,再借不

---

① 汪年祝.民营中小企业贷款难的博弈分析及解决对策[J].海南金融,2003(3):37-39.

难"的信用准则。中小企业还可以尝试组成"信誉联盟""联户担保"等,以"抱团"提升信誉。

三是掌握与银行打交道的基本技巧①。(1)了解往来银行的经营特点。有的银行专做大客户,有的银行专做中小企业的生意。根据银行特色,选择往来银行,可以获得较多的优惠与便利。(2)多利用往来银行的服务。贷款前,可多和所选定的银行往来,参与银行的新种业务。即使只是代缴水电、煤气、电话等杂费,都有助于创造往来实绩。(3)详读贷款资料。贷款前,可先向银行索取空白申请书,详细阅读,事先了解,及早备妥相关文件。(4)货比三家不吃亏。多比较几家银行,或许在业务竞争的压力下,可以获得较优惠的条件,或者在合理的范围内,适度要求调整利率和期限。(5)给银行安全感。与银行接触时,为了使银行有安全感,必须充分了解金融市场的形势,显现专业知识,并明确告知借款用途,以取得银行的信任。(6)与银行建立良好的关系。这是中小企业取得与银行合作的关键。企业本身自己应该树立良好的形象,有着良好的日常资金管理制度,财务核算正规,资金周转灵活,财务管理严格,同时提高企业生产效益,在银行心目中树立良好的信誉。

四是避免银行贷款带来的风险。企业和企业主对银行贷款可能带来的风险,特别是刑事责任风险,要有充分的认识。银行贷款可以给企业带来发展动力,但也夹带着风险。申请银行贷款要量力而行,要对企业的还贷能力有切合实际的估计,避免因不能还贷而导致企业重要资产被处置,更要摒弃为取得银行贷款而不顾一切的做法。企业发展的机会很多,但企业主如果因为涉嫌贷款诈骗而犯罪,则很可能永远没有东山再起的机会了。

二、内源融资的法律风险防范

中小企业的内源融资,顾名思义,就是对企业内部已有的非现金资源进行挖潜,借助金融机构的融资能力,将其变为企业急需的现金的融资方式。内源融资的重要形式有票据贴现、信用证融资和应收账款保理等。内源融资的实质是企业把权利转让给金融机构而取得现金,以达到融资目的。由于企业实力弱小、信用缺乏积累以及信息不对称等因素的制约,中小企业想要获取外部融资相对困难。通过内部资源挖潜进行融资,是多数中小企业

---

① 资料来源:http://rzdken.com/rzdkcn_article/17/4000.html.

尤其是小企业融资的有效方法。内源融资的实质是企业借助金融机构,把将来收益的资产变现,实现融资。内源融资与银行贷款的区别主要是融资所凭借的企业资源不同:金融机构愿意以贷款形式为企业融资是其信任企业未来的现金流入能力,而企业能以内源融资则是金融机构信任企业现有资源的变现能力。

1.法律风险分析

(1)票据贴现

票据贴现是持票人在需要资金时,将其收到的未到期承兑汇票经过背书转让给银行,先向银行贴付利息,银行以票面余额扣除贴现利息后的票款付给收款人,汇票到期时,银行凭票向承兑人收取现款。就客户而言,贴现即贴息取现。一般来说,用于贴现的商业汇票主要包括商业承兑汇票和银行承兑汇票两种。

票据贴现的缺点是银行对申请用于贴现的票据要求比较严格,有一些申请贴现的票据可能会被银行拒绝而达不到融资的目的。如果票据到期无法兑付,申请贴现的企业还是会受到贴现银行的追索。此外,还有涉嫌票据诈骗的法律风险。

由于票据诈骗的巨大社会危害性,《中华人民共和国刑法》第一百九十四条对于票据诈骗罪所作的规定是:"有下列情形之一,进行金融票据诈骗活动,数额较大的,处5年以下有期徒刑或者拘役,并处2万元以上20万元以下罚金;数额巨大或者有其他严重情节的,处5年以上10年以下有期徒刑,并处5万元以上50万元以下罚金;数额特别巨大或者有其他特别严重情节的,处10年以上有期徒刑或者无期徒刑,并处5万元以上50万元以下罚金或者没收财产:(1)明知是伪造、变造的汇票、本票、支票而使用的;(2)明知是作废的汇票、本票、支票而使用的;(3)冒用他人的汇票、本票、支票的;(4)签发空头支票或者与其预留印鉴不符的支票,骗取财物的;(5)汇票、本票的出票人签发无资金保证的汇票、本票或者在出票时作虚假记载,骗取财物的。使用伪造、变造的委托收款凭证、汇款凭证、银行存单等其他银行结算凭证的,依照前款的规定处罚。"

(2)信用证融资

信用证(Letter of Credit,简称LC)又称为信用状,是指开证行应申请人的要求并按申请人的指示,向第三者开具的载有一定金额,在一定期限内向符合规定的单据付款的书面文件。① 按不同标准,信用证可分为不可撤销信用证和可撤销信用证、即期信用证和远期信用证等。其特点是"一个原则,两个凭证"。"一个原则"就是严格相符的原则。"两个凭证"就是指银行只凭信用证,不问合同;只凭单据,不管货物。

信用证作为一种贸易结算和资金融通方式,在国际贸易中得到了广泛的应用。近年来,信用证这一国际结算工具却被一些不法分子利用,使其成为非法融资和诈骗的工具,给国家、银行和企业造成了巨额经济损失。不法分子利用信用证进行非法融资和诈骗主要有开立远期信用证、空证打包、伪造单证、开立软条款信用证等几种形式。信用证非法融资、诈骗违法行为之所以能屡屡得逞,其原因主要有:1)不法分子在暴利驱使下铤而走险,伪造单证,骗取银行资金,虚构贸易事实,非法集资,赚取人民币与外汇的利差;2)银行受竞争的影响和自身利益的驱动,把贸易融资作为一种竞争手段,拉客户、拉业务,放松管理,风险意识淡薄;3)银行违规操作;4)相关法规滞后,一些不法分子钻法律的空子。

但法网恢恢,疏而不漏。使用信用证融资必须小心谨慎,信法守法,防范风险。《中华人民共和国刑法》第一百九十五条规定:"有下列情形之一,进行信用证诈骗活动的,处 5 年以下有期徒刑或者拘役,并处 2 万元以上 20 万元以下罚金;数额巨大或者有其他严重情节的,处 5 年以上 10 年以下有期徒刑,并处 5 万元以上 50 万元以下罚金;数额特别巨大或者有其他特别严重情节的,处 10 年以上有期徒刑或者无期徒刑,并处 5 万元以上 50 万元以下罚金或者没收财产:(1)使用伪造、变造的信用证或者附随的单据、文件的;(2)使用作废的信用证的;(3)骗取信用证的;(4)以其他方法进行信用证诈骗活动的。"

(3)应收账款保理

保理是一项综合性金融服务。在保理业务中,卖方将其现在或将来的基于其与买方订立的货物销售或服务合同所产生的应收账款凭证转让给保理商(提供保理服务的金融机构),由保理商为其提供至少两项的下列服务:

一是贸易融资。保理商可以根据卖方的资金需求,在收到转让的应收账款凭证后,立刻对卖方提供融资,协助卖方解决流动资金短缺问题。

二是销售分户账管理。保理商可以根据卖方的要求,定期向卖方提供

---

① UCP500,第 2 条.

应收账款的回收情况、逾期账款情况、账龄分析等,发送各类对账单,协助卖方进行销售管理。

三是应收账款的催收。保理商有专业人士从事应收账款的追收,他们会根据应收账款逾期的时间采取有力有效的手段,协助卖方安全回收账款。

四是信用风险控制与坏账担保。保理商可以根据卖方的需求为买方核定信用额度,对于卖方在信用额度内发货所产生的应收账款,保理商提供100%的坏账担保。

2. 防范策略

内部资源是中小企业内潜藏的"金矿"。但内源融资也容易出现风险,在挖掘时必须小心谨慎,做好风险防范。

(1)不做假票证,防范假票证

企业的内部资源,如上所述,往往体现为票据、信用证和应收账款凭证等权利凭证。企业在利用票证融资时,不能造假,否则是饮鸩止渴,后果不堪设想。另一方面,也要尽可能地辨别他人交来的票证的真伪,充分防范某些居心不良的交易伙伴的票证作假行为,避免出现自己讲信用,但被卷入纠纷,既损失了金钱又损害了商业信誉的冤枉局面。

(2)选择有实力、讲信誉的交易伙伴

企业用于融资的内部资源,如票证信用证或者应收账款凭证,实质上都是对交易伙伴的债权,就交易伙伴方而言就是自己的债务。债务能够按约适当地履行,是内源融资的根本保证。所以企业在经济往来中应该注重选择那些有实力、讲信誉的企业作为交易伙伴,这样形成的内部资源才是可靠的,才可能通过银行等金融机构达到融资目的。

(3)与银行等金融机构充分合作

内源融资离不开银行等金融机构的密切配合。企业应当与银行等金融机构充分合作,建立起授信融资关系,并利用银行辨识票证的专业能力,进一步达到防范风险的目的。

三、民间融资的法律风险防范

如果内部潜力难挖,银行贷款条件又不符合,情急之下,中小企业有可能会尝试民间融资,向个人借款或企业间拆借等。民间融资是把锋利的"双刃剑",杀伤力特别大,中小企业在使用该方式筹集资金时要慎之又慎。

民间融资最主要的风险在于,与非法集资之间只有"一纸之隔"。依据国务院发布的 247 号令,可以给非法集资做出这样的定义:非法集资指单位和个人未按照法定的程序经有关部门批准,以发行股票、债券、彩票、投资基金证券或其他债权凭证的方式向社会公众筹集资金,并承诺在一定期限内以货币、实物及其他利益等方式向出资人还本付息给予回报的行为。

1.法律风险分析

非法集资的特点有:(1)未经有关部门依法批准,包括没有批准权限的部门批准的集资以及有审批权限的部门超越权限批准的集资;(2)承诺在一定期限内给出资人还本付息,还本付息的形式除以货币形式为主外,还包括以实物形式或其他方式;(3)向社会不特定对象即社会公众筹集资金;(4)以合法形式掩盖其非法集资的性质。

其主要表现形式有:一些单位和个人以貌似合法的形式,假冒金融机构,以高于同期银行利率若干倍的高息为诱饵,吸收公众存款,用于投资或非法放贷。他们常常利用互联网搞网上购物、网上求职培训等方法,或借助传销手段进行非法集资活动。另外,他们大多以配送产品为幌子,诱使客户存款。

民间融资沦为非法集资的风险具体有两种:其一是集资诈骗。《中华人民共和国刑法》第一百九十二条规定,以非法占有为目的,使用诈骗方法非法集资,数额较大的,处 5 年以下有期徒刑或者拘役,并处 2 万元以上 20 万元以下罚金;数额巨大或者有其他严重情节的,处 5 年以上 10 年以下有期徒刑,并处 5 万元以上 50 万元以下罚金;数额特别巨大或者有其他特别严重情节的,处 10 年以上有期徒刑或者无期徒刑,并处 5 万元以上 50 万元以下罚金或者没收财产。其二是非法吸收公众存款。《中华人民共和国刑法》第一百七十六条规定,非法吸收公众存款或者变相吸收公众存款,扰乱金融秩序的,处 3 年以下有期徒刑或者拘役,并处或者单处 2 万元以上 20 万元以下罚金;数额巨大或者有其他严重情节的,处 3 年以上 10 年以下有期徒刑,并处 5 万元以上 50 万元以下罚金。单位犯前款罪的,对单位判处罚金,并对其直接负责的主管人员和其他直接责任人员,依照前款的规定处罚。

2.防范策略

民间借贷是几种融资方式中风险最大的,稍有不当其性质就可能变为司法机关打击的非法集资或者集资诈骗,风险掌控的关键在于尺度的把握。

(1)量力而行

是否采取民间融资? 采取多大规模的民间融资? 能够许诺多少的回报

率？项目收入的实际如果达不到预期或出现变化是否能够应对？这些问题，都必须结合企业的实际情况来操作。民间融资的利率往往高出银行贷款利率的几倍甚至十几倍，会使借用的企业背上沉重的负担。企业切勿以过分超过自己实际偿还能力的数额和利率借入民间资金，以免被套上还款的枷锁，或者出现借新资金还旧资金的不可收拾的局面。

（2）注意技巧

一是控制人数。民间融资，对象贵精而不在多。而且如果借给企业钱的人数少，所形成的影响面就小，不太会引起注意，即使出一些问题，局面也比较容易得到控制。

二是完善方式。坚持低调行事，实行一对一操作，不要大张旗鼓。坚持控制利率，不超过同期银行贷款利率的4倍。确保手续完备，与资金借出人签订借款协议时，应写明资金用途；收到资金出具收条。保持镇定，发生问题后企业主不要逃跑、藏匿，以免出现加重后果甚至改变行为性质的不利情况。

（3）强化风险管理

一是借入和使用资金要诚信，不要虚构资金用途或者隐瞒真实的用途，应在借款协议或者收条上写明真实的资金用途，拿到资金后应按照约定的用途使用。只要借入的民间资金的确按约定使用在企业的经营上，即使出现无力偿还的情况，也只是正常的民事纠纷，而不会被按照集资诈骗或者非法吸收公众存款罪追究刑事责任。

二是不要借短期资金用于企业的长期项目。民间借贷的期限往往比较短，用于企业的流动资金周转比较适合。但如果企业要上新项目，其所需资金的期限会比较长，项目很可能会在一两年后才产生效益，企业才具备还款能力。如果企业将借入的短期民间资金用于长期项目的话，很可能会使企业的资金难以维系，导致出现不能还款的纠纷。

三是坚决不向专门的高利贷者特别是有黑社会背景的高利贷者借资金。企业如果要想正常发展，就必须远离这些人。一旦企业和这些人打上交道，就像吸毒一样会摆脱不掉，而且很可能会派生出其他违法犯罪的情形，最终不仅会毁了企业，还很可能害了创业者本人。

四、私募发售的法律风险防范

股权融资按融资的渠道来划分，主要有两大类，即公开市场发售和发售。所谓公开市场发售就是通过股票市场向公众投资者发行企业的股票来募集资金。包括我们常说的企业的上市、上市企业的增发和配股都是利用公开市场进行股权融资的具体形式。所谓私募发售，是指企业自行寻找特定的投资人，吸引其通过增资入股企业的融资方式。私募与公募相对，即"私下募集"，是向特定投资者募集资金。它不能像公募一样，通过媒体宣传、发宣传材料、宣传以往业绩、开研习会等方法向社会募集资金，而只能非公开地向私人联系募集。和公募"面向广大普通公众投资者"不同，私募面向"富人"——少数有实力的投资者。

1.法律风险分析

私募发售(私募股权融资)具有股权融资的特点，即：(1)长期性。股权融资筹措的资金具有永久性，无到期日，不需归还。(2)不可逆性。企业采用股权融资无须还本，投资人若欲收回本金，需借助于流通市场。(3)无负担性。股权融资没有固定的股利负担，股利的支付与否和支付多少视公司的经营需要而定。

除此之外，民营中小企业在进行私募发售方面还有其独特之处，这是在当前的环境下，在所有融资方式中，民营企业比国有企业占优势的融资方式。民营中小企业产权关系简单，无须进行国有资产评估，没有国有资产管理部门和上级主管部门的监管，这就大大降低了企业通过私募进行股权融资的交易成本并提高了效率。而新兴的、高成长性的中小企业也是权益投资人热衷的对象，双方容易一拍即合。因此，私募成为近几年来经济活动最活跃的领域。

对于企业而言，私募融资不仅仅意味着获取资金，同时，新股东的进入也意味着新合作伙伴的进入。新股东能否成为一个理想的合作伙伴，对企业来说，无论是当前还是未来，都是不可忽视的。在私募领域，不同类型的投资者对企业的影响是不同的。在我国主要有以下几类投资者：个人投资者、风险投资机构、产业投资机构和上市公司。

(1)个人投资者

个人投资者虽然投资的金额不大，一般在几万元到几十万元之间，但在大多数民营企业的初创阶段起了至关重要的资金支持作用。这类投资人很复杂，有的人直接参与企业的日常经营管理，有的人只是作为股东关注企业的重大经营决策。这类投资者往往与企业的创始人有密切的私人关系，随着企业的发展，在获得相应的回报后，他们一般会淡出对企业的影响。

（2）风险投资机构

风险投资机构是 20 世纪 90 年代后期在我国发展最快的投资力量，其涉足的领域主要与高技术相关。在 2000 年互联网狂潮中，几乎每一家互联网络公司都有风险投资资金的参与。国外如 IG、Softbank、ING 等，国内如清华紫光、浙江天堂硅谷、天骄科技、红塔创新、上海联创等都属于典型的风险投资机构。它们能为企业提供几百万乃至上千万的股权融资。风险投资机构追求资本增值的最大化，它们的最终目的是通过上市、转让或并购的方式，在资本市场退出，特别是通过企业上市退出是它们追求的最理想方式。上述特点决定了选择风险投资机构对于民营企业的好处在于：1）没有控股要求；2）有强大的资金支持；3）不参与企业的日常管理；4）能改善企业的股东背景，有利于企业进行二次融资；5）可以帮助企业规划未来的再融资及寻找上市渠道。

但同时，风险投资机构也有其不利之处，它们主要追逐企业在短期的资本增值，容易与企业的长期发展形成冲突。另外，风险投资机构缺少提升企业能力的管理资源和业务资源。

（3）产业投资机构

产业投资机构又称策略投资者，它们的投资目的是希望被投资企业能与自身的主业融合或互补，形成协同效应。它们常常采用有限合伙的方式。该类投资者对民营企业融资的有利之处非常明显：1）具备较强的资金实力和后续资金支持能力；2）有品牌号召力；3）有业务协同效应；4）可以向被投企业输入优秀的企业文化和管理理念。其不利之处和负面影响在于：1）可能会要求控股；2）产业投资者若自身经营出现问题，会影响被投企业的后续融资；3）可能会对被投企业的业务发展领域进行限制；4）可能会限制新投资者进入，影响企业的后续融资。

（4）上市公司

上市公司作为私募融资的重要参与者，在我国有其特别的行为方式。特别是主营业务发展出现问题的上市公司，由于上市时募集了大量资金，参与私募大多是利用资金优势为企业注入新概念或购买利润，伺机抬高股价，以达到维持上市资格或再次圈钱的目的。当然，也不乏一些有长远战略眼光的上市企业，因为看到了被投资企业广阔的市场前景和巨大发展空间，投资是为了其产业结构调整的需要。但不管是哪类上市企业，它们都会要求控股，以达到合并财务报表的目的。对于这样的投资者，民营企业必须十分谨慎,一旦出让控股权,理念上又无法与控股股东达成一致,企业的发展就会面临巨大的危机。

2.防范策略

(1)"饥应择食"

中小企业在引入私募时要慎重考虑。企业引进资本应与自身业务特点、经营方向或企业发展目标一致,应与企业发展理念相吻合。要始终记住,私募如穿鞋,合脚最重要。

投资银行界习惯于将私募资金分为"好的资金"和"坏的资金"。这里所讲的"好""坏"主要指引入的资金对企业发展能起到多大的帮助。"好的资金"提供者往往是战略性投资者,投资者对企业的投资周期较长,投资者有相对长远的打算。而且这种资金的拥有者往往会拥有很多的资源,投资者可以动用自身的资源帮助被投资者发展起来。"好的资金"提供者包括行业中的企业巨头。很多行业巨头往往会拿出部分资金给本领域中有发展前景的中小企业做战略性投资。这种情况在新兴产业中非常常见,如微软、思科等公司既是实业巨头,同时也是本行业中私募资金的重要提供者。其还包括一些成熟的专业风险投资机构,这些机构资金雄厚,投资经验丰富,可以在资本运作上给公司很大帮助。如国内的深圳风险创业投资公司、红塔创业投资公司,国际上的软银投资公司,都是很出色的风险投资机构。

(2)寻求专业服务

私募股权融资有着很强的专业性,中小企业在融资过程中往往力不从心,因此,聘请相关专业机构辅助其私募股权融资是最佳选择之一。比如,中小企业应充分发挥律师事务所、财务顾问等专业中介机构和人员的作用,让其在方案设计、合同审核、税务筹划等方面充当"智囊团"。事实上,越来越多的企业借助私募融资顾问的专业知识来寻找切实符合企业特点和需求的私募股权投资商,以减少融资成本,降低融资风险,提高融资效率和确保与投资商之间双高的结果。[①]

(3)处理好新老股东的关系

私募的目的是通过打大企业股本,引进新股东,从而为企业带来发展所需要的资金。由于有新股东进入企业,就不可避免地会发生老股东与新股东之间的权利义务关系。中小企业往往是人合性很强的企业,股东(包括合

①　刘文利.私募股权融资——中小企业融资方式创新[J].市场论坛,2006(3):120-121.

伙人)之间的关系与合作状况,对企业发展是至关重要的。在新股东加入企业之前,新老股东双方应该进行充分的谈判,借助律师、会计师和税务师的专业技能,就今后各方在企业的权利义务做出详尽而明确的安排。这样可以在相当程度上避免出现因为股东之间发生矛盾而使得企业发展磕磕绊绊,甚至出现企业僵局的后果。所以,宁可"先小人,后君子",切忌开始时一团和气,什么都"好说",最后却冒出许多纠纷,结果不欢而散。

(4)确认新股东身份

私募融资的结果是引进了新股东,对于企业来说,一系列的确认新股东身份的工作要依法办理。如果是有限公司,要召开股东会,做出确认新股东及其股权的决议,然后在公司股东名册上增加新股东,向新股东发放股东证书。更重要的是要到工商局办理增加新股东的登记。合伙企业也有类似的手续。有些中小企业对于法律上的这些规定不重视,认为收到新股东的资金或者实物就行了,出钱或者出实物的人就是企业的股东了,而没有及时办理或者拖延办理相应的手续。这种做法日后很容易导致股东之间或公司与股东之间的纷争,给企业发展带来麻烦。这一定要引起企业主的注意。

第二节　"337"与"301"①

"337"与"301"都是美国的贸易保护法律措施。其中,"337调查"是指美国国际贸易委员会(International Trade Commission,简称ITC)根据美国《1930年关税法》第337节关于"进口贸易中的不公平做法"的规定进行的调查,是一种主要保护知识产权的非关税行政措施;"301"是指1974年《美国贸易法》的第301条(《1988年综合贸易与竞争法》第1301—1310节的全部内容),是美国贸易法中对外国在立法或行政上违反协定、损害美国利益的行为采取单边行动的立法授权条款,以保护美国在国际贸易中的权利。根据这项条款,美国可以对它认为是"不公平""不合理"的其他国家的贸易做法进行调查,并可与有关国家政府协商,最后由总统决定采取提高关税、限制进口、停止有关协定等报复措施。这两个法律工具,一个用来保护

---

① 本节在《美国对华337调查案件分析及应对策略——兼论中国式337制度的建构》一文的基础上修改而成,原载于《湖南农机》2007年第7期(郭人菡、郑智武、张洁合著)。

美国国内市场,一个用来打开国外市场,威力巨大,不得不防。①

一、"337 调查"和"301 调查"的由来及其法律依据

1."337 调查"概况

"337 条款"源于《1930 年关税法》第 337 节,其后分别在 1974 年、1988 年及 1994 年进行了修订。现行"337 条款"是指 1994 年修订的 1988 年《综合贸易与竞争法》第 1342 节。从条文表述来看,它完全是一项国内产业保护法。但从长期的实践来看,绝大多数提起"337 调查"的案件都是围绕知识产权或其他与知识产权有关的权益展开的。这就使得这一条款在实现保护国内产业目的的同时,更凸显了其作为保护知识产权的行政制裁手段的功能。

根据法令,欲证明被诉企业因侵犯了申请人的知识产权而应提起"337调查",申请人只需证明:(1)有一项有效的可执行的美国专利、登记的版权、注册商标或注册的掩膜作品(maskwork,集成电路布图设计)的权利。实践中,相关知识产权除以上四项权利外,商业秘密和商业外观权也涵盖在内。(2)与相关专利、版权、商标或掩膜作品所保护产品有关的美国产业已经存在或正在建立过程中。也就是说,首先,申请人须证明存在相关知识产权所保护的产品,其次,申请人须证明相关的美国产业已经存在或正在建立过程中。美国产业是否已经存在或正在建立过程中的衡量标准是:对工厂和设备有相当数量的投资;有相当数量的劳工和资金的使用;或对知识产权利用(包括研究、工程、开发或许可)有相当数量的投资。

根据 ITC 的规则,诉讼各方包括:申诉方——美国国内认为其拥有的有效知识权利受到侵犯而提出调查申请的生产厂商。根据这一定义,权利的独占许可人也可以提起"337 调查",例如 Kolacolombia,lnc. 针对 Corlgran Ltd & International Grain Trade. 应诉方——由于"337 调查"往往是针对产品提出的,而不针对具体企业,就是说,原告提出的诉讼是针对某种产品侵犯其知识产权而要求禁止进口,可以不指出被告人。被禁止出口的也包括这个产品的下游产品,普遍排除令也包括其他国家的同种产品。因此被告具有不确定性,国内外的货物所有人、进口人、收货人或其代理人

---

① 王晓先.美国"337 条款"与"特别 301 条款"的比较及应对[J].广东工业大学学报(社会科学版),2010,10(1):37—41.

都有可能成为被告。第三方当事人——除应诉方和申诉方外,ITC 还会指派一名政府律师,代表公共利益参与调查和听证。裁判方——ITC。根据 337 条款设立,ITC 有权自行发动"337 调查"。不仅有权裁判知识产权,也有权调查其他形式的不公平竞争,例如窃取商业秘密,假冒、虚伪广告,有时还获授权调查违反反垄断法的行为。

"337"调查依据美国《行政程序法》和《ITC 实务和程序规则》进行。ITC 所采用的程序规则与美国《联邦民事诉讼规则》基本相似。ITC 调查分为如下几个阶段:立案,行政法官的初步裁决,ITC 的复审和总统批准程序。ITC 在接到申诉书后的 30 天内做出是否着手调查的决定,特殊情况下可延长。一旦 ITC 决定受理调查,案件将交由 1 名行政法法官处理。从 ITC 以"邮件送出"申诉书之日算起,国外的应诉公司将有 30 天(20 天加上邮递时间 10 天)的时间提出答辩,美国境内的应诉公司将有 23 天(20 天加上邮递时间 3 天)的时间提出答辩。一旦调查开始,法官会在一个月内决定"目标日期"。在 ITC,此目标日期一般设定为 12 个月。调查开始后一个月左右,法官会召开预备会议,让申诉人及应诉人参加。但申诉人可以在预备会议之前就开始向应诉人要求"取证"。聆讯大概定在调查开始后 6～7 个月。在听完各方申辩与看完各方提出的"案件摘要"后,法官将做出初步判决。ITC 的调查团会有 90 天时间作"最终判决"。在典型的 ITC 案件中,ITC 在调查开始后的 12 个月内,最迟不超过 18 个月发布最终判决后交总统批准执行。

"337 调查"的可能结果包括三种:和解、缺席判决和应诉。与一般性案件相同,应诉存在胜诉和败诉两种可能。应诉方要取得 ITC 胜诉,必须主动应诉。应诉方应搜集证明自己不侵权的有关证据,如前人技术,证明申诉方"知识产权"的无效性、是不可执行的或是不侵权的,还要证明客户拥有的同类"知识产权"、技术转让许可等。裁决后的可能结果包括上诉和可能的其他诉讼。ITC 调查案程序的一大特点是不提供损害赔偿救济。如果申诉方在 ITC 调查案中胜诉,能获得的唯一救济是美国海关将禁止外国有关侵权产品进入美国市场。因此申诉方还可能会向美国地方法院提起诉讼,以寻求损害赔偿救济。针对在美国地方法院提起的诉讼,应诉方可以 ITC 裁定还未做出为由要求法院中止该损害赔偿救济的诉讼。另外,鉴于 ITC 程序不允许申诉人提出反诉,因而在美国地方法院的损害赔偿的诉讼中,应诉人可以针对性地提出反诉,反诉将有助于整个纠纷的解决。如认定外国企业在美国市场上侵犯了美国企业的知识产权,ITC 有权采取以下几种救济手段:第一,发布有限排除令(Limited Exclusion Order,简称为 LEO),即禁止外国侵权企业的侵权产品进入美国市场,并禁止美国其他企业在美国市场上销售该类产品。第二,发布普遍排除令(Unlimited Exclusion Order,简称为 UEO),即拒绝原产于外国侵权企业所在国家的所有同类产品进入美国市场,并禁止美国其他企业在美国市场上销售该类产品。第三,发布停止令,即要求外国侵权企业停止侵权行为,并可要求侵权企业缴纳保证金。第四,如果 ITC 曾就某一产品发布过排除令,而有关企业试图再次将其出口到美国市场,则 ITC 可发布没收令,即没收所有试图出口到美国市场的侵权产品。排除令和停止令并没有确定的有效期。除非 ITC 认为侵权情形已不存在,否则排除令和停止令可一直执行。制止令和驱逐令可以同时采用。

　　"337 调查"带有一定的歧视性。总的来看,"337 调查"的主要问题是对于外国企业侵犯美国企业知识产权行为的救济力度大于美国企业侵犯美国企业知识产权行为的救济力度,以及在许多方面更有利于美方原告。具体而言,调查的主要不合理之处在于以下几点:首先,"337 调查"是一种准司法救济手段,可与司法诉讼同时进行。如果外国企业涉嫌侵犯美国企业的知识产权,被侵权企业可以选择在 ITC 提起"337 调查"申请或在美国法院提起司法诉讼;如果美国企业涉嫌侵犯美国企业的知识产权,被侵权企业只能通过司法诉讼寻求救济。这种救济手段不合理地增加了外国涉案企业的负担。其次,在"337 调查"中,如果认定外国企业侵犯了美国企业的知识产权,ITC 可发布 UEO,不允许涉案国家所有类似产品对美出口或销售。但如果美国企业涉嫌侵犯了美国企业的知识产权,美国并没有类似的救济方式。这种救济力度上的差别不合理地增加了外国企业的经营风险。第三,"337 调查"内容复杂,但法律却规定 ITC 在接到原告申诉后一般必须在 12个月内结案,复杂案件也不得超过 18 个月。而外国被告则被迫必须在接获原告诉状 20 日内提出详细答辩,给外国被调查企业的应诉带来了困难。第四,"337 调查"申请条件简单,申诉人的举证责任较轻,这在很大程度上对美国企业以此限制外国相关产品对美出口产生了不正当的诱导作用。第五,"337 调查"专业性较强,应诉律师费和试验费等费用普遍较高,给应诉企业带来了沉重的经济负担,而美国律师业等却可以从中渔利。UEO 与LEO 的发出不必以 ITC 对外国被告有属人管辖权为前提。因此,对任何有产品输出到美国的外国厂商,美国原告都可提出请求。第六,当 ITC 发出 UEO 时,所有侵犯原告专利权的产品都被禁止进入美国,其排除效力可达到被告涉及的整个行业,从而使美国企业可独享其全部国内市场。第七,从实际案件的统计看,虽然法律规定只有当 LEO 存在被规避可能,或侵权产品的来源难以辨明时,ITC 才会发出 UEO,但大部分"337 调查"实际上都下达了禁止令或排除令,且越来越多的 UEO 发布出来,加上和解一般也更利于原告,该调查的倾向性昭然若揭。这种在多方面公然违反了 WTO 国民待遇原则的调查当然会遭遇抵制。加拿大和欧共体(欧盟前身)曾分别于 1981 年和 1987 年就美国"337 调查"问题向总协定(GATT)提起申诉,指控"337 调查"违反了美国在 GATT 下的义务,GATT 专家组也于 1988 年做出报告,支持欧共体的主张。但出于美国明确规定其国内法高于国际法等原因而没有最终结果。

　　2."301 调查"概况

　　按照《美国贸易法》(1974)的规定,涉及"301"条款的调查由美国贸易代表负责实施。[①] 从历史上看,美国所发起的其他贸易措施多是应企业要求而启动的,由政府主动发起的只有 1% 左右,而"301"调查则不同,约三分之二的"301"调查是由美国政府主动发起的。在程序上,调查可以应国内利益方的请求而启动,也可以由美国贸易代表在咨询有关利益方的意见后主动启动。

　　从历史上看,自 20 世纪 90 年代以来,不含特朗普政府上台后,美国曾 5 次对中国发起"301 调查",调查结果均以双方达成妥协、和解告终,并未演化成全面贸易战。

　　1991 年 4 月,美国政府以中国专利法有缺陷,缺乏对美国作品著作权、商标秘密和商标权的保护而对中国发起了第一次"301 调查"。在经历了 9 个月的商讨后,中美双方达成妥协,中美签订有关知识产权保护协议,中国对改进知识产权法律做出承诺。

　　1991 年 10 月,美国再次对中国发起了市场准入的"301 调查",为期 12 个月。中美进行了 9 轮谈判后,1992 年 10 月两国签署《中美市场准入谅解备忘录》。

　　1994 年 6 月,美国对中国发起了第三次"301 调查",要求中国完善知识

---

① 《美国贸易法》(1974)第 302 节(b)(1)(A)。

产权保护,对美国知识产权产品开放。该调查历时 8 个月。1995 年 2 月,中美达成了第二个知识产权保护协议。

1996 年 4 月,美国以中国对知识产权保护不力为由,对中方发起第四次"301 调查"。2 个月后,1996 年 6 月,中美达成第三个知识产权保护协议。

2010 年 10 月,美国再次对中国进行"301 调查",即第五次"301 调查"。2 个月后,2010 年 12 月,中美双方在 WTO 争端解决机制下进行磋商,问题得以解决。

特朗普上台后,奉行"美国优先"的单边主义思维,为压制中国发展,巩固美国自认为的世界领袖地位,"让美国再次伟大",开始钟情于滥用"301 调查"。2018 年 3 月 23 日凌晨,美国总统特朗普签署总统备忘录称,依据"301 调查"结果,将对从中国进口的商品大规模征收关税,并限制中国企业对美投资并购。几轮之后,"301 调查"被特朗普政府上升为影响全球的中美贸易战,且目前还看不到偃旗息鼓的迹象。特朗普挑起的中美贸易战,不仅使中美两国人民的利益受损,更使本已困难重重的世界经济雪上加霜。

二、"337 调查"和"301 调查"的法律特征

1."337 调查"的法律特征

首先,作为保护美国知识产权的主要贸易工具,"337 调查"不同于国内企业熟悉的"特别 301 条款调查"。两者之间的主要区别如下。

(1)两者的作用对象不同

"特别 301 条款"针对的是在外国境内存在的侵害美国知识产权的问题,包括社会经济生活的各个方面;而"337 条款"则主要针对在美国境内销售的侵犯美国知识产权的进口产品,重点在流通环节。

(2)两者的作用机制不同

"特别 301 条款"主要由政府授权贸易代表与有关国家进行谈判,要求改变不利于美国的不公平做法,如果不能达成合意,便采取报复性制裁措施;"337 条款"则是直接针对外国生产商的制裁措施,争端的主体是两国的具体厂商。

(3)保护方式也有差异

"特别 301 条款"提供的是积极保护方式,美国贸易代表可以在他认为必要的情况下,主动发起调查程序,要求与贸易伙伴进行磋商;"337 条款"

则不同,1TC 只能应美国国内厂商提出的诉讼请求而发起调查,提供的是消极的保护。

其次,作为限制进口措施的一种贸易法规,"337 调查"又不同于众所周知的反倾销调查。其主要区别见表 5-1。

表 5-1　"337 调查"与反倾销调查的主要区别

类别	"337 调查"程序	反倾销调查程序
认定标准	申诉方只要能证明进口产品有侵权事实而美国国内确实有相关产业或相关产业正在筹建即可认定被诉方存在不公平贸易的行为	判定依据为:①进口产品是否以低于正常价值的价格销售;②进口产品是否对美国国内产业造成损害;③确定倾销和损害之间是否存在因果关系
可否提起反诉	可以	不可以
双重管辖	有双重管辖的规定	没有双重管辖的规定
缺席判决	主持案件的行政法官可以根据单方证据判决	如果被诉方不提供要求的信息或不与调查机关配合,调查机关可根据最佳信息或所获得的信息做出裁决
救济措施	"337 条款"授权 ITC 可发布排除令或停止令禁止侵权产品进入美国,也可同时发布排除令和停止令,还可根据法律规定,发布其他命令	临时反倾销措施、征收最终反倾销税、价格承诺
最终措施的实施时间	没有时间范围,如果是永久排除令,涉案产品永远不得进入美国市场	年度行政复审和日落复审通过后取消该项反倾销措施

最后,"337 调查"与一般的知识产权法院诉讼(下面简称"一般诉讼")相比,有以下几个特点:一是海关介入。"337 调查"裁决由海关执行,可在进口环节就将涉案产品挡在国门之外,且为免费自动执行;一般诉讼由法院执行,且必须由原告提出申请,并负担相关费用。二是可以合并诉讼。"337 调查"被告具有不确定性,申诉方有灵活选择权,"337 调查"的裁决有可能驱逐所有涉嫌侵犯申请人知识产权的产品;不分来源地,从而可使美国企业独霸全国国内市场;一般诉讼要追加被告必须另提申请,其裁决也只能针对

有限的被诉企业。三是调查时间短。"337 调查"最长在收到申诉后 18 个月内结束,一般诉讼拖个三年、五年甚至更久是常事。四是程序简便。"337调查"程序简便,可适用简易程序,送达也只是要送到涉案国就可以了,不用送达被告,申诉方的举证责任也很轻;一般诉讼程序复杂,在送达上往往要严格依照"海牙规则",申诉方举证责任较重。五是严格的信息披露制度。"337 调查"实行严格信息披露制度,一般诉讼不采用。六是管辖范围广泛。ITC 对于法院没有管辖权的国外涉案企业也有管辖权,这是一般诉讼中的法院无法做到的。但"337 调查"的救济不包括金钱赔偿,要获取金钱赔偿应通过向法院提起一般侵权诉讼。一些申请方往往在"337 调查"终结后再提起该诉讼,这时如果外国企业在之前的"337 调查"中没有应诉,则法院会直接采信"337 调查"的证据及结论,那时外国企业再应诉就晚了。因此,"337 调查"很受美国企业的青睐。

三、针对"337 调查"和"301 调查"的应对策略

近年来"337 调查"和"301 调查"矛头直指中国企业是有其深刻的经济背景和政治背景的。日益增长的美国"337 调查"和"301 调查"与全球制造业正逐步向我国转移以及我国外贸出口结构转型、出口不断攀升紧密相关。面对强大的来自中国的竞争压力,美国厂商和美国政府祭起了知识产权的大旗,砍向我国企业向规范化、国际化发展中的软肋。美国特朗普政府更是把"301 调查"作为削弱中国经济地位赶超美国的势头、打击中华民族复兴、抑制社会主义运动的"独门武器"。因此,美国"337 调查"和"301 调查"确实值得我们认真应对。

1. 加强宣传,提高认识,积极应诉

面对"337 调查"的步步紧逼,大多数中国企业却选择了回避。根据ITC 的数据,在 2003 年之前中国企业作为被告方的"337 调查"案件,中方应诉的案例几乎是一片空白。在以往的案件中,多数中国被告企业在根本不去了解"337 调查"的前提下,就采取了不予应诉、自动放弃的鸵鸟策略。中国企业"挨打不还手,相逢绕着走"的"软柿子"作风极大地鼓励了美国公司和其他国家公司群起对中国公司提起"337 调查"诉讼,并且肆意申请UEO。中国企业面对"337 调查"采取回避态度事出有因。对应诉企业来讲,由于"337 调查"涉及的内容在技术上比较专业且时间紧迫,应对起来比应对反倾销诉讼更为复杂,而且案件的诉讼费用非常昂贵,一般都在百万美

元以上,单个企业,特别是作为出口主力军的中小企业往往难以承受。这直接导致几乎没有中国公司会在"337 调查"中出庭抗辩。同时,胜诉大家有份,败诉独咽苦果的诉讼利益分配格局也是涉案企业应诉积极性不高的原因之一。然而"337 调查"残酷的"回避=送死"游戏规则,警示我们考虑成本不仅要考虑显性成本,更要考虑隐性成本和长远利益。依据"337 调查",如果被起诉企业不应诉,则属自动败诉,ITC 极易发出 UEO,使得侵权国所有企业生产的该产品都永远无法进入美国市场。电池案等正面事实和多起反面事实都证明,在当今错综复杂的国际贸易环境中,中国企业只有勇敢地拿起法律武器,积极应对,才能更好地维护和捍卫自己的正当合法权益。企业行为永远都是由利益驱动的,要针对国内企业"应诉吃亏"的心态,研究建立应诉与受益对称机制,严格执行"谁应诉谁受益"的原则,争取下来的市场一律由应诉企业独享,彻底改变"337 调查"中"一家受累,多家受益"的利益分配潜规则,以提高企业应诉积极性。同时,政府财政要积极扶持行业内应诉基金的建立,多方筹集资金;保险公司可新增"337 诉讼险"的种类,或者出口企业可在美国投专利侵权责任保险,解决应诉企业的后顾之忧。"301调查"已被严重政治工具化,法律范畴内的解决之道已不多且收效甚微,尤其是美国公然无赖地宣称其国内法优于国际法,有学者把应对"301 调查"的希望寄托在利用 WTO 争端解决机制、通过对话解决纠纷、扩大从美国进口上,这是不切实际的。[①] 但向 WTO 争端解决机构提起仲裁,仍不失为有舆论影响力的综合应对举措之一。

2. 知彼知己,熟练运用游戏规则

现在我国一些企业在受到"337 调查"时,感到很突然。措手不及的根本原因是情况不明、规则不熟、准备不足。因此,一是要加强知识产权保护方面的宣传、培训和国际交流。二是我国有对美出口业务的企业,在签订出口或加工合同之前,应做好专利检索等预防措施,尽量避免侵犯他人的专利权。三是在学术层面,应积极进行相关法律调研,积极跟踪协调其他对美出口国的政策走向。四是要建立"政府—协会—企业"三位一体的预警机制与信息交流平台,尽量减小信息不对称和时空差距带来的效率损失。五是政府应资助培养、企业应亲自培养精通"337 调查"等国际贸易事务的专门人才,将"337 调查"一般性的法律业务尽可能放到国内来完成,减少跨国聘请

---

① 任靓. 特朗普贸易政策与美对华"301"调查[J]. 国际贸易问题,2017(12):153—165.

律师的费用。六是在应诉技巧方面,中国企业可以辩称自己的产品没有侵犯对方的专利权,因为在美国,只有当该权利要求书中的所有技术要素都涉及相关的进口产品时,才可以判定侵权,否则就不属于侵权。另外。在"337调查"中一项专利权是否真的有效,要由ITC来最终判定,因此中国企业还可起诉对手的专利权无效或不具有执行力。还有一点值得注意的是,美国的专利遵循"先发明"制,而中国实行的是"先申请"制。因此要注意相同产品在中国较早的发明日可以在美国对抗美国较晚发明日的发明专利权。七是向日本学习,反客为主,也利用"337调查"保护自己产品在美国市场的份额,阻挡其他国家的类似产品进入美国市场,甚至阻挡在美国以外国家制造的美国公司的产品。八是利用好WTO的申诉机制,健全国内的相关法规制度。作为WTO的成员国,我国应积极利用多边争议解决机制,对美国"337调查"的歧视性贸易行为进行抗争。同时还可以参照TRIPS和《关于争端解决规则和程序的谅解书》的相关条款,在《对外贸易法》中补充制定对外国歧视性的单边贸易制裁行为予以反报复的操作规则。积极申请专利(包括在美国本土申请),建立自己的专利保护网。而美国的"301调查",属于"杀敌一千,自伤八百"的手段,在美国国内尤其是进口商和消费者中反对者众多,我们要善于利用这些方面,运用他人的规则去反制他人。

　　3.整合资源,建立健全应对工作机制

　　"337调查"的应诉工作要充分发挥行业协会等中介组织的作用。建立以企业和行业协会作为"337调查"应诉工作主体的应诉工作机制,组织和发动包括企业、行业协会和律师事务所等中介组织在内的社会力量,形成知识产权保护方面的合力,增强企业的应诉能力。在应诉美国"337"碱锰电池调查案过程中,中国电池工业协会探索了一条"企业为主、协会牵头、政府支持、选好律师、联合出击"的应诉工作模式。一是企业充分发挥诉讼主体的作用,积极应诉。二是行业协会发挥组织协调的作用,动员和组织全行业的力量统一应诉,分散风险,降低应诉成本,避免被对手各个击破,形成规模效应,以增大胜诉可能性。三是政府发挥后台支撑的作用,依法对应诉企业提供及时通知、对外交涉等全方位服务。四是在选择美国法律事务所时,要特别注意以下几方面:该事务所必须熟悉美国司法程序;该事务所最好坐落在ITC所在地的华盛顿特区,或者有分支机构在华盛顿特区;该事务所在商标和专利代理方面有特长等。五是在防范进口商"两面性"基础上可对其合理利用,同时可联合其他国家有涉案产品的企业,加大应诉力度与气势。应对

"301调查",更是要从顶层设计,高度整合,成立专门机构,尤其要注重吸收智库人才,建立多套预案,包括要建立因美国挑起中美贸易战导致中美贸易归零和全国GDP增长归零等极端情况的备案,做到有备无患。

4.构建中国版"337调查"和"301调查"

以其人之道还治其人之身。我国新修订的外贸法已为建立中国版的"337调查"制度提供了法律依据。该法第二十九条规定:"国家依照有关知识产权的法律、行政法规,保护与对外贸易有关的知识产权。……进口货物侵犯知识产权,并危害对外贸易秩序的,国务院对外贸易主管部门可以采取在一定期限内禁止侵权人生产、销售的有关货物进口等措施。"现在缺乏的是国务院或商务部的实施细则。我们在这方面可以对美国滥用歧视性"337调查"形成压力。美国有"301调查",我们中国也要对建立专门针对美国的中式"301"立法,确保反制措施有法可依。

5.标本兼治,走自主创新和自主品牌之路

实际上,我国部分企业的出口产品确实存在知识产权问题。我国大企业中的国家级、省级新产品产值占工业总产值的比重为19.7%,而中小企业只有7.3%。据抽样调查,80%的中小企业没有新产品开发能力,产品更新周期2年以上的占55%左右。产学研合作创新仅占企业创新的24.5%。在美、日、韩等发达国家,大多数企业包括多数中小企业至少把产品销售收入的5%投入到研究开发当中,我国仅为0.7%,中小企业一般不超过0.2%。"重引进,轻消化",两者投入的资金比例仅为1∶0.08,远远低于亚洲"四小龙"的1∶5左右。此外,我国产品品牌数不胜数,但世界级知名品牌几乎没有,多为贴牌出口(OEM),世界品牌实验室评选出的2003年世界最具影响力的100个品牌中,中国仅海尔入选。再考虑到日益紧张的要素制约、环境承载等因素,继续走老路已经行不通了。因此,我们已经到了必须以破釜沉舟之势加大自主技术创新和自主品牌建设力度的危急时刻。我们可考虑出台《自主创新促进法》和《国家产业提升法》等法律、法规、规章,推进经济增长方式的根本转变和经济结构的优化升级,打响"中国创造"的名气。在"301调查"方面,由于当今世界中美企业都是上下游密切关联的,而美国在核心技术方面占据领先优势,美国擅用的就是禁止其高科技企业向我国企业提供产品和服务,以此施压,想让中国屈服其不合理经济条件甚至政治条件。因此,根本的还是要有自己的核心技术和应用生态。

6.全力建设"一带一路"

美国对中国采取"337"和"301"调查,表面看是法律之争、知识产权之争,实际上是美国为了遏制中国发展、防止中国超越的一套政治手段。因此,单纯从法制角度考虑对策并不是上策,还需要从政治经济学角度考虑对策。从政治经济学角度,大力建设和推广"一带一路",促进中国产品多渠道走出去、中国需求多元化引进来,是破解美国"337"和"301"打击企图的一个有效战略。

第三节　家庭工业政策①

从实践看,家庭工业的概念和内涵是在不断动态变化的,其主要是指"以家庭为基本生产单位,以家庭居所或承租场地为生产场所,以家庭成员为主要劳动力,生产资料归家庭所有,劳动成果归家庭共同所有的一种工业生产组织模式"②,近年来,随着居家办公、居家生产(DIY)等生产方式的兴起,家庭工业具有了新的时代内涵。作为一种工业生产组织形式,其产品是要面向市场销售的,不是自给自足,从而区别于传统自然经济;其特殊的生产场所和主要劳动力构成又使其区别于通常所说的大中小企业。家庭工业从本质上归属于实体经济范畴。从大国到强国,实体经济发展至关重要,任何时候都不能脱实向虚。立法,需要树立这方面的导向。

研究国外特别是西方发达国家家庭工业发展走过的历程,分析国外家庭工业发展的情况和特点,对引导和发展我国的家庭工业、完善家庭工业治理模式具有十分重要的借鉴意义。英国等西方发达家庭工业的发展道路,是以技术发明为动力,从庄园手工业逐步发展到工场手工业,从工场手工业逐步走向工厂制,为工业革命奠定了基础和前提。工业革命给家庭工业的发展带来了根本性变革,传统家庭工业受到冲击,一部分家庭工业逐渐被历史所淘汰,另一部分在大工业的缝隙中顽强地生存下来。新的时代也为家

---

① 本节在《国外家庭工业发展概况》一文的基础上修改而成,选自陈一新、徐志宏等著《家庭工业发展研究》,研究出版社 2008 年版。本部分内容由郭人菡撰写。该书是时任浙江省委书记习近平确定的重点调研课题成果,获得国务院发展研究中心中国发展研究奖二等奖。

② 陈一新,徐志宏.家庭工业发展研究[M].北京:研究出版社,2008:8.

庭工业创新提供了条件,催生了新的家庭工业发展模式。

一、世界家庭工业发展的一般进程

按照工业革命之前、工业革命时期和工业革命之后三个不同发展阶段,以西方发达国家特别是以英国为代表的欧美国家为重点,考察世界家庭工业的发展演变情况。

1. 工业革命前的家庭工业

工业革命,也叫产业革命,是资本主义由工场手工业到大机器生产的一个飞跃,它是生产领域里的一场大变革,又是社会关系方面的一场革命,是资本主义发展史上的重要阶段。工业革命最早在英国发生,开始于18世纪60年代,完成于19世纪40年代。美国、法国、德国、意大利、俄罗斯等欧美主要国家相继开始了工业革命,并于19世纪中期或末期先后结束。

从476年西罗马帝国灭亡到1640年英国资产阶级革命爆发这一时期的西欧中世纪,欧洲农村的手工业生产不是以家庭为单位,而是以庄园为单位的。在庄园内集中各类工匠生产衣服、工具等各种器物,庄园成为一个自给自足的单位。大封建主和国王们一年里轮流在自己的各个大庄园里居住,就地消费。这些大庄园里设有各种作坊,生产或修理各种手工业品。最典型的是英国查理曼的皇家庄园。他亲手制定的《庄园敕令》中就规定:"每个管理员在他管辖的地区应有好的工人,如铁匠、金匠、银匠、鞋匠、旋工、木匠、刀剑匠、渔夫、寻找兽迹的人、造胰工人,能造啤酒、苹果酒、果酒以及其他饮料、能烤面包与点心的工人,结猎网、渔网、鸟网的工人,以及其他工人,不能一一列举。"[1]

15至18世纪,是西欧从封建社会向资本主义社会过渡、从传统农耕向近代工业转型的时期。西方史学界把这一时期称为"原始工业化时代"[2]。在这个时代,农村手工业逐渐向原工业即主要是乡村工业化转化,就是庄园手工业逐渐向工场手工业转型。马克思说:"织布业是工场手工业的第一行业。"[3]这虽是针对西欧来说的,但也具有普遍意义。自15世纪初期起,英

---

① 郭守田. 世界通史资料选辑·中古部分[M]. 北京:商务印书馆,1964:33.
② Kriedte P, et al. Industrialization before Industrialization [M]. Cambridge: Cambridge University Press,1981:Introduction.
③ 马克思恩格斯全集 [M]. 第3卷. 北京:人民出版社,1960:62.

国开始出现城市资本向乡下转移的趋势。在纺织业生产过程中,一个被称为"布商"的经济人阶层应运而生。这些经济人逐步地控制纺织业生产,并使布商阶层的资本由城市转移到乡下,使乡村手工业生产从自给自足的经济状态转向资本主义的生产轨道,推动了整个农业经济冲破封建经济的束缚,走向商品经济的轨道。

在 15 至 16 世纪,海上大通道带来世界市场的扩张和形成,首先刺激了羊毛需求量的增长,而需求量的增长必然带来羊毛价格的飞涨。据统计,16 世纪 30 年代,羊毛价格较 15 世纪同期增长了 2 倍。16 世纪,相同面积的牧场收益是耕地的 3 倍,草地价格也是耕地价格的 3 倍。[①] "圈地运动"由此兴起。圈地运动引发了农业结构的巨大变化。乡村民众通常有三者必居其一的选择:或当农业工人,或从事家庭工业,或迁移。16 世纪后半期是英国社会由封建社会向资本主义社会过渡的关键时期,伊丽莎白一世继续推行重商主义政策,引进大陆的先进技术和劳动力,形成了农、牧、副、渔各业并举兴旺,工、商、贸全面发展的经济体系。经济飞速发展,为日后英国进一步强盛奠定了必要的基础。[②]

西欧农村手工业向原工业化的转变是整个社会经济发展的结果。原工业化是在农村手工业发展的基础上发展起来的。一是农业革命是农村手工业向原工业化发展的前提和基础。二是农奴制全面瓦解,人身依附关系变成了契约关系或向契约关系发展,为家庭手工业雇佣劳动力提供了来源,其中一部分人经商也刺激了家庭手工业的发展。三是对普通消费品特别是低档纺织品的需求增长,为乡村工业产品提供了广阔市场。四是地理大发现为原工业的深入发展提供了强大动力。早期原工业化启动不久即出现了美洲大陆的发现,持续的世界市场的牵动成为原工业化不断向广度和深度发展的强大动力。马克思认为,"世界市场的扩大"与"殖民制度的建立"[③]是"工场手工业时期的一般存在条件"。西方有的原工业化论者也认为世界市场是原工业化"增长的发动机"[④]。

这段时期,家庭作坊制度下劳工的生存状况也独具特色。英国圈地运

[①]　波梁斯基.外国经济史(资本主义时代)[M].北京:三联书店,1963:25.

[②]　杨玉林.伊丽莎白一世时的英国经济[J].山东师范大学学报(社会科学版),1994(6):37—40.

[③]　马克思恩格斯全集[M].第 23 卷.北京:人民出版社,1972:392.

[④]　Kriedte P, et al. Industrialization before Industrialization [M]. Cambridge: Cambridge University Press,1981:33.

动的兴起,以土地为生的下层阶级中的一部分人被剥夺了生产资料,成了以出卖劳动力为生的自由劳动者。他们的出现成为工业生产进入家庭的前提条件。这种劳动仅仅是一种在无地或少地的情况下为了生存而进行的农村经济活动。多数手工业者并不以从事"家庭工业"为唯一生计,而只是将其当作补充收入的副业,因为他们中大多数人仍占有小块土地,自给自足的小农意识仍然刻在他们的灵魂深处。恩格斯在《英国工人阶级状况》一书中曾指出,大部分家庭纺织工人"他们的物质生活状况比他们的后代好得多,他们无须过度劳动,愿意做多少工作就做多少工作,但是仍然能够挣到所需要的东西"。

乡村工业化是英国由传统社会向近代社会过渡的动因,是英国走向近代化的桥梁。乡村工业化推动了近代早期英国社会人口分布和结构的转变。到 1801 年,乡村人口虽占 73.5%,而农村人口只占 36.25%,这说明此时英国绝大部分人口已转向非农产业。乡村工业化也推动了近代早期英国社会中政治结构的转变。乡村工业的发展,改变着人的思想意识和价值观念,推动了英国社会文化观念的巨大转变。

2. 工业革命时期的家庭工业

在大批包买商和工场主完成"第一桶金"的原始积累后,受其控制的家庭工业开始大量向超家庭的经济组织形式——工厂制过渡,工业化进入不可逆转的发展轨道。正如马克思指出的那样:"只有消灭了农村家庭手工业,才能使一个国家的国内市场获得资本主义生产方式所需要的范围和稳定性。"[①]

近代家庭工业是 13 世纪后半期,从蒸汽机和棉花加工机的发明时期开始的。这些发明推动了产业革命。产业革命首先诞生于家庭工业。英国是这种家庭工业发展的典型国家。

1733 年英格兰中部的钟表匠凯伊发明了飞梭。飞梭的使用造成了纺与织之间的不平衡,一个织工往往需要 6~8 个纺工供给棉,引起当时严重的"纱荒"。1765 年,织工哈格里夫斯发明了一种新式纺纱机,以他女儿的名字命名为"珍妮纺纱机"。他把一次只能带动一个纱锭的纺车改革成为能带动 16~18 个纱锭的纺车,一次能同时纺 16~18 根线,大大提高了功效。1785 年,英国的牧师卡特莱特改良了水力织布机,使织门、处布效率提高 40

---

① 　马克思恩格斯全集［M］.第 1 卷.北京:人民出版社,1956:816.

倍。"珍妮纺纱机"的出现揭开了工业革命的序幕。18世纪中期,苏格兰技工瓦特改良了一台可以用于生产的蒸汽机,在此后不到10年,棉纱等主要家庭工业产品转变成了工厂的机器产品。

机器劳动在英国工业的各主要部门中战胜了手工劳动,新生的工业用机器代替了手工工具,用工厂代替了作坊,从而把中等阶级中的劳动分子变成工人无产者,把从前的大商人变成了厂主,并把居民间的一切差别化为工人和资本家之间的对立。大资本家和没有任何希望上升到更高的阶级地位的工人代替了以前的师傅和帮工;手工业变成了工厂生产,严格地实行了分工,小的师傅由于没有可能和大企业竞争,也被挤到了无产阶级的队伍中。

英国的工业革命使生产力得到了前所未有的飞速发展。革命性变革从纺织业一直蔓延到运输等各行业,甚至使大片的农田成为工厂,乡村连接为一个个城市群落。

在由家庭工业向工业化转型的赛跑中,意大利因纺织原料匮乏而中途落伍,英国则因供应充足而后来居上。西班牙原本与英国具有同等或相似的地位,但由于很少注意本土的经济发展,特别是家庭工业的发展,当邻国如英、法政府将经济政策重心由日常生活用品的供应转移到对民族工业保护的时候,西班牙丝毫没有意识到问题的严重性。经济政策上的急功近利使西班牙这个国家付出了沉重的代价。至16世纪末叶,西班牙不仅丧失了国外市场,而且国内市场也成为英、荷、法竞相倾销商品的场所。面对来自海外的强力竞争,西班牙政府没有采取必要的措施给民族工业以应有的保护,却不断牺牲作为国民主体的农民的利益,断送了民族工业的前途。[①]

经过工业革命,欧洲工场手工业逐渐为工厂所替代。尽管一些集中的手工工场已经具有工厂制度的各种基本要素,但很不稳定,生产活动究竟是集中在工场中还是分散在家庭中并不一定。由于机器的采用,固定资本的规模和比重大大提高,并具有专用性和不可分性,同时,工厂的劳动生产率大大高于手工生产,竞争优势日益明显。所以,采用工厂制度是在市场竞争中生存的基本要求。

3. 工业革命后的家庭工业

第二次世界大战结束后,西方进入经济发展的"黄金时代",发生了以自

①　林奇.1516—1598年的西班牙[M].牛津:牛津出版社,1992:161－162;Koenigsberger H G, Mosse G L. Europe in the Sixteenth Century. London: Longmans, Green and Co, 1981:32－33;波斯坦.剑桥欧洲经济史[M].第1卷.剑桥:剑桥出版社,1971:439.

动化为主要特征的第三次工业革命。家庭工业在欧美一些发达国家出现了重生的现象。

意大利家庭工业的发展特色是集群发展与分布,集群与中小企业集群相互融合。二战以后,在1944—1948年间,意大利工业生产急速扩大,就业人员迅速上升,很快出现了生产过剩,并且在东欧和日本产品的价格竞争下,很多具有一定规模的企业纷纷失败。此时,企业家们采取了积极的对策,把企业化大为小,企业主解雇工人,并以机械和工具作价支付工人的工资和辞退金,鼓励这些被辞退的工人利用旧机器设备创办家庭工业。这样,生产组织形式就从原来的统合型向分散型转变。虽然,当时这种转变也引起了不少产品质量问题,但是,整个地域作为一个毛纺品产地对经济环境变化的适应性增强了,企业之间构成了以地域为基础的小企业网络,逐渐形成了关联中小企业群体的集群。

在这种集群情况下,由于小企业生产和家庭生活连成一体,当订货增加时,家庭成员转化为工人,企业的职工人数和工作时间自动增加;反之,当订货减少时,企业职工又恢复为家庭成员,因而形成了一个富有弹性的生产体系,被人们称为"可伸缩性的专业化产地",又称为"普拉特模式"。根据意大利统计局的统计,全意大利专业集群共有199个,分布在15个州:西北部58个,占29.2%;东北部42个,占21.1%;中部84个,占42.2%;南部15个,占7.5%。集群产业的主要产品是日用品,其中:纺织品集群有69个,占34.7%;皮鞋和鞋27个,占13.6%;家具39个,占19.6%;机械32个,占16.1%;食品17个,占8.5%。此外,还有造纸与印刷集群6个,化学制品集群4个,首饰制品集群4个,金属制品集群1个。

从艾米利亚—罗马涅大区服装业从业人员构成看,约50%的人在自己的家庭作坊生产,25%的人像中国的"前店后场"个体户,另外25%的人是拿订单生产的分包商。这样的工业结构具有极大的灵活性,由于生产者直接面向市场,能在最短的时间里对需求变化做出反应。而且许多家庭工业往往为许多厂家生产其中的某一组件,一个厂家订单减少并不至于使其生产停顿,企业发展反而比大企业稳健。普拉特的全盛期在1979年,当时那里的毛纺机拥有量占全意大利的70%,毛织机拥有量占全国的50%。1996年,毛织企业85家,就业人员4600人,产值超过8兆里拉。

在普拉特模式中,大企业的主导地位已经弱化,分散的小规模家庭工业被一种当地叫作茵巴瑠托(Impanotore)的商业中介串联起来。最初的茵巴瑙托只是在家庭工业之间走村串户的商人，后来其逐渐发展成为一种引导家庭工业发展的重要商业组织。其工作包括销售、市场策划、产品设计、制订生产计划、采购原材料和组织生产。

二、发达国家家庭工业的现状和特点

世界经济发展进入信息革命时代以来，在西方发达国家，一些依托现代高科技和信息技术的现代家庭工业得以兴起，同时一些具有民族、区域特色的家庭工业得以延续，并在新的历史条件下得到提升，它们与新兴家庭工业一起，构成工业发展之路上的一道新的风景。

1. 发达国家家庭工业发展现状

从20世纪70年代开始，新技术革命进入全面发展的新阶段。其主要标志是信息高速公路、网络技术等。新技术革命和信息化时代的到来，极大地改变了人们的生活，也为工业生产带来了史无前例的变革。

从国际上看，无论是欧美发达国家，还是发展中国家，新技术革命和信息化时代的到来都进一步推动了社会文明和工业文明的进步，家庭工业不仅没有消失，反而表现出良好的发展适应性和强大的生命活力。瑞士、法国、荷兰、丹麦等国现代家庭工业产值都占到国内产值的20%～30%，从业人员占社会总劳动力的40%以上，家庭工业在经济发展中仍占很大优势。如瑞士的高档钟表、以色列的钻石首饰、德国的精工小五金等都主要出自家庭作坊，美国长岛有1000多家企业，其中800多家是提供尖端技术产品的家庭工业。

以色列号称钻石首饰王国，那里的钻石首饰制作精湛、巧夺天工，而其精品大多出自以色列家庭工匠之手。日本出口的个性化艺术瓷皆由日本家庭精烧与精制。享誉世界的荷兰花卉几乎都是家庭花圃生产经营的。特别是意大利和瑞士的家庭工业发展更具特色优势。

同其他西方发达国家相比，意大利存在着资源贫乏、工业起步较晚的劣势。但意大利注意适时调整经济政策，重视研究和引进新技术，促进经济发展。在意大利，中小企业在经济中占有重要地位，近70%的国内生产总值由这些企业创造，因此其被世人称为"中小企业王国"。而且在意大利以家庭式微型企业为主的经济十分繁荣，产值约占国内生产总值的15%。

瑞士是世界上工业化最早的国家之一，但瑞士的重工业很少，很多工人一直在家庭中进行生产。19世纪瑞士的钟表工业最初是一种农村家庭工业,主要集中在法语区的汝拉地区,生产基本在乡村进行。20 世纪 30 年代经济大萧条时,瑞士的钟表工业受到很大影响。这期间瑞士政府一方面保护及维持家庭钟表业,另一方面则极力促进生产规模大型化以及制品标准化,从而度过了经济萧条。二战后,日本与苏联发展的精密机械工业及自动化使其战后的钟表工业有显著的发展,而瑞士逐渐失去了东欧各国与亚洲的大市场。同时,一贯大量工厂化专业生产的英国及德国的钟表工业复活的态势,使得瑞士钟表业在欧洲市场的比重越发降低。严峻的形势使得瑞士钟表业不得不独辟蹊径,以创新取胜,重新回到家庭工业中寻找出路。他们成功地将高新技术和专业化注入了这个古老的行业。经过时间的沉淀,瑞士手表已经发展到每一家工厂每一个作坊只完成手表中某一个细小的部分,从表面雕花到每一个螺丝,其专业化程度是其他国家无法比拟的。这些工厂作坊之间又形成紧密的联合,成为一个健康稳定的生态系统,因而也就重新确立了瑞士手表整个行业的竞争力。现在,瑞士中高档手表大都出自阿尔卑斯山周边的家庭钟表作坊。

2. 发达国家家庭工业地域分布

在意大利和瑞士,家庭工业的分布呈集聚状况,以产业为基础集群发展。意大利家庭工业一般与住房分离,集聚在政府划定的区块内。瑞士的家庭工业,主要是钟表,由于几乎没有环保、安全和库存问题,因此政府允许作坊与住房合二为一,一般都采取"前家后厂"或小城镇集中生产的模式。

美国、英国、法国等多数发达国家家庭工业的格局都比较分散。在农村,基本上是传统工业,一般都零星地分布在离中心城市有一定距离的偏远乡村或小城镇;在城市,基本上是现代家庭工业,而且都是一些具有适合当地城市特点的工业,一般都以业主的车库或住房作为场地。如在美国中西部的广大乡村地区,在当地土著民族和部分亚洲移民、非洲移民中就存在着传统工艺品、旅游产品、传统食品和肥皂之类日用品生产的家庭工业,并且一些移民家庭和土著家庭从事着从农业生产、产品加工制作到市场销售一体化的家庭工业。

3. 发达国家家庭工业产业的特点

在欧美发达国家,现代家庭工业主要指那些可延伸到家庭,让人们在家里完成的工业生产加工制作,包括文教用品、皮具箱包、仪器仪表、服装编织、玩具制配、五金配件、纸品印刷、工艺品制作以及时装设计、广告设计、装潢设计等。但由于受严格而完善的法律限制,西方家庭工业分布的行业是有限的,至少要同时满足以下三个条件:其一,必须是无污染、高度安全的行业;其二,必须是库存为零或接近于零的行业;其三,必须是法律准许经营的行业。除传统适合家庭制作的工业品外,这些行业还有广告创意、建筑、艺术品和古董工艺品、设计、时装、电影、互动宽带、娱乐软件、音乐、演艺、出版印刷、电脑软件、电视和广播等。

当然,西方国家考虑到就业、宗教、民族等因素,对一些传统的家庭工业采取了宽容、扶持和鼓励的态度。如在美国中西部的明尼苏达地区,政府允许和鼓励当地土著居民印第安人从事民族传统的装饰工艺品、旅游纪念品的加工制作,允许他们将自己生产的产品在家庭或当地集市市场上出售,并且不征收任何的税费。当地也有数万名来自亚洲的越南和非洲的索马里的移民,为解决他们的生计,当地政府鼓励他们从事花卉、苗木、果菜种植加工,允许他们生产一些民族传统食品,允许他们从事肥皂、木梳、提篮等日用品的家庭加工生产,并为此在市中心专门设立了一个贸易集市,规定每周二、四上午为集市交易日。在集市交易中,政府部门提供场地,对卫生、安全和产品质量进行监管,但不收取任何的税费。

4.发达国家家庭工业就业结构

由于发达国家一般都经历过漫长的工业化、现代化革命的洗礼,其国民文化素质一般都比较高。在美国农村,即使是偏远的家庭作坊,业主和员工基本上都具有较高的文化水平,除少部分从较低教育水平国家来的移民外,很多人都能操作高端的复杂机器。在城市,从事家庭工业的几乎都是一些受过良好高等教育的人才。不过他们从事家庭工业的动因和主动性不一样。从事农村家庭工业的,一般是出于生计考虑,多为老人,招聘的员工也大都是在城市里找不到合适工作的人,尤其是一些少数民族和土著民族,从事家庭工业,既满足了其就业和宗教信仰的需求,也减轻了政府的负担。从事城市家庭工业的,一般是那些出于对无拘束工作环境和自由支配自己劳动能力的渴望,主动放弃在社会单位的工作,愿意待在家里独立进行劳动的所谓新型"家庭劳动"者。

5.发达国家家庭工业管理模式

发达国家在对家庭工业的管理上比较注重立法管理,建立相对完善的家庭工业法律、法规或政策措施。美国、英国、德国和日本的家庭工业立法较为典型。

（1）美国的家庭工业立法

美国 1938 年通过的《公平劳动标准法》（*Fair Labor Standards Act*）306 条第一款，对家庭工业劳动者进行了界定：家庭工业劳动者是指从事妇女服装、珠宝生产、针织外套、手套、手帕制造、纽扣与皮带制造、生产刺绣等业种，在供居住的自有家庭、公寓、租赁的房子和房屋内进行生产的人。美国劳动立法规定，在家庭劳动的场所上，对于劳动者自己的房子、公寓、其他的居住场所以及庭院、车库、仓库或地下室等周边的地方，均属于自家。美国联邦劳工部于 2002 年 2 月就家庭劳动的雇佣人的职场环境作出规定，指出属于家庭劳动范围的，分为 home-bases worksite 和 home office 两种。前者为在雇佣人支配下从事工作的受雇人的家，后者是指使用办公用具从事业务的场所。规定要求不得检查从业人员的自家兼办公室，劳工部只在特定情况下检查作为办公室的"自家"。

美国立法对家庭就业者的税收问题也有相关规定。税法规定，如果为受雇人，可按照《公平劳动标准法》享受社会保障和医疗保险，并可作为劳动者而受到保护，雇佣者应该为受雇人支付工资、社保费、医疗费和失业保险税。如果为独立承揽人或自营者，应有义务支付所得税和自营税。独立契约者须每年预交税款。

（2）英国的家庭工业立法

英国对家庭劳动的调整主要体现在普通法中。英国对 homeworker（家庭劳动者）法律上的保护问题历来受到争议。法律上，对家庭劳动的适用只限于 1961 年《工厂法》（*Factory Act*，1961）和 1998 年颁布的《全国最低工资法》（*National Minimum Wage Act*，1998）。《工厂法》第 133 和 134 条规定的雇佣人要制作家庭劳动者的住所姓名名单，并送达工厂监督官及地区议会。目前家庭劳动者中不属于受雇人的，仍然得不到法律很好的保护。因为普通法上的各种权利义务大多是由受雇人（employee）享有与承担的。换句话说，法定的多数权利仅适用于劳动契约中的受雇人。

因此，该法排除了对不属于受雇人的家庭劳动者的法定权利保护，即他们不享有受雇人的不公平解雇的保护、过剩人员调整补贴的权利、雇佣条件明确化的权利、最低通知期间的权利、医疗退休补贴的权利、参加劳动组织的权利等。不过在法院的具体判例中，特别在不公平解雇的诉讼当中，则承认可将家庭劳动者作为受雇人来看待。如 Cope 女士诉某公司解除合同案，原告从事为被告公司生产鞋跟的工作达七年，其间接受了公司的培训并从被告处得到了生产工具,依据被告的指示工作,报酬按照生产数额来计算,没有扣除国民保险金和所得税。原告在家中制作鞋跟,没有带薪休假和伤病补贴,也没有契约解除的通知条款。公司解除契约后,原告以不当解雇为由提起诉讼。工业审判所认定,原告有权提起不公平解雇之诉。理由是,依据控制理论,被告决定了原告的工作内容、履行方式、手段、时间和场所。原告诉求得到了支持。

英国法律比较重视对劳动者的劳动保护,禁止就业歧视。1970 年的《平等工资法》、1975 年的《反性别歧视法》、1976 年的《种族关系法》和 1995 年的《反残疾人歧视法》,进一步扩大了对劳动者的保护范围。虽然这些立法都使用了劳动者和受雇人的用语,但对雇佣却做了广义上的定义。1994 年英国的《职业健康与劳动法》对雇佣人的一般义务规定扩大至所有的营业者必须在可合理实现的范围内经营,使因其企业而受影响的雇佣外的人的健康和安全免遭危险。这种控制义务是对第三人危险的概括性控制义务,也包含雇佣者对受雇人以外的人提供信息和指示的义务。

(3)德国的家庭工业立法

德国在家庭劳动者的疾病保险、节日工资、休息休假、女工保护和生育休假、社会保障和税收等方面都有立法或规定。在疾病保险方面,德国的《工资继续支付法》第 10 条第一款规定,家庭劳动者在为委托人或中间人工作时有权要求委托人支付工资和额外津贴。额外津贴数额为不使用家庭劳动者或辅助人的家庭工业营业者及家庭劳动者税前工资的 3% 和 4%,使用不超过 2 人的辅助人的家庭工业经营者是税前工资的 6% 和 4%。在节日工资方面,德国的《工资继续支付法》第 11 条规定,家庭劳动者享有要求委托人和中间人支付标准的节日加班工资的权利。在休息休假方面,德国的《联邦休假法》第 12 条规定,家庭劳动法适用联邦休假法。家庭劳动者在受委托人或中间人委托就业时可从中间人处取得 5 月 1 日到来年 4 月 30 日期间或至劳动关系终止时其工资的百分之九和百分之一的休假津贴。在女工保护和生育休假方面,德国的《妇女保护法》规定,女性家庭劳动者只要一起从事产品制作就应适用该法律。委托人和中间人必须向家庭劳动者在其哺乳期内支付平均时间收入的 75% 的工资或每周至少 0.38 欧元。如果妇女是为多数委托人或中间人劳动的,这些委托人或中间人必须在其哺乳期内提供均等的报酬。在社会保障方面,德国的《社会法》规定:家庭劳动者应视为社会保险法上的劳动者,有法定的疾病保险义务。由于护理保险属于疾病保险,因此家庭劳动者负有保险义务。在养老保险上,由于家庭劳动者属于当然的劳动者从而负有保险义务,而家庭工业经营者对此也负有保险义务。对于职业伤害保险,家庭劳动者受到保险保护。在税法方面,德国的《所得税法》第一条规定,家庭劳动者、家庭工业经营者、中间人及其同格指定者作为自然人负有纳税的义务。特别是家庭劳动者及其同格指定者在税法上被视为受雇人。德国的《工资税准则》第 46 节特别规定,家庭劳动者及其同格指定者,除了对劳动所支付的工资外,为弥补费用而支付的工资津贴只要不超过基本工资的 10%,予以免税。如果该扣除的数额超过 10%,超过数额应该纳税并同时应该支付社会保险费。

(4)日本的家庭工业立法

日本家庭劳动法保护的对象是依据承揽关系从事物品加工制造、接受原材料加工、不使用同居亲族以外的人的家庭劳动者。在该法律中,规定委托人必须向家庭劳动者交付劳动账簿,并向都道府县劳动局长递交家庭劳动者数量和业务的内容,而且委托人必须遵守照顾家庭劳动者工作时间、委托终止预告、月内支付一次工资、支付场所最低工资和安全卫生方面的义务等。日本劳动省在 2000 年制定了《正确实施新型家庭劳动的指南》。指南内容包括委托人必须遵守的事项,包括劳动契约条件的正当化、劳动契约内容的文书保存。

三、国外家庭工业生存发展的基础

着眼于发达国家家庭工业得以在现代化的浪潮中生存和发展的原因,我们只要从专业化分工、产业边界融合、信息技术进步、地域文化积淀和社会就业需要等方面进行考察和分析,便可看到家庭工业对于现代社会发展有较强的适应性。

1. 国际产业分工与产业融合

随着社会发展,工业之间的专业化分工日益精细化,这一方面削弱了家庭工业的传统优势,另一方面却又为新兴家庭工业的产生与发展孕育了空间。一般专业化分工要求集中生产,以求工序间衔接效率的最大化,这是大工业存在与发展的基础。但当专业化分工达到一个临界点时,情况往往会发生戏剧性的变化。如美国波音飞机的生产,由于飞机复杂到需要由几十万个零部件组成,假设全部在一个工厂生产,由于过于庞大,其集成优势呈边际递减状态,而由多个国家和地区来生产,不仅可以发挥比较成本优势,而且专业化的精细程度和竞争创新度都可以大为提高。因此,专业化日益向产品生产的"小工序"方向发展,使得一户家庭工业有可能完成其中的一道工序。

随着专业化分工的发展,专业与专业之间的分界越发清晰,而产业之间的边界却越来越模糊。一个产品,从寻找需求市场、设计、生产、再加工、包装、销售到售后服务,往往需要横跨行业甚至产业,第一产业、第二产业和第三产业之间的结合从未像今天这样水乳交融。在这样的情况下,一个实体(如一个工厂)承担所有的功能已经不可能,也不经济。而具有"抱团性"的家庭工业却在应付这种状况时体现出惊人的比较优势。最佳的模式往往是这样的:龙头企业+集群小企业(家庭工业)。在新时代下,许多家庭工业已经绝迹的城市开始重新考虑发展家庭工业。具体运作模式一般是这样的:一个社区形成一个产品门类;社区家庭工业以装配、设计为主,而大的流水线则放在工厂完成;在社区内设立综合技术支持中心、物流支持中心、商务信息支持中心、外贸支持中心,从而合理配置资源,降低家庭工业运作成本,增强小企业的竞争力。

2.世界科技创新与信息化应用

上面已经提到,专业化分工发展到极限后,反而为家庭工业赋予了新的生命力。同样,新技术革命的到来,又为家庭工业克服生产中的环保、安全、场地不足、信息闭塞、技术创新力不强等问题提供了新的途径。

第一,由于清洁生产技术和安全保障技术的广泛运用和不断更新的循环经济的推进,在许多产品的生产上,已经可以实现"零污染"和"百分百安全"。

第二,随着技术的进步,重工业和轻工业都日益"轻薄化"。以电子计算机为例,刚诞生时一个电子计算机要占一个网球场大小,其零部件和组装必须由工厂来完成。但现在,"掌上电脑"只有拳头大小,不仅零部件可以在家庭工业中生产,而且组装也可以放在家庭工业中。许多"创意工业"更是实现了"零容积""零库存"。如日本有种工作机小巧玲珑,按几下按钮就能全过程制出一个个盒子,可以用它在家开个袖珍印刷包装公司。

第三,信息化为家庭工业插上了腾飞的翅膀,现代社会产、学、研的高度融合为家庭工业注入了创新动力。昔日唯有在配有高新技术设备的现代化工厂里才能生产出的高新技术产品,如今在微不足道的家庭作坊中也能使梦想成真。手工制造高新技术产品的时代正悄然走来。从美国麻省理工学院毕业的尼尔,在贝尔研究所供职时,因制造研究所需的真空设备的劳动强度与工会法律发生抵触,就亲自动手制作了这部真空设备。工程的完工,使他无论是在理论上还是在实践中对科学与技术的水乳交融和一脉相承,感悟和体验得入木三分。不久,尼尔又在自己的住宅中单独辟出一间小屋,创建了一家命名为"制造实验室"的微型工厂,专门开发与高新技术相关的新产品。一家这样的微型工厂可以设计制作出从塑料玩具到电路板、太阳能硅片等各式各样的实用产品。他提出的奋斗目标是,将高新技术及其产品从实验室和现代化大企业中解放出来,让高新技术产品的制作大众化、广泛化、家庭化。经过多年的努力,他的这种"产学研一体化"的家庭作坊抑或称微型工厂生产出的高新技术实用产品,已在全球开花结果。尼尔的"制造实验室"已无愧于"新型制造业先驱"的称号。尼尔在他撰写的一部名为《家庭高新技术实验室》的著作中这样表述道:"将自己家里的汽车库改造成微型加工厂或制造实验室,并使之具备各种制造能力,恐怕并不是一件可望而不可即的难事。"尼尔模式成功的关键,是将最先进的数字技术与传统的制造技术珠联璧合、水乳交融般地糅合到一起,应用数字技术制作适合个性需求的适销对路的产品。正如尼尔所说的那样,将计算机手段与产品制作巧妙地结合在一道工序里,整套工艺程序由一个人轻松完成的时代,或许正在向我们走来。

3. 各国文化积淀与就业需要

专业化大生产一方面提高了社会生产力,另一方面,千篇一律的"复制品"却难以满足一些个性化的需求。因此,家庭工业产品,特别是一些手工工艺产品,仍将在满足个性化的需求领域继续存在并发展。

同样,社会不断向前发展,人们不断涌向城市,人们的生活节奏越来越快,城市交通也日益拥挤。现代人花费在上下班路上的时间越来越多,睡眠不足、焦虑等亚健康状态日益经常化。因而,在发达国家,快乐就业成为一种趋势,人们认为在家中工作心情更加愉快,所以越来越多的人想待在家里或就近在社区就业。随着农村交通、医疗、住房等条件的改善,城市日益失去对农村青年的吸引力,他们开始在农村或小城镇置办家庭工业。这些劳动者一般都受过良好的教育,具有较高的劳动技能,这就为发展现代家庭工业提供了先决条件。

生产力越发达,生产同样单位产品所需要的劳动力就越少,被解放的劳动力很多就成为社会剩余劳动力。为了降低失业率,促进就业,各国势必采用财政补贴、税费减免等手段从各种渠道增加就业岗位。现代家庭工业,在富民和就业方面具有不可替代的优越性,自然会成为政府扶持的一个方面。政府的扶持,将使家庭工业在相当长的一段时间里保持发展态势。

在西方国家,家庭工业在工业革命后遭受一百多年的排斥与冷落之后,又以其顽强的生命力重新崭露头角,受到重视,尽管它与过去传统的家庭工业在本质意义上已经不同。这不能不引起我们的关注。

四、工业互联网为家庭工业的再生注入活力

随着"互联网+"时代的到来,各种依托互联网的新型就业形式层出不穷,与之相关的各类劳资纠纷、劳动关系问题也屡见报端。因此,对工人群体的关注不应当再局限于产业工人、农民工等传统劳动者,工会乃至全社会都应给予新工人群体更多的关注和保护。总的来说,"互联网+"时代的新工人群体有以下四类。[①]

第一类是以网约车司机、网约家政服务员、网约送餐员为代表的"网约工"。根据国家信息中心最新发布的《中国共享经济发展年度报告(2019)》,2018年共享经济参与者人数约7.6亿人,其中提供服务者(即"网约工")人数约7500万人。到2020年,共享经济提供服务者(即"网约工")人数预计将超1亿人,其中全职参与人员约2000万人。这些"网约工"给社会生活带来了巨大便利,而且被认为是我国经济社会领域服务业中"打通最后一公里"的一支生力军。

第二类是以网络主播、网络作家为代表的"网络平台工作者"。与提供线下服务的"网约工"不同,这类群体主要依托网络直播平台、网络文学平台等网络平台源源不断地提供大众创新性和创造性劳动成果,在满足不同网络受众的需求的同时,也帮助平台实现盈利的目标。这类群体同样呈现出越来越庞大的趋势。以网络作家为例,据统计,2017年我国已有网络作家1300万人,其中600万人定期更新小说,签约作家60万人。

第三类是以字幕工作组、词条编辑者为代表的"网络义工"。这是当前一个非常重要但经常被忽视的工人群体。这类群体因共同的兴趣爱好集聚于网络文化的信息生产,他们在电脑屏幕前默默地为广大网友无偿提供各种娱乐或公益服务。对工作本身的兴趣以及参与工作获得的满足感使得这

---

① 沈锦浩.关注"互联网+"时代的新工人群体[J].工友,2019(7):42—43.

些人成为极具经济效率的生产单位,他们的工作热情和坚持意志在劳动中得到充分体现,他们比在正式签约的工作单位更加开心和卖力。

第四类是以电子竞技选手、游戏玩家为代表的"网络玩工"。这同样是一个被广泛忽视的群体。很多游戏玩家不仅在网络游戏中花费了大量时间和精力,而且作为游戏"玩工"为游戏公司与平台公司创造了巨额利润。从表面上看,"玩游戏"属于玩家的休闲时间,但实际上这也是玩家的劳动过程。比如《王者荣耀》游戏软件的火爆流行,除了腾讯程序员编写代码的功劳之外,游戏玩家对游戏故事的参与也是游戏内容的重要组成部分。①

---

① 沈锦浩.关注"互联网+"时代的新工人群体[J].工友,2019(7):42—43.

第六章　全民守法

第一节　治理视角下的政社互动①

　　政社互动源于社会主要矛盾的演变。不同的社会发展阶段,有不同的社会主要矛盾。同一社会发展阶段,在不同时期、不同国度,其主要矛盾的表现形式也各不相同,社会控制的主要任务以及基本模式也因之而异。虽然当今中国社会的主要矛盾已经转化为人民群众日益增长的美好生活需要和不平衡、不充分的发展之间的矛盾,但其形式已更为明显地表现为社会公共事务的日趋复杂与社会管理模式功能局限之间的紧张关系及其不断加剧,"这是中国社会必须由'管理'迈向'治理'的根本原因所在,也是法治社会建设的现实背景和基本主题"②。当代中国的社会主义法治实践正迅速回应这一主题。《中共中央关于全面深化改革若干重大问题的决定》指出,全面深化改革的总目标是完善和发展中国特色社会主义制度,推进国家治理体系和治理能力现代化。这表明,推进国家治理体系和治理能力现代化,已经成为新时期中国共产党治国理政的重要追求。社会治理是国家治理体系和治理能力现代化的重要内涵。建立和完善政社互动模式又是实现社会治理现代化的必然选择。

---

① 本节在《完善政社互动的法治模式》一文的基础上修改而成,选自龚廷泰主编《当代中国的法治社会建设》,法律出版社 2017 年版。本部分内容由郭人菡撰写。
② 江必新,王红霞.社会治理的法治依赖及法治的回应[J].法制与社会发展,2014(4).

一、政社互动的理论依据

从政社一体到政社互动是我国社会治理模式的一种成功的实践转型，它实现了从一元主体向多元共治转变，从以管理职能为主向侧重服务职能转变，从单向管控向良性互动转变。它的形成具有深厚的理论依据。

1. 政社互动的基本内涵

虽然政社互动的提法由来已久，但学界对其定义并不统一，甚至有望文生义之嫌。有的将"政社互动"解释为政府与社会组织互动，有的理解为政府与整个社会互动，这些都欠准确。实际上中央对这个概念有权威的解释。"政社互动"的全称是"政府行政管理与基层群众自治的有效衔接和良性互动"①。首先，这里的"政府"是指国家行政机关，并不包括立法机关和司法机关；"行政管理"是指政府运用国家权力对社会事务的一种管理活动，它与社会治理并不是同义词；"基层群众自治"不仅仅指"基层群众自治组织的自治"，还包括居民自治等，内涵更深，外延更广。其次，其政策基础源于党的十七大提出的"实现政府行政管理与基层群众自治有效衔接和良性互动"以及《国务院关于加强市县政府依法行政的决定》（国发〔2008〕17 号）提出的"增强社会自治功能，建立政府行政管理与基层群众自治有效衔接和良性互动的机制"②。然后经过党的十八大和十八届三中、四中、五中全会而不断丰富完善。最后，政社互动的基本内涵可明确为：尊重人民当家做主的权利，还政于民，允许基层群众自治组织、社会组织和居民等依法实行自我管理、自我服务、自我教育、自我监督，通过政府行政管理与基层群众自治有效衔接和良性互动，实现公共产品有效供给。

政社互动的主体主要有四大类：一是政府及其部门；二是基层群众自治组织；三是社会组织；四是居民。政府及其部门通常是指地方政府及其部门，中央层级直接参与的政社互动是非常少的。根据现行宪法和有关法律的规定，基层群众自治组织是指在城市和农村按居民居住地区设立的居民群众自我教育、自我管理、自我服务的基层群众性自治组织，即城市社区居

---

① 胡锦涛在党的十七大上的报告［EB/OL］．［2017-03-14］．http://news.xinhuanet.com/newscenter/2007-10/24/content_6938568.htm.

② 国务院关于加强市县政府依法行政的决定［EB/OL］．［2017-03-14］．http://www.gov.cn/zwgk/2008-06/18/content_1020629.htm.

民委员会和农村村民委员会。其成员由主任、副主任和委员若干人组成,由居民直接选举产生。居民委员会和村民委员会根据需要设立人民调解、治安保卫、公共卫生等委员会,主要任务是办理本居住地区的公共事务和公益事业,调解民间纠纷,协助有关部门维护社会治安,开展精神文明建设,向政府反映居民群众的意见、建议和提出要求等。社会组织(social organization)有宏观、中观和微观三种定义。宏观的社会组织是指动物进行共同活动的所有群体形式,既包括高级动物即人类,也包括其他动物的群体形式。中观的社会组织是指人类为了实现特定的目标而有意识地组合起来的社会群体,包括氏族、部落、家庭、秘密团体、政府、政党、军队、企业和学校等。微观的社会组织仅指民间非营利组织,如协会、商会、民办福利机构等。政社互动概念里的社会组织是从中观与微观相结合的一种视角去切分的,即在各级民政部门注册登记的社会团体、民办非企业单位、基金会和备案的社区社会组织等。它们都是社会管理的主体,是政府联系和组织人民群众参与社会建设、推进社会管理的桥梁和纽带。这种社会组织具有民间性、自愿性、自治性、非营利性、公益性特征。非营利性是社会组织的第一个基本属性,是其区别于企业的根本属性。民间性、自愿性、自治性即非政府性,是其区别于政府组织(包括政党组织)的根本属性。故而社会组织又往往被称作非政府组织。公益性或互益性是其第三个基本属性,是区别于其他不以公益为目标的社会组织的一个重要特征。

　　2.国家与社会的关系理论

　　政社互动理念并不是凭空出现的,是基于国家与市民社会的关系理论与实践发展的结果。了解国家与市民社会理论,是理解政社互动理念的前提和基础。在古代,国家与社会的结构并没有如此清晰,中国更是如此。虽然形式上存在国家与乡土社会的双重结构,但二者之间并没有明显的对立关系,本质上是一元结构。黑格尔第一次明确区分了市民社会与国家,系统阐述了现代意义的市民社会理论。① 他用国家做主语,市民社会做宾语。马克思将其颠倒过来,以市民社会做主语,国家做宾语,认为国家建立在市民社会之上并由后者决定。一致的是,二人都将市民社会定位于经济基础范畴。哈贝马斯则将市民社会的含义延伸到文化等上层建筑范畴。葛兰西将市民社会完全从经济基础的范畴中剥离开来,归入上层建筑范畴,并且,

① 葛立华.市民社会理论视角下的国家与社会[J].中共郑州市委党校学报,2009(3):54—57.

他将社会分为"国家、经济基础、市民社会"三部分。①

从我国看,以"国家与社会"为分析框架的政社关系研究主要存在三个取向:国家中心论、社会中心论以及国家与社会双中心互动论。国家中心论取向主张国家或政府在基层社会变革中应始终居于主导性位置,以保证城市基层社会在体制变迁中的稳定。如有学者将城市社区建设称为"政党主导下的社区自治建设"的过程,认为在社区自治过程中,出于种种原因,"掌握各种资源的党组织不仅不能退出,还要加强和改善……从基层社区开始实现党的领导",这是推动社区自治的一个必要选择。② 很明显,这里的"党组织"是掌握国家权力、具有国家色彩的执政党,用"主导"而不是"引导"旨在强调其在政社互动中的决定性作用,归根结底属于国家中心论的一种认知。社会中心论取向则主张发展的根本动力来源于社会,国家作为一种限制性力量应较少干预社会。童世骏认为,现代社区是"非国家化"的,建设文明社区应强调社区行为的自感性,适当减少对具体事务的行政干预,淡化社区活动的政治色彩。③ 党政机关要减少对社区具体事务的行政干预,淡化社区活动的政治色彩,提高城市居民的自我管理能力。国家与社会双中心互动取向认为,在社区研究中存在一种理论与实践之间的悖论和矛盾,无论是"国家中心论"还是"社会中心论"均无法同时有效解释城市社区建设中基层政权建设和社会发育这个一体两面的核心论题,因此必须要破除单纯强调国家或单独强调社会的国家与社会二元对立的思维方式,而代之以"国家与社会互动"的范式和取向。④ 这种观点在理论上是"完美"的,但在实践中却存在操作难度大等问题。

正是有了国家与社会相分离的理论,才为政社分开的实践提供了思想基础。

3.社会转型理论

政社互动是社会转型的产物。政社互动理论是社会转型理论框架下的一个分支。考察政社互动必须放在社会转型的大背景下来进行。只有从全

---

① 葛立华.市民社会理论视角下的国家与社会[J].中共郑州市委党校学报,2009(3):54—57.
② 刘晔.公共参与、社区自治与协商民主——对一个城市社区公共交往行为的分析[J].复旦学报(社会科学版),2003(5):39—48.
③ 童世骏.文明社区的时代特征[J].社会,1997(9):26.
④ 丁惠平."国家与社会"分析框架的应用与限度——以社会学论域中的研究为分析中心[J].社会学评论,2015,3(5):15—23.

貌上掌握社会转型理论,才能明白政社互动的必要性和必然性。社会转型理论是社会历史进步和发展理论的一个中心论题。但只是到了文艺复兴时代以后,这一主题才首先在西方史学理论和随后产生的所谓历史哲学中逐渐明朗起来。社会转型理论的发展集中在西方,大体经历了三个时期:经典理论时期、实证研究时期和现代转向时期。①

第一,经典理论时期。从 19 世纪中叶到 20 世纪前叶,西方学术界就社会转型的理论基础(包括社会进步的概念、转型的进程及其机制、转型的类型和目标等)进行了多方面的探讨,建构了这一研究的主题,界定了转型理论的论域,创造了基本的方法论。这一时期转型研究的核心观念是经典进化主义。孔德(A. Comte)和斯宾塞(H. Spenser)是这种经典进化主义转型论的奠基之人。摩尔根(L. Morgan)提出了一种基于技术进步机制的转型理论,杜尔海默(E. Durkheim)着眼于从具体的社会实在场域探求社会转型的机制。滕尼斯(F. Tonnies)则持一种非必然进步的进化观,认为社会转型的结果不仅有进化,也有生存条件的恶化。当然他也承认原初社会存在一个向现代社会转型的进步维度。②

第二,实证研究时期。20 世纪 30 年代以后,以斯宾格勒(O. Spengler)和汤因比(A. J. Toynbee)为代表的形态史学兴起。他们认为每种文化类型的演化特点各不相同,各有其发展道路,并对经典转型进化论中的欧洲中心主义一元论提出了挑战,建立了多元文化史观。20 世纪 50 年代以后,面对哲学和历史学中对经典观念的质疑,西方社会转型理论的研究,转向社会学、古人类学、考古学、文化人类学、人种学和历史编纂学等实证科学领域,试图以经验成果为依据,寻求对经典的线性一元转型观念的支持,这一研究导向被称之为"新进化主义"。③

文化人类学的新进化主义转型论代表人物有怀特(L. White)、斯图尔特(J. Steward)、萨林斯(M. Sahlins)和塞维斯(E. Service)等人。他们试图以文化人类学的研究成果为根据,在肯定和承认文化多元性的前提下,寻求其内在本质的同一性,从而维护经典转型论的一元化假定。社会学的新进化主义转型论代表是帕森斯(T. Parsons)。他在自己的代表作《社会:进

---

① 徐恒秋.社会转型:欧洲的经验和我国面对的挑战[D].济南:山东大学,2007:8.
② 张秀婷.山西农村社会的转型发展研究[D].太原:太原理工大学,2012:3.
③ 徐恒秋.社会转型:欧洲的经验和我国面对的挑战[D].济南:山东大学,2007:9.

化与比较透视》(1966)和《现代社会体系》(1971)中,提出了一种更具延展性的社会分工理论,对社会转型做出了结构—机能主义的解释。与其他新进化主义者一样,帕森斯承认结构变迁的路线是非线性的。不过他总体上依然支持正统转型论的范式单一论,提出了一个两种进化(动乱和整合)过程,四个进化阶段(原始社会、高级原始社会、中古社会、现代社会)和四种进化机制(分化机制、适应增强机制、包容机制、价值淡化机制)的转型理论体系。不难看出,他心目中的转型标准仍然是西方中心主义。正如他本人所言:"现代型社会是在唯一的发源地出现的,本质上属于欧洲和西方,属于地中海北部和罗马西半部的继承者们。之后,由西方基督教社会奠定了其基础,从这里我们得到了所谓'现代社会体系'。"[①]

帕森斯主义是西方转型研究正统观点的重要代表,其核心观念正是所谓趋同论(convergence theory)。新进化主义在一些重要方面修正了经典理论的观点,转换了研究视角,这表现在力图回避从历史哲学上对社会进化和转型进行思辨性的建构,并尝试立足于文化人类学和社会学等实证科学的成果,对转型做描述性的说明。如果说,经典理论是以作为整体的人类社会的转型研究为重心的,那么,新进化主义的研究重心则转向对较具体的社会实体(文明、文化、独立的社团等)转型的描述。

但是,新进化主义并没有从理念上真正突破经典假设,仍然坚持同一种转型终极目标,因此以维护西方中心主义为主旨的趋同论是各派研究者的共同特点,这一点在 20 世纪 50—60 年代关于现代化和现代性的讨论中,表现得特别明显。在所谓"历史的现代化定义"中,现代化不过是西欧化和美国化的混合物,其实就是指向资本主义社会的转型,包括工业化、城市化、行政化、民主化、理性化等过程,其深层机理被说成是个人主义成就动机的扩展和实现。如摩尔(W. Moore)的现代化定义是:"现代化是一个传统或前现代的社会'整体'向技术和互联的社会组织形态的转型。这种新社会组织的形态特点是'先进的',是在经济上繁荣、在政治上相对稳定的西方世界各国。"[②]按照这种理解,东方国家现代化的唯一标准和途径就是"西化"。甚至就连承认欠发达国家的现代化道路与西方历史上的现代化道路有明显不同的学者,如艾森斯塔德(S. N. Eisenstadt),也曾认为南北方在现代化的

---

① Parsons T. The System of Modern Society[M]. Englewood Cliffs: Prentice Hall,1971:1.
② Moore W. Social Chance[M]. Englewood Cliifs: Prentice Hall,1963:89.

目标方面是没有区别的。他曾宣称："从历史的观点而言,现代化是社会、经济、政治体制向现代类型变迁的过程。它从 17 世纪到 19 世纪形成于西欧和北美,而后扩及其他欧洲国家,并在 19 世纪和 20 世纪传入南美、亚洲和非洲大陆。"①由此不难看出,西方转型理论的实质含有意识形态或文化上的偏见。

　　第三,理论转向时期。20 世纪 50 年代西方社会理论的主流是"乐观派",其中的一个导向是"起飞论",认为欠发达国家的经济能够通过"起飞"直接进入发达社会,另一个导向是"过渡论",认为"传统社会通过'过渡阶段'转变为'现代社会'"②。20 世纪 60 年代以后,"悲观派"逐渐占了上风。按"悲观派"的观点,世界历史上的现代化转型分为前后两个阶段。前期是自主内生的现代化,是由社会本身的固有力量在本土发生的从传统向现代的转型,这是西欧和北美的模式。后期则是强制动员的现代化,它以对民众的强有力的政治和社会动员为特征,由于其强烈的冲击性和突发性所造成的动荡和失衡,使欠发达国家并不一定"自动地"转变为发达国家,相反,倒是存在"现代化中断"的危险。克尔(C. Kerr)、罗斯托(W. Rostow)等人的基本观点,都诉诸主导群体的创新和革命引发社会组织、政治生活、文化模式、日常行为,乃至信念立场的整体现代化。戈德索普(J. Goldthorpe)把这种工业主义逻辑概括为:"由于工业主义的推进并成为世界范围的现象,一系列相异的建制结构和不同的信念与价值体系都必然会归并起来。所有社会,无论它们通过何种道路进入工业世界,都会日益接近起来,即使其形态不明晰,也完全是工业形态的。"这就是亨廷顿(S. P. Huntington)所说的:现代化使现代社会比传统社会彼此更加相似。③ 他也由此建立了"现代化是一种同质化过程"的命题。

　　西方关注社会转型理论的还有"新马克思主义",其代表是法兰克福学派。按法兰克福学派代表人物的观点,科技进步原本是人类争取自由解放的手段,现在却反过来成为束缚人本性的枷锁。科学技术的统治和"工具理性"的主宰,造成了单向度的社会和单向度的人,社会与人都成了技术的附属物。因此,法兰克福学派意图从呼唤人文精神的重建出发,诉诸一场意识

①　艾森斯塔德. 现代化:抗拒与变迁[M]. 张旅平,等译. 北京:中国人民大学出版社,1998:1.

②　徐恒秋. 社会转型:欧洲的经验和我国面对的挑战[D]. 济南:山东大学,2007:10.

③　塞缪尔·亨廷顿. 文明的冲突与世界秩序的重建[M]. 北京:新华出版社,2010:48.

形态革命或文化革命。20 世纪 80 年代后期,新转型理论在重新审视现代化标准时,也开始对彻底反传统的假定产生了怀疑。

近年来,我国对于社会转型理论的研究成果也不断涌现。王雅林的《社会转型理论的再构与创新发展》,对在我国影响很大、被称为"当代中国社会变迁的理论支点"的"社会转型"论进行了范式判别,提出用"三分范式"的"社会双重转型论"代替现行的"二分范式转型论"。文章还论述了在国家创新体系的构建中必须处理好技术创新和社会创新、提高全社会的技术能力和社会能力的关系,并指出在充满风险的现代化发展中要处理好"有序"和"无序"的关系。郑红娥《经济学视野中的社会转型理论——厉以宁的转型发展理论述评》一文认为,厉以宁从经济学视角对中国社会转型所进行的探究独具特色。雷龙乾在《马克思主义社会转型理论》一文中指出,从历史观视角研究马克思主义社会转型理论,既必须反对西方现代化理论那种把社会转型等同于资本主义化的观点,也应该区别于具体社会科学研究部门那种局限于社会转型细节问题的研究方法,同时也不能把社会转型概念泛化为抽象的历史哲学思辨。

马克思、恩格斯对社会转型问题做出了杰出的理论贡献,我们今天的马克思主义社会转型理论就是他们所创立的历史观理论的具体应用和发展。他们关于社会发展的"三形态理论"是我们分析社会转型问题的宏观理论方法,相应地,"五形态理论"则是微观理论方法。综合运用这两种认识方法,可以帮助我们正确认识当前社会转型实践的历史意义。中国共产党的社会主义初级阶段理论正是运用这种认识方法为中国社会转型进行历史定位的杰出典范。只有站在历史观的高度,才能完整把握社会转型的本质、内容、动力和代价等,才能避免因对社会转型内容的片面观察而忘却其整体性,才能避免因对社会转型动力的错误理解而陷入精神决定论、外因决定论,才能避免对社会转型代价的过高估量而产生今不如昔的错觉。只有站在马克思主义历史观的高度,我们才有可能具有建构不同于西方社会转型范式的"理论自信"。

4. "善治"理论

治理的最终目标是实现善治(good governance)。[①] "善治"作为一个汉

① 俞可平.中国离"善治"有多远——"治理与善治"学术笔谈[J].中国行政管理,2001(9):15-21.

语词汇,它的一般意义就是"良好地治理"。但是,作为现代政治学和法学的一个重要概念,善治特指公共利益最大化的治理过程和治理活动,它是一种官民共治,是国家治理现代化的理想状态,①其本质特征是政府与公民对公共事务的合作管理,是政府与市场、社会的一种新颖关系,是权利与权力的一种妥适状态。②

良法是善治的前提。党的十八届四中全会决定指出,"良法是善治之前提",这是一个非常重要的论断。换句话说,"没有法治就没有善治"③,法治原则是善治要遵循的首要原则,法治精神是善治的精髓。我们认为,善治需要遵循的法治基本要求有:(1)颁布有在法律上限制国家权力的成文宪法;(2)用法律来保障各种不容侵犯的人民权利;(3)法律应保持相对稳定性,不能频繁修改;(4)特别法的制定应受公开、稳定、明确的一般规则指导;(5)法不溯及既往,且公开明确;(6)法院能够独立地实现依法保护私人权利与社会利益不受国家权力的干涉;(7)公开审理,不以偏见司法;(8)行政机关依法办事;(9)无论何种情况,只要国家损害了公民权益,国家都有赔偿的义务;(10)公权力"法无授权即禁止",私权利"法无禁止即自由"。

善政是善治的关键。中国古代将良好的统治称为"仁政"。在治理模式现代化的语境里,良好的统治即为"善政"。虽然说现代社会治理的主体已经呈现多元化格局,公共权力分享已成常态,但政府仍掌握着压倒一切的公权力,具有最强势的地位,是最高的权威,是正式规则的主要制定者,其他任何治理主体都不能与之相提并论。善政在不同的时代、不同的国家有着不同的内涵。从西方学界来看,多元主义和社团主义是关于如何实现善治的两种视角。多元主义强调竞争,主张在结构分化的基础上对权力进行多元配置;社团主义强调合作,主张国家和利益团体形成互相合作、相互支持的关系。

一般而言,现代社会的善政应具有以下特征:(1)民主性,即政府将自己的一切权力都看作是人民的授权,一切行为均应以"被代理人利益"也就是人民利益为依归,没有自身官僚系统的任何私利,人民有足够的渠道和方式

---

① 俞可平.法治与善治[J].西南政法大学学报,2016,18(1):6-8.

② 陈广胜.走向善治[M].杭州:浙江大学出版社,2007:101-102.

③ 俞可平.没有法治就没有善治——浅谈法治与国家治理现代化[J].马克思主义与现实,2014(6):1-2.

监督或撤换掉不合格的代理人,同时政府具有协商性,能够平衡多元利益诉求;(2)责任性,即政府行使任何权力均对应一定责任,因故意或过失履行职责不当的,均应受到相应追究,不存在没有任何责任约束的政府行为;(3)服务性,即政府不仅有管理职能,也有服务职能,必须为社会提供良好的公共服务,满足人民对公共产品的基本需求;(4)有效性,一是体现在行政效率高,为民服务便捷,响应诉求快速有效,二是体现在行政成本控制良好,能以最小成本创造最大价值,最大限度减轻纳税人负担;(5)专业性,一是拥有一支相对稳定、训练有素的公务员队伍,能够精准处理日常公务中的一般问题,二是拥有一批精于治国、善于理政的职业政治家,能够处理国家与社会面临的各种复杂问题,三是善于借助专家治国,提高特殊领域决策的前瞻性、科学性;(6)开放性,开放的实质是政治信息的依法公开和最大限度地满足公民知情权,一方面便于公民维护自身权益,预先安排和合理安排自己的生活,另一方面是有助于公民参与和监督政府,确保公权力在阳光下运行;(7)廉洁性,即政府官员必须奉公守法、清正廉洁,不得从事"权力寻租",以建立维持国家正常运转所必需的秩序权威。①

合作是善治的基础。在社会管理的语境里,政府与基层群众自治组织、社会组织、居民之间,不是平等的契约关系,而是等级明确的行政隶属关系。后者甚至作为前者的管理对象而存在。在善治的语境里,两者改变了地位的失衡状态,成为相互平等的治理主体。虽然力量仍不均衡,但共同作为治理主体,相互尊重对方的平等地位。这种相互平等理念,为共享或者说分担社会治理事业提供了可能。共享意味着政府不再大包大揽一切社会事务,而只做自己更擅长的事情。基层群众自治组织、社会组织和居民,都不再是被动的被支配者,而是成为主宰自己命运的主人。这种主体性的解放,能够极大地激发基层群众组织、社会组织和居民参与国家和社会事务治理的积极性、主动性、创造性,改变与政府格格不入、相互对立的尴尬境地。通过互动,尤其是民主协商,双方找到了解决矛盾、共同追求的契合点;共识高于分歧,合作代替对抗,愿景召唤使命,长治久安的良序社会由此得以可能。

---

① 俞可平.善政是通向善治的关键[EB/OL].[2017-02-28].http://theory.people.cn/n/2014/1103/c40531-25961702.html;玛丽-克劳德・斯莫茨.治理在国际关系中的正确运用[J].国际社会科学杂志(中文版),1999(1):81—89.

二、新中国社会治理模式的历史变迁

新中国 70 年来的社会治理模式变迁是一个富有趣味的课题。它从政治实践的层面反映了我国社会经济、政治、文化发展的路线图谱。

1. 第一阶段：1949—1978 年

这一阶段指中华人民共和国成立到十一届三中全会之前，当时的社会管理以管控社会为目标。[①] 从鸦片战争以来，中国社会一直陷入急剧动荡之中，旧秩序不断解体，新秩序迟迟未有效建立，市民百姓渴望社会安定有序。新中国成立之初，百废待兴，面临着严峻的国内外形势，也迫切要求新政权加强对国家与社会的控制。在这种背景下，加之受苏联模式影响，国家与社会逐渐形成高度的一体化格局，"政社合一、一大二公"。这种模式的主要特征如下。

第一，在政治上高度集权，无法区分行政机关、国有企业、大队、居委会相互之间的本质区别。根据 1954 年年底全国人民代表大会常务委员会通过的《城市居民委员会组织条例》，中国城镇的广大居民被充分地组织起来，在城市建立起"以工作单位为主，街道居委会为辅"的管理模式。这种居委会，实际上是当时基层政权的一种延伸性组织，并没有自治的权限和功能。随着党的整风运动、社会主义建设总路线和 1958 年社会主义建设大跃进的展开，人民公社化运动从 1958 年夏季开始，在很短的时间内，全国农村就实现了公社化，普遍建立起"以人民公社为主，生产队为辅"的管理模式。在人民公社模式下，农村基层政权层面政府与人民公社合一，"乡人民代表大会就是社员代表大会，乡人民委员会就是公社的管理委员会，乡政权的办事机构就是社的办事机构"[②]。生产大队同样是基层政权的一种延伸性组织，缺乏充分的自治权限和功能。

第二，在经济上实行高度的计划经济。指令性生产，凭票制消费，农林牧副渔全面发展，工农商学兵互相结合、五位一体。[③] 执政党领导的政府成为社会管理的唯一主体。[④] 这种社会体制在初期还是曾经显示出了一定的

---

① 龚廷泰,常文华.政社互动:社会治理的新模式[J].江海学刊,2015(6):154-159.

② 吴山,寿康侯.论政社合一[J].法学研究,1959(1):4-8.

③ 吴山,寿康侯.论政社合一[J].法学研究,1959(1):4-8.

④ 何增科.我国社会管理体制的现状分析[J].甘肃行政学院学报,2009(4):101-107,127.

优越性,发挥了一些正面作用。在推动社会发展上,形成了可以"集中力量办大事"的体制优势,为我国大工业的建立奠定了基础;在推动社会进步上,形成了"农业社会组织化"的奇迹,改变了"一盘散沙"的传统秩序。但是,这种控制社会的模式,日益暴露出它的严重弊端:政府管得过多过死,使本来应该生机盎然的社会主义经济和社会发展失去了活力,压抑了广大人民群众自我管理、自我发展的积极性和主动性,经济与社会濒临崩溃。[①]

2. 第二阶段:1978—2007 年

这一阶段主要是指党的十一届三中全会到党的十七大期间,其社会管理的主要特征是在坚持"国家单一中心"制下逐步放开社会管理。[②] 改革开放初期,我们面临改革、发展、稳定三大重任。正如前述,1978 年左右,整个国家经济与社会濒临崩溃,到了选择自上而下的改革还是选择自下而上的革命的关键时刻。改革是决定国家命运与前途的大抉择,而发展是社会主义的本质要求,也是满足广大人民诉求的主要举措。改革和发展,都涉及对旧秩序的否定和新秩序的创建,并且都涉及"打开窗户""新鲜空气"和"苍蝇蚊子"一并进入,如果不想重蹈旧中国覆辙,就必须解决社会转型阶段的稳定问题,处理好改革、发展和稳定三者之间的关系。

在这一历史阶段,我们对三者关系的处理呈现出渐变性。在处理三者关系上,我们的经验是逐步积累的,包括留有一些教训。在农村,"包产到户"使得传统的"公社"体制解体,农村生产力得到极大释放,大量剩余劳动力随之产生。这些民工很自然地向全国流动,流动的无序性形成独特的"盲流"现象。[③] 随着社会发展,一部分民工逐渐在特定城市固定下来,由城市的外来者逐渐成为城市的"融入者",倒逼城市管理转型。在城市,随着改革的深入,计划经济逐渐解体,"城里人"从"单位人"变为"市民""居民"。因此"开放"具有双重含义,一是向农村的开放,接纳农村富余劳动力转移,二是向国外开放,引进国外先进技术乃至理念。改革开放带来了国家与社会的

---

① 龚廷泰,常文华.政社互动:社会治理的新模式[J].江海学刊,2015(6):154-159.

② 龚廷泰,常文华.政社互动:社会治理的新模式[J].江海学刊,2015(6):154-159.

③ 为逃荒、避难或谋生,从农村常住地迁徙到城市、无稳定职业和常住居所的人们,称为盲目流动进入城市人口,简称"盲流"。在我国特指 1953 年到 1989 年 30 多年间,农业剩余劳动力或其他摆脱当时户籍管理自发迁徙到城市谋生的人们。1953 年 4 月,国务院发出了劝止农民盲目流入城市的指示,首次提出了"盲流"的概念。改革开放以后,农村人口流入城市成为普遍的现象,1989 年达到高潮,其形成与户籍管理双元制有关。

逐渐分离。这种分离必然在某种程度上形成利益的对立与冲突,从而给我们的社会治理带来挑战。因此历次中央全会都把维护社会稳定作为一项重要内容。在一段时期内,稳定甚至成了"压倒一切"的政治任务。

在工业化和城镇化的推动下,中国的社会结构、人口格局、行为模式、利益要求等各方面都发生了很大变化。这些变化,在基层社会表现得尤为突出,传统的基层治理模式已难以适应这些变化。传统维稳方式的无效性迫使我们转变传统观念,探索新型社会治理方式。早在 2005 年,国家制定"十一五"规划时,一些专家学者开始力推一个新概念——"政社分开"。中国的市场经济体制改革,起步于政企分开,经过 20 多年的发展,一个独立的"市场"部门(或者叫"现代企业"部门)终于站起来了,这可能是中国经济能够快速增长的一个深层次的"秘诀"。作一个理论假设,如果有一个独立的"社会"部门(第三部门或社会组织)也能够站起来,中国的社会发展和社会进步是否也会有一个令人意想不到的发展速度呢?这些观点逐渐被高层所接纳。①

2006 年,党的十六届六中全会提出:"加强社会管理,维护社会稳定,是构建社会主义和谐社会的必然要求。必须创新社会管理体制,整合社会管理资源,提高社会管理水平,健全党委领导、政府负责、社会协同、公众参与的社会管理格局,在服务中实施管理,在管理中体现服务。"②该表述表明,虽然"管理"仍然是当时社会治理依赖的主要手段,但是也出现了重要的新变化,那就是要求社会治理"齐抓共管",政府职责从"管理"转向"管理与服务并重"的双重职责。

这一时期,何种治理模式适合社会,不仅没有任何现成的经验,也没有任何直接的理论,一切都在"摸着石头过河"。这种探索性表现在:一是模式的不稳定,治理模式在不断试错中不断调整;二是成本高昂,有时为了维护社会秩序稳定,甚至频繁动用国家暴力机器。

3. 第三阶段:2007 年至今

这一阶段主要是指中共党的十七大召开以来,合作共治理念逐渐融入

---

① 唐钧. 政社分开:解放和充分发挥社会活力[J]. 中国高新区,2013(4):129.
② 中共中央关于构建社会主义和谐社会若干重大问题的决定[EB/OL]. [2017-06-16]. http://cpc.people.com.cn/GB/64093/64094/4932424.html.

社会管理过程,善治逐步成为治国理政的价值取向和目标。① 政社互动模式开始启动。

党的十七大正式将社会建设与经济建设、政治建设、文化建设并列,提出了"四位一体"建设的新格局,明确要求"健全基层群众自治机制,扩大基层群众自治范围,增强社会自治功能。实现政府行政管理与基层群众自治的有效衔接和良性互动"②。党的十八大又进一步明确提出:"加强社会建设,必须加快推进社会体制改革。要加快形成党委领导、政府负责、社会协同、公众参与、法治保障的社会管理体制,加快形成政社分开、权责明确、依法自治的现代社会组织体制。"社会管理新体制中增加了"法治保障",要求社会治理必须依法进行;在社会组织体制中,强调了政社分开、依法自治的关键内容。党的十八届三中全会决定提出:"全面深化改革的总目标是完善和发展中国特色社会主义制度,推进国家治理体系和治理能力现代化。"③国家治理体系和治理能力现代化的提出是国家治理理念的革命。从管理到治理,虽一字之差,却内涵深刻,它标志着党和政府从社会管理走向善治的历史性跨越。④ 创新社会治理,是国家治理体系和治理能力现代化的重要内容。贯彻落实党的十八届三中全会精神,提高社会治理水平,必须加强党委领导,发挥政府主导作用,鼓励和支持社会各方依法参与,实现政府治理和社会自我调节、居民自治良性互动。

这一阶段以来的主要特征是:

第一,模式逐渐成形。在这一阶段,政府在国家与社会关系上秉持的理念有了实质的转折。从经济领域看,已认识到政府与市场有很不相同的作用领域,并且应该"使市场在资源配置中起决定性作用";在政府与社会组织关系方面,已经从比较消极地看待社会组织到积极地、主动地培育和发展各种类型的社会组织;在国家与公民关系方面,已经从理论上的人民本位、实际上的国家本位逐渐转向理论与实践上均偏向人民本位,通过简政放权限

---

① 龚廷泰,常文华.政社互动:社会治理的新模式[J].江海学刊,2015(6):154－159.
② 胡锦涛.高举中国特色社会主义伟大旗帜 为夺取全面建设小康社会新胜利而奋斗——在中国共产党第十七次全国代表大会上的报告[EB/OL].[2017-06-16].http://cpc.people.com.cn/GB/104019/104099/6429414.html.
③ 中共中央关于全面深化改革若干重大问题的决定[EB/OL].[2017-06-16].http://www.gov.cn/jrzg/2013-11/15/content_2528179.htm.
④ 龚廷泰,常文华.政社互动:社会治理的新模式[J].江海学刊,2015(6):154－159.

制公权力,通过倡导人权扩大私权利。这样,各种社会治理模式蓬勃兴起,尤其是政社互动的各种模式取得了积极成效,在全国逐渐普及开来。

第二,善治成为共识。党的十八届四中全会明确指出,法律是治国之重器,良法是善治之前提。这是"善治"这个政治学术语在中央全会层次的文件中首次被使用。这表明,善治已成为中国共产党治国理政的目标追求。各界都认识到,结合中国的实践,实现善治需要践行"竞争—合作主义",即探索多元治理、和谐治理的新格局。所谓多元治理,即引入竞争,促使政府改变自己对于公共权力资源的垄断性角色,让包括社会中介组织、基层群众自治组织、民间公益组织等在内的非政府组织和私人企业等,都可以在法律的框架内,成为社会治理的主体。所谓和谐治理,即崇尚合作,毕竟多元治理绝非"无政府治理",不是互不买账、相互掣肘、分崩离析的各行其是,而应当是在政府的主持之下,实现分工合作、良性互动、运行协调的共治。实现善治模式,必须改革由政府垄断公共事务的格局,建立政府与市场、社会之间的合作型管理模式;必须改革政府自上而下的权力运行机制,建立政府与其他治理主体良性互动的网络型管理模式;必须改革政府忽视社会权利的传统观念,建立充分发挥社会能动性的自主型管理模式。

三、政社互动模式的地方实践

近年来,在社会治理的探索中,各地根据自身实际情况,进行了多层次、多领域、多路径的探索,初步形成了一些富有特色的成功模式,比较具有代表性的有太仓"契约"模式、余杭"民主协商议事"模式、都江堰"党引民治"模式和上海浦东"生态链"模式等。

1. 太仓"契约"模式

太仓是江苏省苏州市所辖的县级市,经济实力位居全国百强县市前十名。太仓政社互动模式主要变革的是村委会(居委会)与镇政府(街道办事处)之间的关系,其最大亮点是将村委会(居委会)和镇政府(街道办事处)从原来的上下级管理关系变成了新的契约式伙伴关系,从而让村委会(居委会)真正成为村民的代言组织。其主要做法包括:

第一,将指令改为合同。如沙溪镇安监办废止了以往与中荷村签订安全生产责任书的做法,双方转而签订安全生产委托书。① 从"责任书"到"委托书",不仅仅是词语的改变,更投射出双方关系从不平等的上下级任务承接关系变更为平等的组织合作关系。责任书的履行主要依靠组织权威,追究责任的主要依据是内部的规章制度,若违反相关规定则给予内部处分;委托书的履行主要依靠契约精神和法制保障,追究责任的主要依据是平等双方的违约约定,若违反相关约定则按合同约定或法定的责任规则处理。

第二,将责权内容从"糊涂账"变为"清单"。以往,什么事项归村委会、居委会管理,什么事项不归村委会、居委会管理,村委会、居委会有哪些权力,政府又有哪些权力,并没有明确的文件界定,而以政府的自由裁量为准。为有效扩大基层群众自治范围,让群众自治落到实处,太仓市政府通过制定"自治组织依法履职事项清单"和"行政权力限制事项清单",厘清行政权力与自治权力的界限,大胆放权,建立了政府行政管理与基层群众自治有效衔接和良性互动的机制,使政府管理和基层群众自治相互配合、相得益彰。

第三,将项目"拍板权"从政府交还居民。据《人民日报》报道,太仓市璜泾镇西塔社区有两条商业街,一条叫园林路,一条叫怀仁路,因为年久失修,园林路早在 2010 年就开始翻建。不过这样一件好事,却没有得到附近老百姓的理解与支持。一些村民说"修之前没听居民意见,修路是为了政绩"。更有沿街商户抱怨:"因为修路而关门,营业损失算谁的?"甚至有人为此上访到了太仓市政府。因此,当怀仁路列入璜泾镇 2013 年的民生工程后,镇里决定将修路的"拍板权"交给居民。一个月时间,社区搜集到居民们意见90 多条,涉及道路工程、街面改造、污水管道等诸多方面。在由镇工商、城管、司法、信访等部门以及党员代表、居民代表和商户代表共同参加的 4 次座谈会上,讨论通过了怀仁路改造工程实施方案。直到这条路竣工通车,所有问题与矛盾都在社区内部得以解决,没有发生过一起居民纠纷。②

太仓模式的成功秘诀在于尊重基层群众自治组织的自治性质,信任基层群众自治组织的治理能力。根据《中华人民共和国村民委员会组织法》第一条的规定,农村村民实行自治,由村民依法办理自己的事情;根据第二条的规定,村民委员会是村民自我管理、自我教育、自我服务的基层群众性自

---

①　贺广华等. 政府主导　社会共治　群众参与——苏州社会治理没有旁观者[N]. 人民日报,2014-05-19(6).

②　贺广华等. 政社勤互动　百姓多参与——苏州善治有底气[N]. 人民日报,2014-05-19(1).

治组织,实行民主选举、民主决策、民主管理、民主监督。也就是说,村民委员会不是一级行政组织,而是村民自治组织。因此,政府对村民委员会的工作可以给予指导、支持和帮助,但是不得干预依法属于村民自治范围内的事项。村民委员会不是执行政府决定,只是协助乡、民族乡、镇的人民政府开展工作。太仓地区精准地把握住了这一法律精神,因此极大地激发了群众自治的积极性。事实证明,老百姓自己决定自己的事也能办出好结果。

2.余杭"民主协商议事"模式

浙江省杭州市的余杭区原为余杭市,是全国百强县市之一,2001年撤市建区,成为杭州市的一个新区。近年来,余杭区将社会治理作为工作的重要内容,尤其注重社会治理方式创新。2013年,全国首例街道民主协商议事会议在余杭仓前街道试点。该地做法主要是针对乡镇改制成街道,原来的党代会、人代会取消后,百姓反映问题的重要渠道如何新建的问题。之后,余杭区委将仓前经验上升到顶层设计层面,在全区各个层级推广。其中,临平街道等则结合实际,率先将民主协商议事制度推广到了社区一级。其主要做法有:

第一,两级联动确定民主协商议事内容。一般由各社区根据发展实际,坚持广泛协商,针对不同渠道、不同层次、不同地域特点,合理确定协商内容。同时街道就应纳入社区级、组级(楼道)民主协商的事项出台了指导性意见。从指导性意见看,社区级民主协商议事建议事项为:(1)社区经济社会发展规划、居委会任期工作计划和年度工作计划,社区建设规划和调整;(2)居民自治章程、居民(小区)公约和股份合作社章程的制定和修改;(3)社区级财务预决算,社区集体经济项目的立项、承包、招投标方案,集体经济大额资金的使用,集体举债,集体资产处置,社区级收益分配;(4)社区集体资产资源和经济项目发包出租,宅基地安排使用,居民承包土地变更调整、征用征收补偿分配使用等方案制订;(5)兴修道路、桥梁、水利等公益事业的一事一议筹资筹劳方案;(6)社区服务项目及相关服务程序;(7)社区居民委员会在届满、财务人员离任或调动时,配合有关部门审计相关情况;(8)上级重大政策、重点工作部署在本社区的落实方案;(9)救助灾害,救济贫困,社会优抚,对残疾人等困难、特殊社会群体的帮扶;(10)其他涉及本社区或多数居民利益的社区党组织认为需要进行协商的重大事项。

组级(楼道级)民主协商议事建议事项为:(1)本组集体经济所得收益的使用方案;(2)本组土地承包经营方案;(3)组级集体经济项目的立项、承包方案；(4)组级集体土地征地补偿款的使用、分配方案；(5)以借贷、租赁、抵押或者其他方式处分本组集体财产；(6)本组道路、桥梁、水利等公益事业的新修建；(7)楼道设施管理、立面整治、"三改一拆"等方案；(8)其他涉及本组(楼道)居民切身利益的重大决策事项。①

第二，确保民主协商议事组成人员的广泛代表性。参加社区级民主协商议事的人员范围为：(1)固定参加人，包括社区议事协商共建委员会成员、社区班子成员、社区纪检组织成员、居务监督委员会成员、二级支部书记、老干部、老党员、辖区内的"两代表一委员"、相关居民代表、居民小组长、与协商内容有直接关系的人员代表；(2)自由参加人，包括根据协商议题需要，鼓励更多居民积极有序参与，本社区18周岁以上居民均可参加，而如遇人数较多，会议不便组织时，采取随机抽选户代表的方式；(3)特邀参加人，包括区、街道相关职能部门人员及社区级组织以外与协商事项有关的组织代表。参加组级(楼道)民主协商议事的范围为：联组社区干部、所属二级支部党员、居民小组长、楼道长、居务监督委员会成员、居民(楼道)代表、利益相关居民户或所有居民户。②

第三，科学设定民主协商议事基本程序，依次为：(1)提出议题；(2)确定议题；(3)组织协商；(4)分工落实；(5)全程监督；(6)视情进行绩效评估。

提出议题，即社区"两委"根据形势发展需要、群众需求和年度工作重点，研究并提出协商议题；党员、干部结合"住夜值班""组团联社""基层走亲""两网合一"民情联系等工作载体，随时收集居民的意见建议，按大多数人意见及时提出议题。

确定议题，即社区党组织、居民小组长分别审核社区级、组级(楼道级)议题，凡提出议题属实，符合要求，确实关系群众切身利益，原则上应确定为协商议题。议题经研究未被采纳的，要及时向建议人做好解释工作。协商议题确定后，由社区党组织或居民小组长制定协商方案，为协商做好准备，提前向民主协商参加人发出书面通知，提供相关议题资料，并支持他们就协商内容开展调查研究。除特别紧急的议题外，应在显要位置张贴公告，告知

① 临平街道社区民主协商议事实施办法(试行)[EB/OL]. [2017-03-15]. http://www.yuhang. gov.cn/xxgk/sqgl/201603/t20160302_1037987.html.
② 临平街道社区民主协商议事实施办法(试行)[EB/OL]. [2017-03-15]. http://www.yuhang. gov.cn/xxgk/sqgl/201603/t20160302_1037987.html.

会议时间、地点、形式和内容等。

组织协商,首先由受理方主持(社区、组或楼道)协商会议,组织与会人员围绕协商议题广泛交流、自由辩论、达成共识,同时要最大限度保障参与人员的话语权,最大限度增加和谐因素、减少不和谐因素。其次,汇总参会人员的意见和建议,以大多数人意见作为本次协商结果,具体地说,就是根据不同情况,采取举手、无记名投票等多方式进行表决,按照少数服从多数的原则(与会人员的三分之二以上)形成协商结果。对于意见分歧大的事项,会议可充分讨论暂时不予表决,待条件成熟后再提交协商,同时会议指定专人记录,内容应详细准确,参与协商人员在协商会议记录上签名或按指印,会后及时形成《协商意见》,上报社区两委审核。最后,与居民群众切身利益密切相关的事项通过协商无法解决或存在较大争议的,由会议明确提出民主决策建议方案。

分工落实,包括:(1)社区两委收到《协商意见》后,落实协商结果。协商结果分为实施和不实施两类。如果实施,要抓好各项落实举措。如果不实施,要以一定形式反馈建议人并说明原因。(2)视情公开协商结果。对协商达成一致并采纳意见的,除涉及隐私和商业机密之外,原则上应按协商议事确定的内容和要求公开,接受群众监督。(3)执行过程阳光操作。严格按照协商要求执行,公布执行责任人、完成时间。对于可公开的已执行的事项,要及时张贴在网络互动平台、居务公开栏上,及时通报进度,方便群众知情监督。(4)在实施协商结果中遇到问题,工作进程受到阻碍的,需要再次协商,可组织专家学者提出可行性方案,调整实施方案。

全程监督,即在项目推进过程中,邀请居务监督委员会、老干部、老党员、居民小组长等议题协商成员进行民主监督。实施主体须及时通报事项进展情况、遇到的问题及后续应对措施,议题协商成员应视情协同配合。同时议题协商成员可组织督查,评估事项实施的优劣,对进展不尽如人意之处提出意见,督促实施主体加以改进。视情进行绩效评估,即有条件的社区可组织居民对协商议事成效进行满意度测评,以鞭策或激励社区真正落实民主协商。①

第四,高标准提出工作要求。这主要表现为:(1)高度重视。要求各社

---

① 临平街道社区民主协商议事实施办法(试行)[EB/OL].[2017-03-15].http://www.yuhang.gov.cn/xxgk/sqgl/201603/t20160302_1037987.html.

区党组织统一思想,高度重视民主协商议事工作,社区党组织书记要切实担负起民主协商议事工作第一责任人的职责,亲自抓、负总责。街道党工委要把民主协商议事工作机制落实情况列入年度目标工作考核内容。(2)完善机制。各社区党组织要根据本实施办法,定期召开会议进行研究,结合实际情况,适当扩大民主协商议事目录范围、优化民主协商议事过程,根据目录制订具体方案和实施计划,实行一事一议、一事一档。(3)加强宣传。各社区要充分利用广播、宣传栏、网络、短信、微信平台等宣传渠道,大力宣传协商民主工作的重要意义和实际成效,大力宣传协商民主工作借智、借力、借资的经验做法和典型事例,营造协商议事大联合的工作氛围。①

　　协商民主(deliberative democracy)是 20 世纪 90 年代以来在西方政治学界兴起的一种民主理论,是对传统竞争性民主理论反思的结果。21 世纪以来,这一理论在我国学界产生了广泛的影响。推行协商民主,可以有效地整合碎片化民意,增强公民的政治认同感,培养有责任感的公民,提高公民政治参与和自治能力,畅通社情民意反映渠道,协调多元化利益冲突,保护弱势群体,稳定社会秩序,对于推进中国转型时期治理体系和治理能力现代化具有重大的现实意义。②

　　3. 都江堰"党引民治"模式

　　都江堰市原名灌县,地处四川省成都市城西,距成都市中心城区约 40 公里,以著名的都江堰水利工程而得名。③ 自 2003 年成都实施"统筹城乡综合配套改革"以来,尤其是 2008 年开始地震"灾后重建"以来,短短十余年间,其下辖的都江堰市农村社会发生了历史性巨变。通过农村产权制度改革,农民有了稳定而清晰的产权,实现了"民有"。通过城乡一体化建设,农民享有了城乡统筹发展的成果,实现了"民享"。同时,伴随着农村的深刻变革,利益多元造就思想多元,流动与交往方式多元造就秩序多元,收入多元造就群体多元,传统政府"一元型"治理无法破解多元难题,实现"民治"成为必然选择。为此,该市积极深化四川省委、成都市委"一核多元、合作共治"新型村级治理机制改革,全域推进"院落(小区)自治"模式,充分发挥党组织

---

①　临平街道社区民主协商议事实施办法(试行)[EB/OL]. [2017-03-15]. http://www. yuhang. gov. cn/xxgk/sqgl/201603/t20160302_1037987. html.

②　吴光芸. 协商民主:和谐社会治理的民主范式[J]. 四川行政学院学报,2008(1):54-57.

③　印象都江堰[EB/OL]. [2017-05-16]. http://www. djy. gov. cn/mldjy.

和党员在各类经济组织、社会组织中的政治引领和服务引领作用，初步形成了"党组织领导、村（居）委会管理、群众主体、多元支撑、依法治理"的基层善治格局，有效破解了多重转型背景下的基层治理难题，大幅提升了群众的获得感和满意度，被国家行政学院和人民网共同主办的"2016 年全国创新社会治理典型案例征集活动"评为"全国社会治理创新优秀案例"。都江堰"党引民治"模式具有以下几个基本特征：

第一，以融入式党建为牵引，变"单向性治理"为"共同性治理"。都江堰市改变传统的"上传下达""剃头挑子一头热"的干群分离模式，将院落（小区）作为党员干部落实工作、发动群众的主战场，把党组织建在院落（小区）里、建在产业链上、建在社会组织中，选优配强党组织带头人，通过开展"旅游都江堰·党员示范行动"等活动，创新坝坝会、乡村夜话等形式，将干部"赶"下基层，将党员"赶入"群众，让组织与党员融入群众，反映群众呼声，在帮助群众实现业兴民富愿望中落实上级意图，在发动群众主动参与中实现社平民安。截至 2015 年年底，全市院落党员骨干服务队伍发展到 2362 支，比 2013 年增加了近 10 倍。①

第二，以自然院落（小区）为依托，寻找党引民治的单元基础，变"嵌入型治理"为"内生型治理"。按照"地域相近、规模适度、群众自愿、利益相关、便于自治"原则，以"院落""小区"为基础，重组社会治理基本单元。将农村原有的 3000 余个自然院落按照 50～100 户，农集区、新居区、老旧院落和商品房小区则以小区为单位，按照 300～500 人的适度规模，全市城乡共整合成 1516 个院落（小区）自治单元。在村委的引导下，村民通过民主推荐方式产生每栋楼的"栋长"1 名，下面再按每居住单元选配"单元长"1 名，上面再按片区选举产生业委会。同时搭建物业管理、矛盾调解等自治平台，以"微治理"激发群众主体作用。完善了"院落—小组"功能互补、"社区—小区—楼栋"三级互动和"乡镇—村居"有机协同的基层治理体系，弥补了农村基层治理缺失的最基础环节，打通了党政自上而下常态化联系服务群众的"最后一

---

① 白雪娇，郭瑞敏.院落单元，党引民治，打造基层善治的地方样本——基于都江堰市党建引领基层治理创新的调查与思考[M]//徐勇主编.都江堰创新：以院落为基本单元的党引民治.北京：中国社会科学出版社，2016：339.

公里"和群众自下而上充分自治的"最先一公里"。①

　　第三，以制度为抓手，变"随机性治理"为"规范性治理"。社会管理与社会治理理念的一个重要区别就是居民参与社会治理的无序性与有序性。命令之下，看似有序，实质是无序，命令者的命令是随心所欲的，而服从者也是"上有政策，下有对策"。都江堰市认识到传统管理模式缺陷，注重制度建设。以议事会为例，都江堰市制定了《都江堰市村民议事会组织规则（试行）》《都江堰市村民（村民小组）议事会成员选举办法（试行）》《都江堰市村民议事会议事规则（试行）》等规范性文件。根据《都江堰市村民议事会议事规则（试行）》，村民议事会遵照"八步议事法"，依次是由议事长定期召集、三分之二以上成员到会召开、确定议题（提出议题并公告议题）、会议规范准备、会议讨论（一事一议）、做出决定（分类处理及公告）、会议记录与归档、交村民委员会执行和监事会监督。除此之外，还有"院规民约"等规范性文件。这些规范性文件，都是经过多层面反复讨论决定的，施行后改变以往"少数人说了算，多数群众说了不算"的尴尬境况。

　　第四，以培育多元社会组织为治理支撑，实现从"一元治理"到"多元共治"的转变。思想多元、利益多元、主体多元、行动多元等社会发展的必然趋势，使传统的政府主导的"一元型治理"难以为继，除了在观念上从政府"管理"转变为多元共同"治理"，在实践上也要从"单中心"过渡到"多中心"，这要借助社会组织等"帮手"。为此，都江堰市大力孵化和培育社区社会组织，尤其是根植于基层社区、院落（小区）的草根社会组织，通过这些组织的功能发挥带动群众进行自我管理、自我教育、自我服务和自我监督，弥补政府能力有限、群众参与缺失的不足，从而有效激发群众作为治理主体的活力，推动政府治理、社会参与和群众自治的良性互动，实现从"一元治理"到"多元共治"的成功转变。目前，全市各类社会组织已累计达 800 余家，其中乡镇备案类社区（院落）草根社会组织达 350 余家。在社会组织运行过程中，坚持党建指导社会组织建设，规范社会组织行为，推进党组织建设与社会组织管理同步进行、协同发展。同时，建立社会组织服务跟踪考评机制，通过民政抽样测评、社会组织互评、群众代表点评等方式，多角度、全方位对社会组

---

① 白雪娇，郭瑞敏.院落单元，党引民治，打造基层善治的地方样本——基于都江堰市党建引领基层治理创新的调查与思考[M]//徐勇主编.都江堰创新：以院落为基本单元的党引民治.北京：中国社会科学出版社，2016：337.

织进行综合测评,并依据测评结果定期更新社会组织数据库,对社会组织实行严格的分类分级指导、管理、监督,确保社会组织健康、规范运行。社会组织服务的广泛运行,推动政府治理、社会参与和群众自治的良性互动,使得"乡镇(街道)、村(社区)、院落(小区)"多层次网状治理体系的参与主体更加多元、覆盖区域更加广泛,初步构建了"多元共治"的网状化基层社会治理新格局,实现从"一元包办治理"到"多元合作共治"的成功转变。①

都江堰"党引民治"的成功之处在于,将党对基层工作的领导权与尊重社区居民的自治权有效地结合起来,并根据本地院落实际开展政社互动,走出了具有中国特色的社会治理之路。

4.上海浦东"生态链"模式

在经济社会转型过程中,上海与全国其他地区一样,面临大致相同的基层治理难题。与其他地区不一样的是,上海有更为丰富的社会资源可供整合利用。为此,如何发挥自身优势,破解政社互动难题,就成为上海待解的重大课题。浦东新区探索创新了打造社会组织"生态链"的思路,富有启发意义。其主要做法如下。

(1)多途径培育社会组织

一是行政培育。这种传统方式在新时期并没有被完全摒弃,因为其仍有存在的必要。如政治法律类、宗教类等社会组织,由于其重要性、敏感性等,仍需要政府牵头筹建。境外非政府组织在华代表机构等特殊社会组织,仍需有关部门审查批准。但为了不让社会组织成为"二政府",浦东认真梳理了政府和社会组织的基本职能和职责边界。政府与社会组织在主体、机构、职能、资产、住所、人员上实行"六分开",政府部门与社会组织之间无行政隶属关系。社会组织建立独立财务核算制度,资产自主运营管理,有独立、固定的住所,有自主用人权,政府部门工作人员不在社会组织中兼任领导职务等。

二是事业单位改制。结合事业单位改革,浦东将部分社会组织从事业单位编制序列中退出。到2010年,新区涉及的23家企业协会、13家业务主管单位已全部完成政社分开工作,24名处级以上领导干部以及26名处级以下政府部门工作人员主动从企业协会中退出。全区企业协会基本实现

---

① 都江堰:党建引领,院落自治[EB/OL]. [2017-03-15]. http://expo.people.com.cn/n1/2016/0711/c403808-28544170.html.

与党政机关人员分开、机构分开、财务分开、资产分开。

三是社会专业机构孵化。孵化器这种培育中小企业的成熟模式,在浦东已延伸用于社会领域。在全国首创的浦东公益服务园,政府通过申请、评估等程序,为创新性强、有发展潜力的社会组织提供场地设备、能力建设、登记协助和小额补贴等公益组织创业服务,降低其日常运行成本,扶助初创性公益组织逐步成长。至今已有数十家社会组织从这里成功"孵化出壳",独立运作。依托浦东公益服务园,浦东近年来还新建了基金会服务园、浦东公益街等社会组织服务阵地。

四是公益项目孵化。在推进政府向社会力量购买公共服务方面,浦东初步形成了"政府承担、定项委托、合同管理、评估兑现"的提供公共服务的新机制,强调预算管理、契约式管理和评估机制。其一大特点是在"项目直接购买"形式的基础上,通过社会组织参与"公益项目招投标""公益创投大赛"等形式,进一步拓展了资金来源渠道和方式。2012 年社区公益项目招投标中,全区有 45 个项目立项,资金总额达 2500 万。浦东新区潍坊街道办事处,曾就老年日间服务项目尝试了招投标制。有 4 家社会组织和 1 家企业参与竞标,竞标者被要求在潍坊二村老年日间服务中心提供居家养老服务,必须有完善的专职社工、医务人员、护理服务人员等团队,项目一年预算不超过 15 万元。最终由街道负责人、高校及行业专家组成的评审团做出选择,中标的社会组织还要进行公示。政府购买公共服务的方式由直接拨款转向招标,有利于提高资金的社会效益和使用效率,对做出承诺的社会组织而言也是一种约束。

(2)培育多种类社会组织

浦东新区坚持分类培育、分类指导。一是全力发展科技类社会组织。科技类社团是指按照自然科学和技术领域中的基础科学、技术科学、工程技术即相关科学的学科组建,或以促进科学技术发展、普及为宗旨的学术性、科普性社会团体,包括科技社团、科技类民办非企业、行业协会、资助科技创新活动的基金会等。二是大力发展行业协会商会类社会组织。三是稳步发展公益慈善类社会组织。四是积极发展城乡社区服务类社会组织。五是依法发展其他类社会组织。通过努力,逐步构建起"上游有基金会,中游有支持型、枢纽型、示范性社会组织,下游有丰富多样的社区操作型、实务型社会组织的生态链"。

（3）拓展社会组织发展空间

一个地方的社会组织的活跃程度，与当地政府职能转变的成效密不可分。不做大包大揽的"全能型政府"，肯将资源和空间有序让渡给社会，才会有一批优秀的社会组织和人才团队成长起来。浦东共青团区委通过青年家园公益服务支持中心鼓励青年人拓宽公益视野、实践公益梦想；区妇联委托社工师事务所施行"知心妈妈"项目，通过专业力量和柔性力量的介入化解矛盾，促进社会和谐，稳定新区；政法委委托中致社区服务社为社区中吸毒、刑释解教青少年以及"失学、失业、失管"青少年提供社会工作帮教服务，每年投入资金 1000 多万元；区委统战部、民宗委委托乐群社工服务社运作"社区共融"项目，自 2007 年启动以来，目前已覆盖少数民族、宗教、侨胞、台胞、民主党派人士，服务浦东新区的 20 个街镇，年服务近 5 万人次；三林镇将面积为 1.2 万平方米的世博家园市民中心，通过公开招标的方式委托给屋里厢社区服务中心管理，探索有效社区服务管理、共治与自治。① 民间草根的生气活力，在宽松积极的培育环境和政府职能转移的刺激下活跃生长。

（4）多举措帮扶社会组织解决人才问题

社会组织无一例外都是人力密集型单位，大多数也是智力密集型单位，人在其中发挥着最关键的作用。浦东新区围绕社会组织这方面的"痛点"，多措并举，给予帮助。浦东连续多次单独发布社会工作者薪酬指导价，明确提升社会服务机构中一线社工、督导、行政人员等三类专业人员的薪酬待遇，尤其是机构骨干核心团队的薪酬。2012 年有 2 名浦东社会工作者当选"2012 年度中国十大社工人物"，1 人当选"2012 年度中国优秀社工人物"，另有 6 人入选百名"2012 年度中国最美社工"。尊重和重视社会工作人才，产生了意料之内的培育效果。截至 2013 年 8 月，浦东已有 2 家社会组织荣获"全国先进社会组织"称号、44 家社会组织被评为 4A 级以上社会组织。2015 年，浦东新区荣获"全国社会组织建设创新示范区"称号。

浦东新区"生态链"模式的关键在于让社会组织有了自我循环发展的能力，政府"帮办"而不"越位"，很好地把握了政社互动的界限。

---

① 季明.浦东：念好"政社互动"这本经［EB/OL］.［2017-03-19］. http://www.qstheory.cn/zl/bkjx/201308/t20130829_265589.htm.

四、善治目标下政社互动的路径选择

与管理和统治不同,治理是政治国家与市民社会的合作、政府与非政府组织的合作、公共机构与私人机构的合作。① 这方面的合作模式,既有基于主动的,也有基于被动的。现有社会治理要实现善治目标,就必须实现政社互动模式的进一步完善。

1. 树立多元共治理念

第一,认清多元社会事实。多元社会是与一元社会相对应的,在一元社会中社会管理机制是单调的,个人缺乏选择的余地,所以一元社会注定是专制的、非民主的。在多元社会中的人有多种选择、多种机会。民主社会与开放社会一定是多元的,多元社会一定是民主社会与开放社会。传统思想认为,秩序良好的社会建立在下列基础之上:这个社会存在着相对稳定和同质的基本道德信念,人们对于什么是善的生活有着广泛一致的意见。然而在现代民主而开放的社会中,互不相容、无法调和的宗教、哲学和道德学说多元地共存于民主制度的框架内,而且自由制度本身强化、鼓励着学说的多元化,并视之为自由社会的恒久状况。中国步入改革开放以后,逐渐进入多元社会时代。这种多元化体现在许多方面,如社会舆论多元、行动多元、利益多元、价值观多元、社会生活多元、社会组织多元、思想与政治理念多元等,全民"步调一致"的现象不复存在。这是中国建设民主的社会主义国家的必由之路。认清多元社会事实,是我们寻求善治目标下政社互动的法治路径的根本前提。

第二,建立"重叠共识"理念。社会多元,"善"与"恶"、"善"与"善"之间存在一定的不可公度性,对民主的向往又意味着我们不能用武力统一这个社会的秩序。那么,自由而平等的公民如何能既保有各种互不相容的生活观与世界观,又拥有一种稳定而公正的社会生活呢? 这只能基于我们对"秩序良好社会"进行重新定义:这样一个社会不再是统一于其基本的道德信念,而是统一于其政治上的正义概念。这种政治正义概念是各种合理的综合性学说之间重叠共识的焦点。② 这样的重叠共识一旦达成,它就可以在不消灭其他完备性学说的前提下,形成一种合作系统,并最大限度吸引公民

① 龚廷泰,常文华.政社互动:社会治理的新模式[J].江海学刊,2015(6):154-159.

② 约翰·罗尔斯.政治自由主义[M].万俊人,译.南京:译林出版社,2011:37-39,123-130.

参与,最终实现社会思想的另一种"统一"和社会秩序的长期稳定。所以多元社会其实是一种多元一体的社会,并不是一个没有是非标准、没有统一、没有秩序的社会。当然,前提是社会公民普遍具有理性,社会具有强烈的规则意识。从实践看,西方的现代化过程就主要是依靠弘扬自己传统中的理性和现代性因素并不断创新而实现的。① 因此,培育理性文化是实现政社互动的重要前提和基础。

第三,摒弃"单中心"理念,树立"多中心理念"。当今社会不仅是多元社会,而且其治理结构是"多中心"的,政府已经不再是提供公共服务的唯一主体,更不再是社会治理活动中的唯一权威。从某种程度上讲,"这是一个反官僚的时代,这是一个公民权觉醒的时代"②。自主治理已经成为不可违逆的历史潮流。"多中心性"一词最初是从经济领域引入公共领域的。英国自由主义思想家迈克尔·博兰尼在《利润与多中心性》和《管理社会事务的可能性》两篇论文中阐述了"多中心性"的概念,其目的与自由主义经济学家哈耶克的学术努力一样,都是为否定计划经济倡导自由经济而寻找武器。随着社会科学的不断发展,"多中心"得到了越来越多的阐释和认同。文森特·奥斯特罗姆等研究者,将"多中心"从经济领域引入公共领域,在公共领域讨论"多中心性"的问题,并在社会治理模式问题上产生了深刻的影响。

2.加快转变政府职能

转变政府职能,是我国行政体制改革的核心内容之一。改革开放 40 年来,如何转变政府职能这个问题长期困扰着各级政府。只有建立起与社会主义经济、政治、文化体制相适应的社会体制,才能形成与社会主义经济、政治、文化秩序相协调的社会秩序。这其中首的就是要调整政府与社会的关系,转变政府职能,实现政社分开。

第一,全面正确履行政府职能。实现政社分开是深化政府改革并推动整个社会体制改革的核心,也是实现社会管理向社会治理转型的重要前提。③ 要进一步简政放权,"核心是将行政权力(尤其是审批权)向市场、社会放权,把应该交给市场、企业、中介机构的事情交出去,在本质上是对政

---

① 徐恒秋.社会转型:欧洲的经验和我国面对的挑战[D].济南:山东大学,2007:21.
② 李明强,王一方.多中心治理:内涵、逻辑和结构[J].党政研究,2013(6):86—90.
③ 王名.治理创新重在政社分开[J].人民论坛,2014(10):40—41.

府、社会和市场三者关系的重新审视与定位"①。按照中央要求，要深化行政审批制度改革，最大限度减少中央政府对微观事务的管理，市场机制能有效调节的经济活动，一律取消审批，对保留的行政审批事项要规范管理、提高效率；直接面向基层、量大面广、由地方管理更方便有效的经济社会事项，一律下放到地方和基层管理。政府要加强发展战略、规划、政策、标准等的制定和实施，加强市场活动监管，加强提供各类公共服务。加强中央政府宏观调控职责和能力，加强地方政府公共服务、市场监管、社会管理、环境保护等职责。推广政府购买服务，凡属事务性管理服务，原则上都要引入竞争机制，通过合同、委托等方式向社会购买。加快事业单位分类改革，推动公办事业单位与主管部门理顺关系和去行政化，创造条件，逐步取消学校、科研院所、医院等单位的行政级别。建立事业单位法人治理结构，推进有条件的事业单位转为企业或社会组织。建立各类事业单位统一登记管理制度。

第二，优化政府组织结构。转变政府职能必须深化机构改革，优化政府的机构设置、职能配置、工作流程，完善决策权、执行权、监督权既相互制约又相互协调的行政运行机制；严格绩效管理，突出责任落实，确保权责一致；统筹党政群机构改革，理顺部门职责关系。积极稳妥实施大部门制。优化行政区划设置，有条件的地方探索推进省直接管理县（市）体制改革；严格控制机构编制，严格按规定职数配备领导干部，减少机构数量和领导职数，严格控制财政供养人员总量，推进机构编制管理科学化、规范化、法制化。

3. 激发社会组织活力

我国市场经济发展的一个直接结果是社会多元格局逐步形成，社会利益主体与利益诉求多元化的大趋势不可逆转。以行政管控为主的社会管理方式不仅难以实现社会稳定和谐，还容易导致更多的社会矛盾。这就需要政府向社会充分放权，激发社会组织活力，以更好地发挥基层自治组织和其他社会组织在社会治理中的重要作用。

首先，加快推进社会组织"去行政化"。长期以来，我国社会组织建立和发展的方式带有明显的行政色彩。从政府系统剥离出来的或由政府自上而下组建的社会组织，往往是以政府下属机构的面目出现，有的有行政级别，有的由行政官员担任负责人。这种官办性的特点，在社会组织发展初期具

① 郭人菡. 基于"权力清单"、"权利清单"和"负面清单"的简政放权模式分析[J]. 行政与法，2014（7）：23－28.

有一定的必然性。行政依赖客观上保证了社会组织的发展资金,依靠政府的权威便于社会组织开展工作时接受政府的业务指导。但是,社会组织与行政的过度结合,也带来不少社会问题,不仅束缚了社会组织的独立发展,也造成了社会组织的多头管理格局。因此,"去行政化"是社会组织改革的首要任务。"'非政府性'是社会组织的基本属性,这也是社会组织又常常被称作为非政府组织(NGO)的原因。"①倘若社会组织只是改头换面,穿着社会组织的外衣实质上与政府机关毫无二致,必然导致放权明放暗不放,搞活社会组织只会是空谈,政社分开的制度设计也必将沦为一纸空文。只有实现"去行政化",才能彻底放权,从而激发出社会组织的更多活力。

加快社会组织改革,激发社会组织的活力,关键是要处理好政府和社会的关系。对于社会组织能够承接的事项,政府要下决心向社会组织"放权",敢于让社会组织"接力",为社会组织创造公平有序的发展环境。政府要扮演好监管者的角色,积极规范和引导社会组织明确权责、依法自治、发挥作用,对违法违规的社会组织依法进行行政处罚,探索建立不合格的政府购买服务承接主体退出机制,通过积极引导和依法监管,将社会组织引入健康有序的发展轨道。要采取切实有效措施,限期真正实现行业协会、商会与行政机关完全脱钩,同时在人才培养和资金扶持上给予大力协助,重点培育并优先发展行业协会类、科技类、公益慈善类、城乡社区服务类的社会组织,支持和引导科、教、文、卫、体等社会组织不断发展壮大。②

其次,依靠社会基层自治组织加强基层民主自治。要落实"四民主两公开"(四民主:民主选举、民主管理、民主决策、民主监督;两公开:村务公开,财务公开)制度,健全基层决策、管理、选举、议事、公开、述职、问责等程序,不断拓展和规范基层民主自治的范围、程序,建立完善自治章程和相关制度,促进群众在城乡社区治理、基层公共事务和公益事业中依法自我管理、自我服务、自我教育、自我监督。要有序扩大基层民主,进一步拓展社区党组织领导班子直选范围,全面推进社区党务公开,及时总结推广有利于基层民主自治的实践经验,健全利益诉求表达和矛盾纠纷调处化解机制,引导群众以合法理性的方式表达利益诉求,依法维护自身合法权益。要加快构建以城乡社区为平台、社会组织为载体、社会工作专业人才为支撑的"三社联

①　唐文玉.从三个维度激发社会组织活力[N].学习时报,2014-05-12.
②　龚廷泰,常文华.政社互动:社会治理的新模式[J].江海学刊,2015(6):154-159.

动"机制,整合各类资源,增强社区综合服务管理效能,助推政社互动深入开展。①

4.创新有效预防和化解社会矛盾的政社互动机制

首先,健全重大决策社会稳定风险评估机制。通过法治手段和决策程序改革,来推动和完善社会治理创新,已经成为当今社会的普遍共识。在法治的框架下,政府决策的制定必须有事实根据和法律根据。在重大决策程序中引入社会稳定风险评估,目的就是通过一种自主性、嵌入性的程序构造,拓展传统的决策程序结构,增强决策过程的风险意识②。从现实看,主要应解决以下几个问题。一是谁来决策。在社会管理甚至社会管控的理念下,决策权被牢牢地把握在政府中的少数人手里。一提"决策",就意味着是领导的职能和职责,居民和社会组织等只有服从和执行的义务。在政社互动的语境里,决策不再是单向的(甚至是封闭的),也不再仅仅是少数领导者的事情,决策成为一种集合概念。也就是说,决策主体从单一变为多元。二是决策什么。纳入重大决策社会稳定风险评估机制的,都是与稳定相关的重大事务。但"重大"一词看似严谨,实际上却是一个伸缩性很大的词。有的地方政府,在某件事需要"秀一秀"时拿出来走评估,在不需要时就始终压在"箱底",浙江省杭州市因垃圾焚烧问题最后引发群体性事件就是一个典型案例。因此必须加强立法和规范化建设,将待决策事务按"应纳入"、"可纳入"和"不应纳入"分类,以清单形式予以反复细化。三是怎么决策。公众参与、专家论证、风险评估、合法性审查、集体讨论决定是重大行政决策法定程序。这里仍有操作上的讨论空间及制度设计问题。从评估标准来看,社会稳定风险评估应遵循一定的事实标准与价值标准,因为它既包含事实判断,也包含价值判断。所谓的事实判断,就是要通过调查、统计等实证方法,预测重大决策可能产生的效果及影响;所谓的价值判断,就是判明重大决策是否符合公平、正义的原则,是否能够保障大多数公众的利益,是否有利于社会的和谐与稳定。在目前的社会稳定风险评估中,事实判断弱于价值判断,定量研究少于定性评估,所采纳的标准主要是合理性、合法性、可行性、可控性、安全性等价值标准,忽视事实判断。从评估方法来看,在目前的社

---

① 龚廷泰,常文华.政社互动:社会治理的新模式[J].江海学刊,2015(6):154—159.

② 成协中.风险社会中的决策科学与民主——以重大决策社会稳定风险评估为例的分析[J].法学论坛,2013,28(1):46—54.

会稳定风险评估实践中,各地所采用的评估方法比较单一。其主要包括两种:一是专家评估法;二是试点法。[①] 仍需探索更多更好的方法,尤其是能将决策利益各方都有效整合进来的方法。

其次,建立畅通有序的诉求表达、心理干预、矛盾调处、权益保障机制。社会治理要以大力发展经济、保障和改善民生为治本之策,从源头上减少社会矛盾和问题。同时,必须建立畅通有序的诉求表达、心理干预、矛盾调处、权益保障机制,使社会矛盾和问题不断得到及时化解或是向好的方面转化。(1)畅通诉求表达机制,就是要完善诉讼、仲裁、行政复议等法定诉求表达机制,畅通和拓展群众诉求表达渠道,依法按照政策及时妥善处理群众的合理诉求,并及时反馈处理结果。改革信访工作制度,实行网上受理信访制度,健全及时就地解决群众合理诉求机制。把涉法涉诉信访纳入法制轨道解决,建立涉法涉诉信访依法终结制度。(2)建立心理干预机制,就是要广泛宣传普及个人心理健康知识,建立心理危机干预预警机制,防范和降低社会风险。健全个人心理医疗服务体系,规范发展个人心理服务专业机构,开展个人心理咨询、疏导调节、治疗等服务。加强社会工作专业人才队伍和志愿者队伍建设,开展专项社会关爱行动,对流浪儿童、精神病人、艾滋病机会性感染者、吸毒人员、刑满释放人员等特殊人群进行专业心理疏导和矫治,帮助他们修复社会功能、回归社会。(3)完善矛盾调处机制,就是要健全区(县)、街道(乡镇)、社区(村)、楼门院(小组)四级纵向人民调解网络,建立由政府负总责、政府法制部门牵头,各职能部门为主体的行政调解工作机制,完善司法调解格局,把调解优化的原则贯穿到执法办案工作中去,发挥人民调解、行政调解、司法调解联动工作体系的作用,形成调处化解矛盾的综合机制,及时有效地把矛盾化解在基层,努力实现案结、事了、人和。(4)健全群众权益保障机制,就是要改革行政复议体制,健全行政复议案件审理机制,纠正违法或不当行政行为,解决土地征用、房屋拆迁、企业改制、劳动关系、教育、安全生产、城市管理等方面群众反映强烈的问题,维护好群众的切身利益,使群众问题能反映、矛盾能化解、权益有保障。

5.拓展民众自主空间,提高民众自主能力

(1)增强对民众自主素质的信任

人是群体社会动物,离不开相互之间的信任。信任是基于人类生存和

---

① 王宏伟.健全重大决策社会稳定风险评估机制[N].中国社会科学报,2015-03-18(B03).

社会正常运行,对他人行为可期待的风险性依赖。这种信任始终是在有条件的、有疑虑的制约下进行的,信任的要旨便于构成参与渠道和平台,降低治理成本,是参与式治理成功的关键环节。在对待人民自主性上,政府容易走入两种极端,一种是将人民视为对立面,推行"愚民政策",另一种是将人民视为子民,推行"父爱主义"。

在阶级社会里,统治者总是少数人,这些少数人靠世袭获得权力和财产,其中的相当一部分并没有真才实学。为了巩固自己的地位,有效地统治大多数人,他们必须采用欺骗、愚弄、奴化的方式加强对普通民众的思想钳制。在这种需求下,为剥削者代言的思想家们就创造了各种使愚民具有合法性与正当性的理论。一方面,对中国传统文化的不同理解,形成了"愚民政策"与"开启民智"政策的不同依据。另一方面,有的思想本就含有愚民的思想。

与愚民政策相互对立的另一个极端是"父爱主义"。父爱主义(paternalism)又称家长主义,是个外来语,其有"软父爱主义"和"硬父爱主义"之分,前者是对自治能力进行补正和呵护,后者是对意志行为进行干涉和限制。通常所称的父爱主义指后者。① 自古以来,中国盛行"硬父爱主义"。中国传统官场崇尚"爱民如子",喜欢把平民百姓当作自己的子女来爱护。这种爱护有一个前提假设,那就是"父母官"对子民有着根深蒂固的不信任感,觉得子民都是"不懂事""需监护"的弱势群体,官员有责任将其教导为"乖孩子",即顺民。但这种"乖孩子"不同于现实中的孩子,因为他们永远没有长大独立的机会,永远都必须在"父母官"的庇护下生活。"父母官"也习惯了对平民百姓各个领域事情的大包大揽,二者之间是"施恩"与"感恩"相融洽的道德关系,而非"权力"与"权利"相制衡的法律关系。

"愚民政策"与"父爱主义"在需要统治者个人权威维持社会统一和稳定的农业社会还是发挥了积极作用的。但是,经过改革开放后的工业化洗礼之后,中国民众的民主与法治思想已经启蒙,政府不可能再凭借那两个"法宝"治理社会。政府整合社会、稳定秩序的手段也越来越受到法治、文明等的限制。在这种情况下,唯一的办法就是政府"放手""放权",让平民百姓能够在很大程度上自己管理自己,自己服务自己。要实现这一理想状态,首要的就是要改变"愚民政策"与"父爱主义"情结下对平民百姓自主性的极端不

---

① 孙笑侠,郭春镇.法律父爱主义在中国的适用[J].法制资讯,2008(2):57.

信任,建立起相互信任的良好心态。为此,一些基层官员必须认清社会发展大势,克服因水平不足而引发的"本领恐慌",不折不扣地执行中央号召的一切为了群众,一切依靠群众和从群众中来、到群众中去的群众路线,放手发动群众自治,这是新时期提高社会治理成效的根本途径。

(2)拓展居民自主空间

政社互动的本质是政府向社会有序让渡权力,扩大民众可行使权利的内涵和外延。从现有实践看,各地涉及的政社互动领域已经覆盖经济、社会、生态乃至政治的各个方面,政社互动的渠道也越来越畅通。

现在的关键问题是实践操作的科学化程度有待提高。

其一是参与机会的结构性差异。调查发现,社会精英参与政社互动的频率及深度都较普通民众要高,社会精英与政治精英的互动是目前政社互动的主要形式。[①] 社会精英包括社区精英和社会组织精英等,主要包括村(居)委干部、社区单位代表、各类社会组织负责人、居民楼楼组长、社区党员、专家教授等。他们或因政治身份,或因经济实力,或因社会或文化权威而拥有更多的优势社会资源,因而较于普通社区居民更有可能参与公共事务,主导公共权力分配。其共同点就是他们有强烈的参与公共事务的意识和责任感。有的居民,虽然自身素质同样较高,但由于其才华与精力局限在私人领域或本职工作领域,因此并没有形成自己的公共权威,政社互动参与度和影响力都较弱。而普通居民参与公共事务的机会更少一些,主动性也弱,其原因主要在于:一是动员型参与方式的式微,居民被动性参与率降低;二是居民政治理性增强,不会轻易主动介入与自己利益无关或价值观不高度相符的政治活动;三是人生价值自我实现方式日益多元化,公共领域影响力和吸引力都降低;四是随着互联网等的普及,参与方式日益多元化,参与不再必须通过与政治精英的直接互动来实现。[②] 破解上述难题的关键是创新居民参与政社互动的方式,尤其需要创造更多群众喜闻乐见、扁平便利的方式,比如可通过 QQ 群、微信群、APP 等方式建立政社互动新模式。

---

① 刘晔.公共参与、社区自治与协商民主:对一个城市社区公共交往行为的分析[J].复旦学报(社会科学版),2003(5).该文将社区精英划分为政治精英、经济精英和文化精英(后两者又合称社会精英)。本书认为从政社互动角度,划分为政治精英与社会精英(含社区精英、社会组织精英等)更为妥适。

② 刘晔.公共参与、社区自治与协商民主:对一个城市社区公共交往行为的分析[J].复旦学报(社会科学版),2003(5):39-48.

其二是参与的有效性不足。一些民众参与政社互动积极性不高,一个非常重要的原因就是认为目前的政社互动很多是形式大于实质,自己的参与并不能从根本上改变决策。一些地方在实践时的确也是走形式,甚至利用群众参与的数据来粉饰和证明自己专断决策的合法性和合理性,伤了民众的心。解决这方面的问题,需要从多方面入手。一是要对党的领导有正确的认识。一方面,党对政社互动的领导只能加强,不能削弱;另一方面,党对政社互动的领导,既不能事先直接确定一个政社互动结果,也不能将过程指导变过程诱导,而是应该建立在充分发动群众参与,充分相信群众智慧及其自主理性的基础之上。二是居民参与政社互动后的结果(决议)与预想结果或预期目标不符合时,应坦然接受这一个结果。如果政府觉得执行政社互动决议有重大危害,可以按照法律规定(而非自己的内部决定)予以处理,包括变更与废止;符合法律规定的,应予执行。

其三是相关机制不健全。基层选举、议事、公开、述职、问责等机制仍存在不足。要开展形式多样的基层民主协商,推进基层协商制度化,建立健全居民、村民监督机制,促进群众在城乡社区治理、基层公共事务和公益事业中依法自我管理、自我服务、自我教育、自我监督。健全以职工代表大会为基本形式的企事业单位民主管理制度,加强社会组织的民主机制建设,保障职工参与管理和监督的民主权利。

(3)提高居民自治能力

有效的政社互动,来自于理性政治人的参与。因此,政府有责任帮助居民提高自主能力,成为合格的理性政治人。

一是培育理性意识。中国的感性主义传统源远流长,中国社会是一个熟人社会,以感情为纽带缔结社会关系成为人们的习惯。西方的理性主义传统悠久,对理性的推崇从古希腊苏格拉底对伦理道德普遍定义的追求就开始了。亚里士多德则把人定义为"理性的动物",经过柏拉图与亚里士多德等哲学家的发展,确立了理性主义的崇高地位。古希腊人这种运用理性思维分析问题的传统后来被整个西方文化所继承[①]。理性主义核心就是崇尚理性思维,运用理性思维经严密逻辑推理得到真知识。根据罗尔斯的理解,当公民们相互间都把对方看作是一个时代传延的社会合作系统中自由而平等的公民时,他们就可以相互提供公平的社会合作项目,并且都一致同

---

① 杨建华.理性的困境与理性精神的重塑[J].浙江社会科学,2014(1):104-111.

意按照这样的条款(包括法律规则)行动,即使在某些特殊情况下要牺牲自己的利益也不会动摇,也不会因关系的亲疏而改变信念,这时候,他们就是有理性的,[1]他们构成的社会就是一个"理性社会"。现代社会,无论是民主还是法治都要求建立在"陌生人社会"即"理性社会"的基础之上,因此,必须大力弘扬理性文化,建立一个"讲理"的社会传统以替代"讲关系"的社会传统。

二是提升规则意识。没有规矩,不成方圆。政社互动是依据一定规则进行的活动,其顺利展开离不开规则的维系。要充分利用基层群众自治组织的直选、自我约束等机制,帮助居民从理性选举开始,从制定村规民约等开始,学习如何设定自治事务,如何制定规则,如何遵守规则,如何运用规则,如何维护规则权威,尤其要建立对法治的信仰,对善治的追求。

三是提供形式多样、内涵丰富的训练。民主的能力、法治的能力都不是一蹴而就的,除了文化和氛围的熏陶,具体的训练也是非常关键的。正如执政合法性具有习得性一样,[2]政社互动一样具有习得性。因此,政社互动同样要从娃娃抓起,家庭要给予孩子独立自主的机会,同时做好在幕后"补台"的各项工作;学校要给予学生竞选、建言等机会,引导学生有序参与学校治理。从基层来说,除了原有的镇、街道、村、社区、楼道等多级民主协商议事活动外,还要拓展更多的活动,让居民在丰富多样的参与中提高能力,在不断提高能力中更好地参与。

第二节 《西游记》中的法律文化

中华文化积淀着中华民族最深沉的精神追求,是中华民族生生不息、发展壮大的丰厚滋养;中华优秀传统文化是中华民族的突出优势,是我们最深厚的文化软实力。

——习近平 2013 年 8 月 19 日在全国宣传思想工作会议上的讲话

探讨《西游记》中的法律文化首先需要一套假定。我们假定,第一,身份

---

[1] 约翰·罗尔斯.政治自由主义[M].万俊人,译.南京:译林出版社,2011:7.

[2] 郭人菡,龚廷泰.中国共产党执政合法性的判断标准与实践向度[J].宁夏社会科学,2016(5):21—31.

设定：唐僧为单位领导，孙悟空为单位中层正职，猪八戒为单位中层副职，沙僧为单位在编普通职工，白龙马为单位计划外临时工（劳务派遣）。这里有个前提，即把孙、猪、沙和马都视为人的存在。第二，取经团队设定：假设取经团队是一个拥有执法权的单位，在一定情况下，还拥有侦查权和司法权。第三，法律标准设定：假设适用当代法律。这里需要说明的是，本书讲这个系列只是为了分享法律知识的乐趣，让法律知识分享不再那么枯燥，所以并不考虑这些假设在时空逻辑等方面的可行性。

一、童年孙悟空的监护问题

在《西游记》第一回"灵根育孕源流出　心性修持大道生"中，对于孙悟空的出生是这样描述的：在东胜神洲海外傲来国的花果山山顶上，"有一块仙石。其石有三丈六尺五寸高，有二丈四尺围圆。三丈六尺五寸高，按周天三百六十五度；二丈四尺围圆，按政历二十四气。上有九窍八孔，按九宫八卦。四面更无树木遮阴，左右倒有芝兰相衬。盖自开辟以来，每受天真地秀，日精月华，感之既久，遂有灵通之意。内育仙胞。一日迸裂，产一石卵，似圆球样大。因见风，化作一个石猴。五官俱备，四肢皆全。便就学爬学走，拜了四方"①。

从这里我们可以推断出：第一，孙悟空出生地为东胜神洲海外傲来国；第二，孙悟空从出生时就是一个"天造地设"的孩子，法律上把这种不能确定父母的孩子称为"孤儿"。虽然这个孤儿长得很快，生活自理能力也很强，但再快，哪怕只一秒就长大成人，也有一个孩童时刻的存在。有孩童时刻，在法律上就涉及必须确定监护人的问题。那么，谁应该是孩童时刻尚未取名孙悟空的这个孩子的监护人呢？

根据现行法律规定，监护人有以下三种情况：第一，被监护人的近亲属，包括父母、成年子女、配偶、兄弟姐妹、祖父母、外祖父母、孙子女、外孙子女；第二，关系密切的其他亲属和朋友，自愿承担监护责任的，经所在单位或者居委会、村委会同意，可以担任监护人；第三，如果没有上述监护人，则由社会和国家负责，由所在单位或者居委会、村委会或者民政部门担任监护人。

孩童时代的孙悟空是从石头缝里蹦出来的，没有五服以内的任何亲戚。这与猪八戒是不一样的，猪八戒自猪窝出生，虽然一出生就打死了母猪及所

---

① 吴承恩.西游记[M].西安：三秦出版社，2002：2.

有同窝猪崽,但还有不同窝的"兄弟姐妹"以及公猪"父亲"存在(当然,这种兽人之间是否构成亲属关系是另一个法律问题,留待我们下次讨论,这里只说孙悟空。)孙悟空没有任何近亲属,也没有任何朋友,至于认识其他猴子,那是后来的事了。因此,只能是第三种,即由国家负责,指定所在单位或者居委会、村委会或者民政部门担任监护人。在本故事中,就是傲来国花果山的居委会、村委会或者民政部门了,如果后者存在的话。如果不存在,就只能由傲来国孤儿院做监护人了。

幸好本故事中的孙悟空只有可以忽略不计的孩童时刻,他迅速长大成"人",并当上了美猴王,学得一身武艺归来。在归来时初试身手就打死了抢占他地盘的混世魔王。那么,这种行为在法律上又如何定性呢?且听下回分解。

二、孙悟空打死混世魔王的行为定性

孙悟空只有可以忽略不计的孩童时刻,他迅速长大成"人",并当上了美猴王,学得一身武艺归来。在归来时初试身手就打死了抢占他地盘的混世魔王。这是怎么回事呢?这种行为在法律上又如何定性呢?

《西游记》第二回"悟彻菩提真妙理　断魔归本合元神"里说,美猴王学艺归来,猴子猴孙们见了他不是欢天喜地,而是悲悲切切。美猴王一询问,得知近来有一个自称混世魔王的妖魔在此欺虐,强占猴子们的水帘洞府,抢了猴子们傢伙,捉了许多子侄,教他们昼夜无眠,孙悟空若再几载不来,连山洞尽属他人矣。美猴王一听大怒,找打混世魔王,几个回合下来,就照混世魔王顶门一下,将他砍为两段。然后领众杀进洞中,将那大小妖精,尽皆剿灭。[①]

如果我们不假定混世魔王为"人",则孙悟空最多就是有一个杀害珍稀动物(还不一定是保护动物)的行为。但这里我们假定混世魔王为"妖人",则孙悟空有一个故意杀人的行为。那么,孙悟空构成故意杀人罪吗?

故意杀人罪有四个构成要件(最新的学说认为是犯罪三要件,我们仍按传统来)。(1)主体要件:行为人是具有承担刑事责任能力的人。(2)主观要件:行为人对其所实施的杀害行为在主观上存在故意或过失的心理状态。(3)客体要件:杀害行为侵害的是法律所保护的社会关系。(4)客观要件:杀

---

① 吴承恩.西游记[M].西安:三秦出版社,2002:14—16.

害行为的社会危害性,而为该行为成立犯罪所必须具备的客观事实特征。美猴王的行为满足第一和第二个要件是没有疑问的。关键看第三和第四个要件,这里涉及正当防卫相关问题。

正当防卫,指对正在进行不法侵害行为的人采取的制止不法侵害的行为,对不法侵害人造成一定限度损害的,属于正当防卫,不负刑事责任。对正在进行行凶、杀人、抢劫、强奸、绑架以及其他严重危及人身安全的暴力犯罪采取的防卫行为,造成不法侵害人伤亡的,不属于防卫过当,仍然属于正当防卫,不负刑事责任,这叫无限正当防卫。无限正当防卫的要诀,一是面对对自身造成生命危险的犯罪,二是犯罪行为有正在进行必须制止的现实紧迫性。本故事中混世魔王的主要不法侵害包括绑架和侵占等。如果绑架猴子猴孙的行为已经结束,只有侵占,则孙悟空采取杀害行为则明显防卫过当,要按照故意杀人罪处理。这里的难点是如果绑架行为还在持续怎么定性。美猴王如果自己被绑架了,无论什么时候进行反抗,杀死了混世魔王,都是正当防卫。但美猴王自己并没有被绑架,而是他的子民被绑架,面对混世魔王时,并没有经过交涉,直接杀害了混世魔王,这种行为要定性为可以履行无限正当防卫权,就缺少现实紧迫性,因此是很难成立的。

当然了,本故事的主人公孙悟空正处在"原罪"时期,他还并没有认识到自己犯下了什么罪孽。等他后来经历了更多,知道的时候,他就会去取经赎罪了。这就是《西游记》本名《西游释厄传》的原因了。

三、齐天大圣偷蟠桃与盗仙丹问题

美猴王学艺归来后,打死混世魔王,强讨金箍棒,还大闹地府,闯下种种祸端。龙王就到天庭去告状,冥司秦广王赍奉幽冥教主地藏王菩萨表文也来状告。玉帝本想下旨擒拿,听取太白金星策略后改变了主意,采取怀柔政策,招安美猴王上天,封为弼马温。

当美猴王知道这个官职"不入流"后,就反下天去了,在花果山自封齐天大圣。官场辞职都有套路,不是想进就进想走就走的。为了惩戒这个乱了规矩的妖猴,玉帝下旨让托塔李天王率哪吒三太子等十万天兵天将下界擒妖。在李天王他们兵败归来后,玉帝又听取太白金星劝诫,依照美猴王意愿封了他个齐天大圣的职务,但并没有定级,负责管辖蟠桃园。

猴子并不知道职务和职级的区别。没有职级,就不能享受蟠桃盛会。猴子知道后,假冒赤脚大仙之名去偷吃了许多佳肴,然后又去无人值守的太上老君家里偷吃了仙丹。最后还打包带了许多佳肴下界去了。那么，孙悟空偷蟠桃与盗仙丹是同一罪名吗？

偷和盗的行为，我们容易想到盗窃罪。盗窃罪是指以非法占有为目的，盗窃公私财物数额较大或者多次盗窃、入户盗窃、携带凶器盗窃、扒窃公私财物的行为。盗窃罪是最古老的侵犯财产犯罪，几乎与私有制的历史一样久远，而单就盗窃行为而言在人类有可暂时存储的多余财产后实际上就已经有了。

太上老君住在三十三天之上的兜率宫，文中并未提及兜率宫是否是官邸。在《西游记》中，玉清元始天尊、上清灵宝天尊、太清道德天尊即太上老君从不领取俸禄，也不归玉帝管辖，实际上是精神导师的角色，因此将兜率宫称为官邸是欠妥当的，还是定性为私宅好。而仙丹，虽然太上老君说是准备给玉帝做丹元大会用的，但并不是太上老君代为保管的国家财产。那么，孙悟空侵入私宅，盗取私人财物的行为，因为价值重大，就构成盗窃罪。

而孙悟空盗取蟠桃，是不是也是盗窃罪呢？当蟠桃在蟠桃园内时，孙悟空作为公务人员，负责管理，利用职务之便吃了许多蟠桃，这不是盗窃罪，也不是职务侵占罪（因他虽没有职级，但受了仙箓有职务，是有编制的人，因此属于公务人员，而不是一般企事业单位人员），这构成贪污罪。贪污罪是指国家工作人员利用职务上的便利，侵吞、窃取、骗取或者以其他手段非法占有公共财物的行为。孙悟空在蟠桃园内盗窃符合这一罪名。因此，都是偷盗行为却触犯不同罪名。

孙悟空自己也知道这次闯下了弥天大祸，于是再次不辞而别，回花果山去了。却不知更大的罪孽正等待着他。

四、刘洪强奸温娇的罪与非罪问题

与孙悟空一出场就石破天惊、沙僧一出场就神秘莫测不同，西游记故事的另一个主人公，也就是金蝉子唐僧的出场，简单而悲惨。

唐僧的父亲叫陈光蕊，很牛气，是新科状元；母亲叫温娇，更有背景，是当时唐朝丞相殷开山之女。二人通过抛绣球结为夫妻，一同赴江州任州主，却在洪江渡口遇上艄水刘洪、李彪二人。刘洪哪里见过温娇这么漂亮的新婚女子。书里是这么描述的"那刘洪睁眼看见殷小姐面如满月，眼似秋波，樱桃小口,绿柳蛮腰,真个有沉鱼落雁之容,闭月羞花之貌"[①],意思是温娇有着魔鬼般的身材,天使般的脸蛋,鲜嫩欲滴的皮肤,天仙下凡般的气质,把个刘洪看得哈喇子都流出来了。

刘洪"陡起狼心,遂与李彪设计,将船撑至没人烟处,候至夜静三更,先将家僮杀死,次将光蕊打死,把尸首都推在水里去了"[②]。不仅如此,刘洪还穿了光蕊衣冠,带了官凭,把温娇霸占了,并一起往江州上任去了。

读者看到这里一般都义愤填膺。温娇这么漂亮的一棵大白菜,就这么轻易地被刘洪这头猪拱了,简直天理难容。但如果我告诉你,刘洪霸占温娇的行为并不构成强奸罪,你是不是会更气得炸了天呢?

可惜事实就是如此。因为根据法律规定:"第一次性行为违背妇女的意志,但事后并未告发,后来女方又多次自愿与该男子发生性行为的,一般不宜以强奸罪论处。"这里涉及三个焦点争议:一是第一次强奸行为的认定;二是事后告发的可能性与必要性;三是第一次后又多次自愿的主观认定。

我们首先来看第一个焦点。书中并没有说温娇与刘洪是否生有子女,因此刘洪是否具备男人功能我们不得而知。但强奸罪的认定并不以此为决定因素,强奸罪是行为犯不是结果犯,也就是刘洪只要有违背温娇意愿睡了温娇的行为,就构成强奸罪。至于强奸未遂或既遂,不是罪与非罪的判定依据。第一次温娇是明显不自愿的。因此,此时,强奸行为成立。

接下来看第二个焦点。有人也许会说温娇不是不想报案,是根本没法报案。这个理由是否成立呢?这个理由要成立,必须同时具备三大因素。一是温娇被刘洪看死了,失去人身自由;二是江州通往外界只有一条路或者所有通往外界的路都有刘洪安排的人把守;三是温娇没有任何行走能力,也没有钱,也得不到任何好心人帮助。

但事实并不是如此。首先,刘洪经常出远门,从温娇可以由此把新生的唐僧放走来看,温娇并没有被刘洪看死。其次,从常识判断,"条条道路通罗马",江州并非孤岛,不可能只有一条路,哪怕是现代社会也不可能经常性地封锁、检查所有路,因此第二种情况也不成立。第三,从温娇继续过养尊处优的生活看,其经济还是宽裕的,不能走路的话,完全可以雇车逃生,出去报案。

---

① 吴承恩.西游记[M].西安:三秦出版社,2002:61.
② 吴承恩.西游记[M].西安:三秦出版社,2002:61.

也许有人会说,原文中说"殷小姐痛恨刘贼,恨不食肉寝皮,只因身怀有孕,未知男女,万不得已,权且勉强相从"①,是为了孩儿才没有揭发刘洪的。这也是站不住脚的,因为在送走江流儿后,温娇还跟着刘洪生活了十几年。

现在来看第三个焦点。第一次后又多次同床是否属于自愿? 认定自愿与否看两个关键因素,一是行为能力,如果属于 14 周岁以下未成年人或痴呆者,就一律推定为不自愿;二是反抗行为,如果是过着正常夫妻生活,却说不自愿,是很难得到采信的。不幸的是,温娇就属于后一种情况。

因此,由于温娇在第一次被刘洪强奸后,又长期与刘洪过着公开的夫妻生活,刘洪的强奸罪就因此而不成立了。

当然,刘洪强奸罪不成立,并不意味着他没罪。他还犯下了故意杀人罪、招摇撞骗罪等,最终是难逃法网的。

至于温娇为什么愿意苟且偷生与刘洪一起生活,这里没有证据地猜测一下,权当抛砖引玉——那就是名誉问题。古时妇女非常注重贞洁,一旦被玷污就会觉得自己不配再过上正常人的生活,又出于各种原因不能以死明志,就这样得过且过了。温娇被救后反而自杀的悲剧,也可以间接印证这一推断了。

所以奉劝天下所有女子,被坏人玷污后千万别姑息养奸,拖延不报案,那只能让坏人逃之夭夭,或者至少能逍遥快活一段时间,殃及更多无辜者,那不是法律和正义愿意容忍的。

五、《西游记》里的大数据法治问题

《西游记》里有两个角色,虽然只是配角,相互关系也纠葛,但却不可或缺,那就是袁守诚和泾河龙王。

我们都知道泾河龙王中了袁守诚的陷阱,当袁守诚准确说出了鱼虾出现的时间、地点和天庭将要令泾河龙王下雨的时间、雨量等时,泾河龙王为了斗气,也是为了摆脱被人肆意摆布的命运,故意少下了点数,结果触犯天条,被魏征梦中斩首。有读者会问,泾河龙王私改点数当然罪不可赦,但袁守诚泄露天机为什么没有被定罪处罚?

这里其实就涉及袁守诚对大数据和人工智能的运用问题(当然是萌芽性质的,不是完全的今日定义上的概念)。

---

① 吴承恩.西游记[M].西安:三秦出版社,2002:62.

有人提出,袁守诚那么神乎其神,那是因为他是观音变的,目的是引出唐王李世民为取经背书。这其实是没有什么依据的臆断罢了。至于唐王李世民后来果然因此为取经背书,那只是观音因势利导的手段高明而已。《西游记》第九回"袁守诚妙算无私曲　老龙王拙计犯天条"对袁守诚的背景交代得很清楚了:袁守诚是个当街卖卦的算命先生,唯一的特殊背景就是——当朝钦天监台正先生袁天罡是他的侄子。因此,袁守诚是人不是神,这点是毫无疑问的。

从法律专业的角度看,一切神机妙算都是骗人的。袁守诚作为凡人,不可能拥有超人的预测能力,能预知玉帝将要干什么。那么,奥秘在哪里呢?

奥秘就在袁守诚的背景这里,即他是钦天监台正先生袁天罡的叔父。钦天监是干什么的呢?钦天监是官署名,掌观察天象、推算节气、制定历法等,说穿了就是大数据和人工智能管理与服务局,马云的达摩院如果开在唐朝也得归它管。而台正,就是一把手。所以,袁守诚的算命生意之所以红火,很可能是因为他背靠着这棵大树,那就是古时候专门从事大数据整理和人工智能研发的部门。袁守诚"算无遗策"极可能因此而来。

有人会质疑,玉帝难道会听大数据和人工智能的?《西游记》开篇就讲道:"盖闻天地之数,有十二万九千六百岁为一元。……譬于大数,若到戌会之终,则天地昏缯而万物否矣。"[①]也就是无论是时间还是其他,天地都是依照规矩和数据来的(虽然会有不同),或者说都是有规律可循的。天人合一是我国古代的传统思想,也是支配吴承恩创作《西游记》的潜在力量。因此,神仙不过是人的幻化,玉帝归根结底也是要依照内在规律行事的。这就为在神话中凡人可以推测神仙的行为奠定了理论基础。

因此,袁守诚并没有泄露天机,他只是将大数据和人工智能的算法引入了他的算命生意。但他与其侄子之间,是否真的存在信息输送(其侄子是否真的把单位的大数据和人工智能计算结果透露给了他),甚至存在其他利益输送,由于我们缺乏足够的证据,只能是"疑罪从无"了。

顺便说一句,书里唐朝的大数据和人工智能技术能够做到"算无遗策"这么精准,的确是非常厉害的了。也许有一天,我们会光复先辈和神话的荣耀,以大数据和人工智能准确预测我们的所有生命信息,包括人生结局。不知道那时,我们是会像袁守诚一样感到幸运满满呢,还是会像老龙王那样感

①　吴承恩.西游记[M].西安:三秦出版社,2002:1.

到深入骨髓的绝望无助呢？

六、借尸还魂与接头术的法理人伦

我们国内一位专家与国外专家合作,已经成功实现了换头手术在真人身上的实验。虽然这个真人只是尸体,但还是令我们很惊奇。实际上《西游记》里也有类似故事。

《西游记》第十一回"还受生唐王遵善果　度孤魂萧瑀正空门"说道,唐王李世民起死回生后,被告知要做水路大会超度老龙王、他父亲李渊、哥哥李建成、弟弟李元吉等,否则难得安生。李世民承诺还阳后派人送瓜果到阴间感谢十阎王。

这个阳间的人到阴间送东西,就好比老鼠准备去给猫挂铃铛,摆明是死路一条。哪怕唐太宗重金悬赏,一开始也没人应。恰巧有个叫刘全的,不是和珅家的那个,是唐朝的刘全。只因夫妻闹别扭,妻子上吊自杀了,刘全也不想活了,所以才来揽下这有去无回的活。

刘全服毒自尽后到了阴间,办完了事。十阎王发现他和他的妻子都有登仙之寿,命不该绝。俗话说,阎王叫你三更死,谁敢留你到五更。美猴王一身本领,还不是打个盹就被勾死人勾去了？ 同样地,这不到死的时候,你就是从飞机上跳下来,还能软着陆。

但刘全好办,尸身还在。他妻子只剩骨头了,这活着回去估计都没人相信鬼了,因为世间的确没人了,都被这骷髅吓死光了。所以十阎王需要借一具新鲜尸体。一查,唐王的妹妹该今天摔死。于是就借她尸还魂了。刘全不仅死而复生,并且因死得福,一步登天,做了驸马。《西游记》里其实有很多这样的幽默故事。

这里转回正题。借尸还魂其实和换头术一样,借尸还魂虽然目前在技术上还没有实现(有的科学家认为魂魄也是存在的,比如西湖大学施一公),但换头技术,就正如前面说的新闻一样,我们人类医学技术已经接近于实现。那么二者都会面临一些法理难题和人伦难题。这里以换头术为例。

假设张三妹和李四妹两人头互换(当然,一般是换死人身体,这里为了简化法律关系,节约篇幅,我们假设就这两人互换),在法律上就会产生许多问题。

这里只讨论财产怎么算的问题。

第一种情况,张三妹和李四妹的财产登记都是靠身份证或人脸识别完成的,则财产一般都归各自所有,问题还不是很大。

第二种情况,张三妹和李四妹的财产登记都是靠按手印完成的,就非常复杂了。如果现行法律不修改,则二人都只能拿到对方的财产,甚至二人的诉求都得不到支持。

第三种情况,财产登记时,张三妹是按手印的,李四妹却是通过人脸识别完成的。那就乱套了,发生财产争议时,李四妹同时拥有两种鉴证,因此有可能财产都被她拿去了。

第四种情况,假设张三妹腹中有刚怀上的孩子。换头后,肚子上面的头就是李四妹了。那孩子算谁的?如果算李四妹的,那张三妹情何以堪?如果算张三妹的,那李四妹即将开始的十月怀胎怎么处理?

我这里只是很简单的法律分析,如果真的在现实中发生了,那需要分析的比这复杂得多。假设我们的法律框架和道德基础都没有什么准备,那很可能造成社会体系崩溃的灾难性后果。

所以,在科技日益发达的今天,人类的无所不能真的值得我们陶醉吗?

七、猪八戒的婚姻问题

唐僧和孙悟空被“加盟商”观音禅院坑了,告到“品牌商”观音那里,反而被数落了一顿。不过“品牌商”正好缺个看后山的,也就帮“消费者”孙悟空维了权,捉拿了黑熊精。唐、孙二人走到高老庄时,碰到了一头不平凡的猪。这猪其实是人,而且不是凡人,前身是天蓬元帅,职务职级都比虚头巴脑的齐天大圣名号要高,是见了如来也可以直呼其名的牛人。只因对嫦娥仙子性骚扰,被“双开”,开除职务开除仙籍,投胎时又错投猪胎。

但运气总的还是不错的,没像沙僧那样打破个杯子就被“双开”并遭受每过一段时间就百剑穿心的酷刑,还饿到只能吃人。这老猪被福陵山云栈洞卵二姐看上,两人厮守一年,后者归西。猪八戒就又到高老庄入赘,做了老高的上门女婿,直到孙悟空杀到,才跟了唐僧去取经。

这里的疑惑就是,如何看猪八戒这两段婚姻关系,取经时的猪八戒是未婚、已婚还是离异?

首先,猪八戒与卵二姐的关系实际上是事实婚姻。因为二人没有办理任何官方手续,但却以夫妻的名义共同生活,符合法律事实婚姻特征。因此,猪八戒遇到高翠兰时,已是二婚。

其次,在卵二姐死后,猪八戒婚姻状况属于丧偶。由于卵二姐没有其他亲人,所以猪八戒可以合法继承卵二姐的别墅一套,即风景优美的福陵山云栈洞。

再次,猪八戒入赘高家庄是合法婚姻。如果存在强迫或欺诈,那当然是不合法的婚姻。但我们看《西游记》第十八回"观音院唐僧脱难　高老庄行者降魔"对此描述得很清楚,老高是主动招女婿,在众多人选中挑中了猪八戒。一开始母猪脱胎的影响还不大,是个"模样儿倒也精致"的"黑胖汉",想必翠兰也打心底喜欢。这汉子干活又是好手,想必丈母娘也喜欢。猪八戒虽然隐瞒了前身经历和丧偶事实,但并没有就自己的其他经历说谎,也不是想谋财等,因此不构成欺诈或重婚。在受到老丈人干预时,也没有强行把翠兰拘禁到云栈洞。明媒正娶,符合婚姻要件。因此,猪八戒与高翠兰夫妻关系成立。

但后来猪八戒越长越难看,就好比经历过车祸,破相了。老高作为大富人家,是面子比里子重要的人,丢不起那个脸(实际上真比出身,猪八戒比老高富贵多了,只不过落难了)。他开始嫌弃猪八戒了,觉得他吃得也太多了,也感觉猪八戒肯定是有前科的,就要找人收了他,解除双方婚姻关系。最后来了孙悟空。那么,猪、高二人的婚姻关系解除了吗?

要解除婚姻关系,首先要看双方当事人态度而非第三人态度。从猪八戒看,他自始至终没同意解除婚姻关系,还说取经不成就还俗,依旧过夫妻生活。当孙悟空让他不要胡说时,他还澄清不是胡说。直到师父打断,才出于尊重没继续较真。从高翠兰看,她的态度从"姐姐,你怎么今天有些怪我"看,其实还是认同猪八戒的,只不过囿于父亲的威严,她觉得两难做人,所以很焦虑憔悴罢了。其次,猪八戒当了和尚并不是婚姻关系解除的法定事实。不能因为没听说过"火居的和尚",就断定二人夫妻关系解除。

因此,猪八戒取经去了,不过是夫妻分居而已。事实上,取经路上他也多次很认真地提起要回高老庄。他心有挂念,这或许也是他在取经路上最不坚定、最不决绝以致功成后安排最差的一个原因吧!

第三节　新时期网络谣言治理

网络的迅猛发展,带来了舆论生成方式和传播方式的历史性变革。新兴媒体的涌现,重塑着传媒生态和社会舆情格局,并以惊人的深度和广度影响着各个方面。根据国外 Forrester Research 的调查数据,2013 年全球网民数量已达到 22 亿,其中 17% 来自中国。We Are Social 和 Hootsuite 的 2018 全球数字报告则显示,截至 2017 年年底,全球使用互联网的网民数量已达 40 亿,其中仅 2017 年就有近 25 亿新用户首次上网,而同期全球人口数量大约为 76 亿元。正如习近平同志所说,互联网已经成为舆论斗争的主战场。① 在这个主战场,网络谣言也迅速加入并成为一个"全球公害"。因此,新形势下,如何科学有效地治理网络谣言,已经成为一个摆在党委、政府面前的重大课题。

一、当代网络谣言的新特点

谣言历史悠久,在春秋时期,就有"周公为流言所困"。那么,什么是谣言? 无论在学术界还是社会生活中,仅从国外看,对此都有不同定义。② 综合各方观点,本书认为,谣言应该是在社会中出现并流传的、未经权威方证实为真或已经权威方辟谣为假的信息。语言传播从口口相传到平面媒介传播,再到立体媒介传播,随着科学技术发展,出现了更为立体的网络传播。网络谣言于是相伴而生。网络等新媒介的涌现,极大地改变了谣言的各种表征。③

从各种理论看,网络谣言的创作主体十分丰富,既有团队运作,也有个人创制。个人创制又有意见领袖(网络大 V)发起与普通网民的创意两种情况。团队运作往往是组织化的推动,而普通网民的创意通常是自发而为。网络谣言的目的动机也是丰富多样。有以营利为目的的,典型案件包括知名"环保专家"董良杰捏造"自来水里含避孕药"来进行饮水机恐慌营销等;也有非营利目的。后者又分为:发泄目的,如黑车司机韩某制造的飞机炸弹谣言案;娱乐目的,如发布星座运势;私人报复目的,如傅学胜捏造"中石化牛郎门"案;从众心理,如"世界末日"谣言。网络谣言的传播渠道则相当有规律。它主要通过微博、微信、社交网站、论坛 BBS、QQ、MSN、手机短信等

---

① 高山,国园,赵栋.主力军要上主战场——牢牢把握网上舆论斗争主导权[J].红旗文稿,2017 (6):29-31.

② 诺伊鲍尔.谣言女神[M].顾牧,译.北京:中信出版社,2004:10;卡普费雷.谣言[M].郑若麟,边芹,译.上海:上海人民出版社,1991:18.

③ 彭榉."微"视角下的"大"能量——网络谣言微博传播特点及规律研究[J].人民论坛,2014 (32):135-137.

即时聊天工具(群体聚合平台)来传递,少部分会通过电子邮件等延时交流工具传播。[1] 特别是微博、微信等新媒介,尤其受谣言"青睐"。而其传播阶段一般分为五步:造谣、信谣、传谣、辟谣、亡谣。

与一般谣言不同,网络谣言的生成与传播出现了许多全新的特点,有些甚至是对传统谣言的颠覆。一是自由度很大,开放性(交互性)很强。自媒体化时代,网民既是受众,又是传播者,信息发布和传输没有严格的检查和核实系统,操作方式越来越简便、多样。传统谣言主要限于利害关系人之间的制造与传播,而调查发现,网络谣言制造传播者之间大多素不相识。这就为别有用心的个人或机构通过互联网散布谣言提供了方便。二是传播范围非常广(全球性),传播速度非常快,蝴蝶效应十分强。加上网络谣言可以图、文、声并茂,其影响力更为惊人。分析所有掌握的案例后发现,其在增长上都呈几何级爆发。三是具有可变异性。网络谣言往往具有明显的捏造性,但哪怕没有捏造的真实信息源在传递过程中,也有可能失真而转换为谣言。因为:(1)传播者总会根据自己的心理需求及认知程度自动删除传播的信息中的"不合理"部分;(2)受众的再传递也会根据自己的意愿对谣言进行再加工,然后复传递。这就使一些原本为真的信息源,经过多次传播后,也有可能变形为与真相相去甚远的谣言。[2]《战国策·魏策二》中所说的"三人成虎"的故事,就是加工失真的典型。四是交流方式的匿名性,使隐性性格更容易以显性方式出现。非面对面的交流,隐蔽性强,理性难以控制情绪。在访谈中,不少网民也表示,喜欢在网上发言的一个重要原因是"互不认识,可以无拘无束"。

二、网络谣言现象频出的成因

我国发生的"谣言事件"尤其是入刑谣言较多,历史上有"大楚兴,陈胜王"谣言助推的陈胜、吴广起义,"羊(杨)吃小白菜"谣言引发的杨乃武与小白菜案等。仅近年来,就发生了秦火火"7.23 动车事故"、"郭美美炫富"、"王立军休假式治疗"等举世关注的谣言相关事件。为探究网络谣言现象频出的深层原因,在梳理资料的基础上,我们就网络谣言进行了座谈、访谈与实地考察问询,主要了解网民为什么关注谣言,为什么相信谣言,为什么参

---

① 　岳健能.网络谣言的传播规律及国内外研究综述[J].中国广播电视学刊,2008(11):89.

② 　罗敏,张平.政治谣言的心理成因及对策[J].法制与社会,2008(25):200－201.

与传播谣言甚至制造谣言。通过调查,我们发现其起因除信息不对称、自然、科技等共性因素外,还与一些独特因素有关。

1.历史传统因素

从历史上看,现实中"讲错话"容易被发现然后被"报复",网络上相对隐蔽一些也就安全一些。这种想法,从历史角度看有一定合理因素。历代王朝的统治者都实行禁言政策与封锁消息的愚民政策,因言获罪事件层出不穷,顶峰时人们甚至只能"道路以目"(司马迁.史记·周本纪)。人们的言论自由与信息交流受到严重制约,社交逐渐陷入隐性。现在是新社会,舆论日益放开,法治空前发展,这种担忧本来完全没有必要,但这种隐性性格很难迅速改变。网络的兴起为集体隐性性格的发挥提供了最佳平台。

2.天灾人祸因素

天灾前、中、后三阶段容易发现有"人祸"作祟,因此形成了一种"天灾人祸"不可分的固定思维模式。神州地大物博,天灾显得频发,传统也认为天灾与人祸紧密相连(许多皇帝曾因此下罪己诏),但实际上天灾与人祸之间是或然而不是必然关系。不过,地震、水灾等天灾背后的人祸因素容易成为谣言的"培养皿"。

3.文化心理因素

从深层分析,一方面,我国为熟人社会,大家喜欢通过人与人之间的交往得到消息、传播消息,就是通常说的喜欢"凑热闹"。现代节奏下现实世界内集聚互动机会渐少,网络的出现填补了大众凝聚和宣泄情绪的需要,因此转而寻求虚拟社会的"接触""参与""扎堆"。另一方面,如果集体人格中的求证意识、科学批判精神与独立思考能力不够深厚,谣言就容易连续不断地传递。

4.现实因素

目前我们正处于经济社会转型期,矛盾与利益冲突频繁,贫富差距不断拉大,社会公平正义容易失衡,法治不够成熟。这一方面为一些别有用心者借机丑化官员和富人的形象、借机鼓动网民报复、借机营私舞弊提供了市场,另一方面网络谣言承担起网民表达社会诉求、展开话语博弈、进行曲线舆论监督等新功能(如刘志军案、季建业案都曾被"辟谣",但结果为真)。

三、网络谣言的负面影响

虽然谣言不一定都是有害的,但谣言毕竟是虚假信息,其中的多数具有破坏力,个别谣言还具有难以估量的危害性。从调查中我们发现,其主要表现如下。

1. 危害个体

一些谣言,于人有损他人利益、侵害他人名誉,于己使自己养成负面思维习惯,从而加剧性格的偏执化发展。网络谣言无形中影响了人们的内隐态度及行为倾向[1],容易使人做出极端事情。如美国少女普林斯自杀案就因谣言而起。

2. 危害社会

一些谣言危害社会秩序与经济秩序,不利于社会稳定与经济发展。如有人利用谣言在股市牟利,利用日本核事故引发的食盐抢购风潮牟利,利用"皮革奶粉"会致癌的谣言使我们的民族奶业雪上加霜。

3. 危害文化

语言和文化紧密相关,是文化的重要载体。因此,一些谣言会败坏网络空间风气,削弱核心价值观,加速伦理道德滑坡,引发信仰信念迷失。如"立二拆四"作为背后推手之一炒作郭美美引发的中国红会危机,至今没有彻底消除。

4. 危害政权

从历史上第一次农民起义开始,制造谣言然后利用谣言,是政治斗争常用手段。谣言,特别是政治类谣言,极易降低政府公信力,弱化公民信任感,甚至孕育对抗政府事件,危及国家安全。如淳安县流传的某官员"要与村民大干一场"谣言引发的冲突事件。

互联网并非法外之地,鉴于谣言尤其是网络谣言的危害性,各国都对网络谣言进行管控。美国属欧美法系,虽没有专门针对网络谣言的立法,但是利用互联网恶意散布谣言、制造恐慌来危害国家安全等行为仍然受到联邦调查局的严密监控,联邦紧急措施署网站甚至设有"谣言控制"专页,及时澄清各种谣言,法院也会通过判例建立相关法制。印度政府不仅对社交网络平台进行监控,甚至还专门设立了一个研发外国厂商电信设备安全性和可控性系统测试软件的实验室,还决定成立"电信安全理事会"。新加坡政府出台了《互联网操作规则》,为"虚拟世界"制定了游戏规则。韩国政府发布

---

[1]　王佳宁.网络谣言对态度改变的影响——基于联想命题评价模型的实验研究[D].长春:吉林大学,2012.

和修改了《促进信息化基本法》《信息通信基本保护法》等法规，以立法形式推出了网络实名制。

四、科学治理网络谣言的三点建议

网络谣言负面影响深远，特别是在新媒介不断革命性地影响各领域的新时期，建立网络谣言防范与治理机制更显必要与迫切。网上信息管理，网站应负主体责任，政府行政管理部门要加强监管。主管部门、企业要建立密切协作协调的关系，避免过去经常出现的"一放就乱、一管就死"现象，走出一条齐抓共管、良性互动的新路。① 但目前，我们的应对机制还存在一些问题。一是思想意识上，有的习惯用"老办法对付新问题"，面对网络谣言被动应付，没出问题时把网络当成"世外桃源"，不管不问不钻研，一出问题就简单地、本能地把网络当成"洪水猛兽"，滥用暴力；有的则对网络谣言心慈手软，不愿正视，不愿打击。二是法制尚不健全。虽然 2013 年 9 月"两高"连续出台《关于办理利用信息网络实施诽谤等刑事案件适用法律若干问题的解释》等司法解释，在一定程度上缓解了"无法可依"的难题，但还存在位阶不高、涵盖不全、解释自身也有待"与时俱进"等问题。三是存在执法偏差，个别地方在治理网络谣言的过程中，缺位、越位现象时有发生。因此，我们尤须以科学姿态认识并治理网络谣言。总体来看，关于网络辟谣的理论与方法主要涉及借助大众传播媒介的力量获得强势话语权、分析并缩小谣言的消极面、打乱谣言传播原有的节奏以及建立网络谣言监控和分析研究机制这四个方面②。从这四个维度出发，本书提出如下对策建议。

1. 齐抓共管，发挥统筹合力

网络既不是"善财童子"，也不是"洪水猛兽"，它只是一个新生的客观事物，或者说只是一个工具，有利还是有害，在于掌握工具、使用工具的人。首先要探索建立协调有力、规范有序、科学有效的舆论调控体系，发挥市场决定作用与更好地发挥政府作用相结合。任何权力都是有边界的，任何组织都不是万能的。西方说"上帝的归上帝，恺撒的归恺撒"，我们应有更大的理性与智慧做到这一点。要提高国民素质，培养民族科学精神与实证传统。

① 习近平在网络安全和信息化工作座谈会上的讲话[EB/OL].［2019-08-25］. http://politics. people. com. cn/n1/2016/0426/c1024-28303544. html.
② 王继先.互联网谣言传播的控制与辟谣研究[D].南京：南京师范大学，2006.

"谣言止于智者",理性的人多了,谣言必然难以生成,更难以传播。要发挥平台自律作用,鼓励行业协会与企业利用行业规范、技术手段等,当好虚拟世界的"守门人"。要搞好权力内部分工,人大立规则,政府做"仲裁",司法当"裁判"。政府力量要聚焦破坏政权的网络谣言,穷追猛打、斩草除根。更重要的是,要践行群众路线,相信群众,放手发动网民,抓好网络管理。例如在美国,民众也是抗击网络谣言的主要力量。纽约市一名议员候选人的助选人员因在 2017 年 10 月美国东北部的飓风灾害期间,在网络上发布了许多谣言,从而遭到了网民的"人肉搜索",最终被迫公开道歉并丢掉饭碗。我们是社会主义国家,在这方面可以做得更好。我们要发挥社会主义制度的体制机制优势,增强主动性,掌握主动权,打好主动仗,充分发动治理网络谣言的"人民战争",让网络自由成为应对网络谣言的妙方,让网民成为政府管制网络的好帮手;积极深入普通百姓的现实生活和内心世界,站在群众立场看待问题、解释问题,把相关方针政策以及对广大群众的利益安排说明白,引导群众心平气和地对待问题,对于问题的出现不怨天尤人、置若罔闻,对问题的解决也要充满信心、有足够的耐心;积极创新报道模式和表达方式,用人民群众喜闻乐见的途径和方法,增进与群众的交流和互动,让新媒体做大而不是削弱我们的影响力,创造网络世界的"枫桥经验"。

2. 立足当前,抓好重点工作

"明者因时而变,知者随事而制。"(桓宽.盐铁论·卷二之枕边第十二篇)不以旧眼光去看待新谣言,不以旧思维去看待新媒介,不以旧策略去应对新问题。进入"全媒体""自媒体"时代后,适应新形势带来的新变化、新挑战、新要求、新任务,把舆情工作作为宣传思想工作的重要内容,解决好"本领恐慌"的问题。一是抓好"全面公开"工作。一方面,抓好官方公开。谣言在网络等非正式话语空间得以活跃,凸显了正式渠道信息发布存在缺陷。公众知情权不仅仅是好消息知情权,政府透明度也不仅仅是"好措施透明度"。如果网民经常发现未经证实的网络"负面消息"及官方不愿承认的网上"谣言"最终都成了真实的,那就会削弱人们从官方媒介获取信息的信任感,增强其从网络媒介获取信息的依赖感。因此,官方平台不能只传播好消息或消息中好的一面,不能刻意隐瞒、"技术屏蔽"负面消息或消息中的负面事实,也要准确传递坏消息或消息中坏的一面,要树立"弘扬真善美首先就是弘扬真"的正能量传递理念,坚持全面公开,让全景事实浮出水面,从而改变网民了解全面真实信息的路径依赖。SARS、H7N9 等的应对就是这方面的典范。另一方面,也要抓好民间公开。在抓好网络隐私保护的基础上稳步推进上网后台实名制,让发言者负责任地发言,在阳光下享受自由。二是抓好"及时防范"工作。"夫风生于地,起于青萍之末"(宋玉.风赋),要从谣言的特点规律出发,制定相关的应急预案,建立快速预警与反应机制,让谣言"见光死"甚至"胎死腹中"。三是抓好"依法处置"工作。政府对网络不能放任不管,要加强网络建设与管理,做到不缺位。人大要强化相关立法,做到有法可依。同时,对待网上负面言论也不要反应过激,要分类处理(尤其要分清举报瑕疵与谣言的区别、记者职业豁免与一般网民失言责任的区别、记者故意与过失的区别),谨守权力边界,不越位,不串位,即使在权限内也要做到程序公正、自由裁量权合理适度,防止执法偏差,以免留下后患。

3.着眼根本,构建长效机制

网络谣言成为现代化进程中互联网世界的"最大毒瘤",根源不在于虚拟世界而在于现实世界。第一,网络世界具有全球性,很难建立所谓的"国界"。在这个星球上,西方毕竟占据主导地位,其统治力同样体现于虚拟世界。因此,需从现实世界意识形态(世界观、价值观、人生观)斗争的高度,以全球视野来寻求根治网络谣言的"治本之道"。在创建国家安全委员会等网络安全监管机构的基础上,发挥党校等红色智库在破解新媒体、新舆情领域重大理论与实践问题的关键性作用。加强宣传教育,建立主流媒体的"意见领袖"地位,形成"东风压倒西风"的有利态势和良好舆论生态。第二,正确认识与处理网络管制与网络产业发展、网络自由之间的关系。现在,现实世界与网络世界已经平分秋色,虚拟经济与实体经济都占有举足轻重的地位,时代发展也在呼唤更多的合法自由,如何处理好二者关系十分重要。二者不是简单的对立关系。一方面,"管"不是为了"死"而是为了"用"。网络混乱必然使人对网络敬而远之,最终将损害网络产业的发展与网络自由。通过管制挑出网络"蛀虫",可为网络可持续发展提供保障,为网络自由奠定坚实基础。另一方面,"用"能促进"管"。产业发展与网络自由也是提高网络管制水平和成效的重要力量。因此,要注意方式方法,坚持疏导优于堵塞、市场先于行政的原则,让市场在网络产业资源配置中起决定性作用,在此前提下发挥政府作用,"优胜劣汰,宽进严管"。第三,也是最重要的是,人们为什么容易相信谣言?除了前文提及的原因,还因为现实世界存在一些不合理、不公正的问题,有时诉诸虚拟空间比诉诸现实渠道解决起来更为便捷和有效。腐败、贫富悬殊、为富不仁、信仰迷失、道德滑坡,这些才是滋生谣言的土壤。部分谣言,如艾滋谣言、丢失孩子谣言、躲猫猫传言、郭美美传言,虽然都是真实社会的扭曲反映,却因契合了中国民众对医疗、食品、治安、自由权、贫富差距、社会公平等的最根本担忧而沉淀为集体记忆。有了它们,谣言就像野草,野火烧不尽、春风吹又生。"大道顺畅,小道不猖",真话登场,谣言谢幕。因此,我们要坚定不移地全面深化改革,坚持集中精力抓发展,拓展民富国强的康庄大道,解决好广大人民群众最根本的、最普遍的关切,让人民的信仰更为健康、生活更为幸福、工作更为如意,就能从根本上铲除谣言滋生的土壤,让网络清朗起来,让全民真诚地信法、守法。

第四节　破解"邻避效应"的"密码"

"邻避效应"一词来自英文"Not in My Backyard",指的是人们担心某些项目对身体健康、环境质量和资产价值带来负面影响,希望该项目"不要建在我家后院"的心理。而"迎臂效应"则正好相反,指的是人们不排斥甚至欢迎相关项目的落地,认为其能给社区发展带来好处。[①] 垃圾处理引发的"邻避效应"是全世界共同的难题。破解"邻避效应"的余杭经验或许可以带来这方面的方法启迪。近年来,余杭区在浙江省委省政府和杭州市委市政府的领导下,矢志不移、上下齐心、迎难而上,忠实践行习近平生态文明思想和党的群众路线,确保杭州市的××环境能源项目(以下简称××项目)得以持续平稳推进,于 2017 年 9 月 23 日顺利实现点火试烧,于 12 月商业试运营。这是继 2015 年 4 月 14 日项目落地开工以来的新的两个重要"里程碑",标志着××项目实现了"邻避效应"向"迎臂效应"的根本转变。

一、环保项目"邻避效应"成因

环保项目属于公益性项目。在公益性项目建设与运营中所出现的"邻避效应",是追求公共利益最大化和政策成本最小化的政府在建设法治政府的前提下不可回避的决策困境。21 世纪以来,"邻避事件"时而在各地发生,看似偶然,实则必然。

从宏观层面看,"邻避效应"问题是我国经济社会快速发展、转型发展的

①　杨绍功.如何化"邻避效应"为"迎臂效应"[N].新华每日电讯,2016-08-10(6).

客观结果。随着城市化、工业化进程的不断发展，涉及"邻避事件"的公共项目、重点产业项目也必须不断发展，个体利益与群体利益、群体利益与社会公共利益的冲突与矛盾将伴随而行。但有些地方党委政府的发展理念还远不适应新形势、新任务的要求，长期以来形成的唯GDP论的发展观念，已无助于解决"邻避事件"所造成的发展困境。既不能因噎废食不发展、慢发展，又不能以发展的名义而忽视公众的合理利益诉求，已成为一些地方各级党委政府在经济社会发展转型过程中无法回避的时代课题。[①]

从中观层面看，"邻避效应"问题是人民群众权利意识不断增强的必然结果。随着市场经济的不断发展和全面依法治国进程的不断加快，人民群众的环保意识和维权意识也在迅速提升，其表现形式为人民群众在政治、经济和社会权利等方面诉求不断增多。"邻避事件"恰恰说明，我国经济社会发展进入了一个更高的阶段，人民群众对政府事关公众利益的重大决策有了新期待、新要求，这对于地方党委政府进一步转变发展观念、创新治理理念已成倒逼之势。[②]

从微观层面看，"邻避效应"问题是政府现代公共治理决策机制和风险管控机制缺失或不完善的衍生结果。长期以来，一些地方政府仍习惯于传统的管理主义行政主导型决策方式，使得"邻避效应"所关联的项目陷入"宣布上马—群众抗议—紧急叫停"的恶性循环。当前，"邻避效应"存在的突出问题，或是项目规划布局不够科学合理，或是项目违法违规开工建设，或是项目规划建设信息不够透明公开，忽视公众参与和利益关切，或是项目环境评估和风险评估流于形式等。问题的症结就在于有些地方党委政府"执政为民"的思想还不牢固，对影响群众切身利益的项目建设缺乏与时俱进的治理方法和手段，是好心办不成事，或是好心办了错事，其结果往往是公权力失去了公信力。[③]

二、××项目破解"邻避效应"的主要做法

××项目一开始也遇到了"邻避效应"，造成当地社会短时矛盾激化，法制受到一定破坏，其原因也正如上述。2017年以来，××项目所在地余杭

① 徐志群，兰景力，李占良."邻避效应"问题的成因及其对策[N].学习时报，2017-05-08(4).
② 徐志群，兰景力，李占良."邻避效应"问题的成因及其对策[N].学习时报，2017-05-08(4).
③ 徐志群，兰景力，李占良."邻避效应"问题的成因及其对策[N].学习时报，2017-05-08(4).

区围绕 9 月份点火试烧和 12 月份正式商业运营的战略目标,凝心聚力,克难攻坚,勇于创新,坚守群众利益底线,追求环保处理高标,实现了××项目推进和点火试烧的目标任务。其主要举措如下。

1.建构工字形组织架构,形成克难攻坚合力

中央和浙江省委省政府领导立足大局,密切关注项目进展,及时给予工作指导,多次亲临现场或做出相关重要批示。杭州市委市政府整合城管、环保、建设等部门专门成立××项目工作专班,余杭区抽调精兵强将组成区重大民生项目领导小组项目办,发挥工字形组织架构的作用,实体化运作,同地点办公,靠前指挥。属地街道勇于担责,密切联系、服务群众。项目方高标准设计工程,开门让群众参观、询问、监督,从而在整体上形成了统一指挥、协同推进的工作机制。

2.夯实群众工作基础,实现"三个确保"

干群互信是做好群众工作的前提和基础。为了实现××项目总体目标,2017 年以来,余杭创新工作机制,致力于实现"三个确保"。一是信息公开到位,确保群众的知情权。在项目推进的所有重要节点,均第一时间发布信息。定期组织召开联村组团会议,采用网格支部会议等形式,做好群众的正面宣传引导工作。在垃圾进场前,组织街道、村(社区)干部共计约 140 人到××项目现场参观,并在村里发布××项目垃圾进场的相关公告。待项目正式商业运行后,按照当初承诺组织属地群众参与监管工作,并面向社会开放参观。二是改革决策程序,确保群众的参与权。杭州市启动"联百乡、结千村、访万户"活动后,余杭自加压力,区委主要领导带头,每月到基层联系点蹲点一次以上,同吃同住,体察社情民意;在全区开展周三"夜学夜访"活动,党员干部通过上门普访、主题座谈专访等形式联系服务群众,排解矛盾纠纷;发挥镇街人大代表联络站制度,定期接待群众,收集相关民意诉求,及时处理回应。三是建立凝聚代表、组长队伍的基层协商议事机制,确保基层群众自治权。将村民代表、组长队伍作为重大民生项目推进的重要依靠力量。深化街道民主协商议事会议向村社延伸拓展,尊重村民在民生项目建设中的主体作用。

3.采用先进环保技术,实施全天候立体监管

高端技术和高标准监管是破解"邻避效应"恐慌心理的关键之匙。为此,余杭区提高标杆,要求项目达到"国际一流、国内领先"水准,成为国内工业旅游项目的示范点。经过多方考察、研究、比选,××项目引进行业龙头

央企。整个项目由工程院院士程泰宁亲自设计,建筑与周边环境融为一体,展现出园林式工厂效果,实现了人与自然和谐相处理念;烟气净化在全国率先采用"SNCR＋旋转喷雾半干式反应塔脱酸＋活性炭吸附＋布袋除尘器＋SCR＋湿法脱酸＋GGH＋烟气脱白"先进组合工艺,烟气脱白技术和热值设计技术更是填补了国内空白,排放指标优于欧盟 2010 标准,达到国际领先水平;厂内全部污水经国际先进水平渗滤液处理工艺处理后,出水水质达到 GB/T 19923—2005 标准,并全部回收利用。同时,从四个方面实施监管,确保高端技术产生高质量效果。一是政府监管。区环保、城管等部门派专人入驻现场,并根据情况引进第三方专业机构对项目污染物排放进行监测,对垃圾进场过程、进场后储存焚烧过程等实施全面管理,结果向社会公示。二是企业自律。项目方充分利用先进的硬件设备及信息化工作平台,做到发现问题提前预警、提前调控解决问题。三是群众监督。由转塘街道组织周边群众建立群众监督小组,对××项目运行的全过程进行监督,人员定期轮换。四是社会监督。每月确定 1～2 天作为公众开放日,通过市民预约参观,邀请全市范围内市民和民间环保机构等单位参与项目运营全过程监督。

4. 兼顾补偿利益与发展利益,创新属地群众受益机制

"邻避运动"背后隐藏的是权利的冲突和利益的博弈。在利益多元时代,试图通过单向管理方式解决利益平衡问题已经不合时宜。针对属地群众的补偿诉求和"发展焦虑",××项目采取了利益补偿和长远发展兼顾的根本之策。经省政府批复,给余杭新增了 1000 亩建设用地空间指标。杭州市在原有的 260 元/吨垃圾处理费上专门设立 75 元/吨的环境改善资金,用于当地环境美化、市政配套设施建设和维护、地区经济发展扶持、环保宣传等需要。余杭区根据转塘群众的迫切需求,在转塘实施 113 项实事工程,并成立杭州市旅游实业发展有限公司和杭州市南湖小镇投资开发有限公司(南湖小镇后更改为交由阿里巴巴整体策划运营),对转塘旅游进行开发,打造全域 4A 级景区。2014 年以来,为了支持转塘公共民生事业发展,余杭计划总投入 26.92 亿元,到 2017 年累计投入 12.57 亿元。这些举措,让属地群众真正有了"共赢"感和获得感,从拒斥到理解,有效缓解了杭州市"垃圾围城"困境,为区域经济社会转型提供有力引擎。

5. 严格合法审批手续,提供优质服务保障

余杭区从依法审批、主动服务、维稳保障三方面助推××项目建设点火

运营,确保项目依法合规、快速平稳推进。余杭严守审批"红线",确定了"先买票,后上车"的合法性审批原则,坚决杜绝违法开工、违法运营;组建专项法律顾问团队,为××垃圾焚烧发电项目有关的日常工作提供法律依据和后台保障,对××项目全过程合法性进行审查,确认项目是否依法依规履行环保要求、生产标准等。余杭相关部门主动服务项目公司,住建部门针对土建规划、绿化等方面的竣工验收,派出多名科室人员到场开展对接服务;环保部门针对环保设施的安装和环保监测,主动上门,提前指导;城管部门针对垃圾运输、处置等主动进行调度安排和服务保障;市场监管、林水、经信等部门也根据自身职责对项目特种设备的质量测评、水保、能评等确定专人上门指导。区委维稳办启动每日涉稳信息零报告制度,协调相关涉稳问题,落实涉稳重点人疏导管控工作。区公安分局制定《转塘××环境能源项目调试及试运行安保工作方案》,强化重要节点现场安保。区委宣传部制定《××项目舆情保障应急响应预案》,做好舆情监测管控引导工作。

三、××项目破解"邻避效应"的路径分析

环保"邻避效应"是世界级难题,垃圾焚烧发电项目敏感度、复杂度非一般工程项目可比,无强大推动力很难成功,垃圾进场、点火试烧这"临门一脚"更是如此。在顺利实现点火试烧的历史节点,回顾××项目成功破解"邻避效应"的发展历程,我们可以发现破解"邻避效应"的"密码"。

1. 顶层设计是破解"邻避效应"的根本保证

××项目的成功点火试烧,离不开浙江省委省政府、杭州市委市政府的高瞻远瞩和战略部署。省市乃至环保部多位领导数次来到项目现场,给予工作指导或做出相关批示,为我们指明了方向、坚定了信心、鼓舞了干劲;省委省政府、市委市政府在财政、政策等方面的大力支持,助推了项目的开花结果,为破解"邻避效应"奠定了坚实基础。

2. 践行"两山"思想是破解"邻避效应"的根本方向

习近平提出"绿水青山就是金山银山"的重要理念,是新的发展观、财富观、价值观,深刻阐明了经济发展与生态建设的辩证关系。随着物质文化生活水平的不断提高,人民群众对生态环境的需求越来越迫切,既要温饱更要环保,既要小康更要健康。这就要求垃圾焚烧项目从落地选址、技术设计、建设标准到监管举措上都必须做到科学合理,绝不能以牺牲生态环境为代价。只有做到人与环境和谐共处,才能找到民生项目建设的正确方向。

3.践行群众路线是破解"邻避效应"的根本路径

拜人民为师,用实践检验,就能做到科学决策、凝聚共识、增强自信;充分尊重人民所表达的意愿、所拥有的权利,就能最大限度地调动人民群众的主动性、积极性、创造性。政府决策绝不能"单方面拍板"、要群众"单方面牺牲",必须以人为本、公开透明,充分尊重当地居民的知情权、监督权和自主选择权,最大限度地协调解决多元化利益诉求,不但要出台利益补偿政策,还要统筹谋划推进项目建设与项目地产业化绿色化发展,让群众共享发展红利,才能真正助推群众从"邻避"到"迎臂"的根本转变。

4.实现社会管理向社会治理方式的转型是破解"邻避效应"的根本方式

"社会管理"与"社会治理"仅仅一字之差,却是能否破解"邻避效应"的关键所在。余杭区按照中央推进社会治理体系和治理能力现代化的总体要求,建立起一套"民主促民生"的沟通机制和方法手段。政府决策从自上而下的"决定—宣布—执行—冲突"模式转化为"参与—协商—共识—执行"模式,从而提升政府的民主法治意识,真正从"管理"变"治理",从"人治"变"法治",对群众反映的问题可以及时做出回应和关切,对民意尊重和进行及时沟通,用实际行动和法治正义让群众参与、让群众放心、让群众监督、让群众评价,最终让群众得利,就一定能实现"我要群众守法"到"群众主动守法"的转变,从而实现"邻避效应"到"迎臂效应"的根本转变。